《西方古典学研究》
编辑委员会

主　编：黄　洋　（复旦大学）
　　　　高峰枫　（北京大学）

编　委：陈　恒　（上海师范大学）
　　　　李　猛　（北京大学）
　　　　刘津瑜　（美国德堡大学）
　　　　刘　玮　（中国人民大学）
　　　　穆启乐　（Fritz-Heiner Mutschler，德国德累斯顿大学）
　　　　彭小瑜　（北京大学）
　　　　吴　飞　（北京大学）
　　　　吴天岳　（北京大学）
　　　　徐向东　（浙江大学）
　　　　薛　军　（北京大学）
　　　　晏绍祥　（首都师范大学）
　　　　岳秀坤　（首都师范大学）
　　　　张　强　（东北师范大学）
　　　　张　巍　（复旦大学）

西方古典学研究

Aristotle

His Life and
School

Carlo Natali
D. S. Hutchinson

亚里士多德

生平和学园

[意] 卡罗·纳塔利 著
[加拿大] 道格拉斯·哈钦森 编
王芷若 译 刘玮 校

北京大学出版社
PEKING UNIVERSITY PRESS

著作权合同登记号　图字：01-2017-6592

图书在版编目（CIP）数据

亚里士多德：生平和学园 /（意）卡罗·纳塔利著；王芷若译. —北京：北京大学出版社，2021.4

（西方古典学研究）

ISBN 978-7-301-31858-4

Ⅰ.①亚…　Ⅱ.①卡…②王…　Ⅲ.①亚里士多德(Aristotle 前384—前322) – 人物研究　Ⅳ.① B502.233

中国版本图书馆 CIP 数据核字（2020）第 229976 号

Aristotle: His Life and School, by Carlo Natali and Edited by D. S. Hutchinson

© 2013 by Princeton University Press.

All rights reserved.

No part of this book may be reproduced or transmitted in any form or by any means, electronic or mechanical, including photocopying, recording or by any information storage and retrieval system, without permission in writing from the Publisher.

书　　　名	亚里士多德：生平和学园 YALISHIDUODE: SHENGPING HE XUEYUAN
著作责任者	［意］卡罗·纳塔利 著　［加拿大］道格拉斯·哈钦森 编 王芷若 译　刘 玮 校
责任编辑	王晨玉
标准书号	ISBN 978-7-301-31858-4
出版发行	北京大学出版社
地　　　址	北京市海淀区成府路 205 号　100871
网　　　址	http://www.pup.cn　新浪微博：@ 北京大学出版社
电子信箱	pkuwsz@126.com
电　　　话	邮购部 010-62752015　发行部 010-62750672　编辑部 010-62752025
印 刷 者	北京中科印刷有限公司
经 销 者	新华书店 730 毫米 ×1020 毫米　16 开本　20 印张　315 千字 2021 年 4 月第 1 版　2021 年 4 月第 1 次印刷
定　　　价	68.00 元

未经许可，不得以任何方式复制或抄袭本书之部分或全部内容。

版权所有，侵权必究

举报电话：010-62752024　电子信箱：fd@pup.pku.edu.cn

图书如有印装质量问题，请与出版部联系，电话：010-62756370

"西方古典学研究"总序

古典学是西方一门具有悠久传统的学问，初时是以学习和通晓古希腊文和拉丁文为基础，研读和整理古代希腊拉丁文献，阐发其大意。18世纪中后期以来，古典教育成为西方人文教育的核心，古典学逐渐发展成为以多学科的视野和方法全面而深入研究希腊罗马文明的一个现代学科，也是西方知识体系中必不可少的基础人文学科。

在我国，明末即有士人与来华传教士陆续译介希腊拉丁文献，传播西方古典知识。进入20世纪，梁启超、周作人等不遗余力地介绍希腊文明，希冀以希腊之精神改造我们的国民性。鲁迅亦曾撰《斯巴达之魂》，以此呼唤中国的武士精神。20世纪40年代，陈康开创了我国的希腊哲学研究，发出欲使欧美学者以不通汉语为憾的豪言壮语。晚年周作人专事希腊文学译介，罗念生一生献身希腊文学翻译。更晚近，张竹明和王焕生亦致力于希腊和拉丁文学译介。就国内学科分化来看，古典知识基本被分割在文学、历史、哲学这些传统学科之中。20世纪80年代初，我国世界古代史学科的开创者日知（林志纯）先生始倡建立古典学学科。时至今日，古典学作为一门学问已渐为学界所识，其在西学和人文研究中的地位日益凸显。在此背景之下，我们编辑出版这套"西方古典学研究"丛书，希冀它成为古典学学习者和研究者的一个知识与精神的园地。"古典学"一词在西文中固无歧义，但在中文中可包含多重意思。丛书取"西方古典学"之名，是为避免中文语境中的歧义。

收入本丛书的著述大体包括以下几类：一是我国学者的研究成果。近年来国内开始出现一批严肃的西方古典学研究者，尤其是立志于从事西方古典学研究的青年学子。他们具有国际学术视野，其研究往往大胆而独具见解，代表了我国西方古典学研究的前沿水平和发展方向。二是国外学者的研究论著。我们选择翻译出版在一些重要领域或是重要问题上反映国外最新研究取向的论著，希望为国内研究者和学习者提供一定的指引。三是西方古典学研习者亟需的书籍，包括一些工具书和部分不常见的英译西方古典文献汇编。对这类书，我们采取影印原著的方式予以出版。四是关系到西方古典学学科基础建设的著述，尤其是西方古典文献的汉文译注。收入这类的著述要求直接从古希腊文和拉丁文原文译出，且译者要有研究基础，在翻译的同时做研究性评注。这是一项长远的事业，非经几代人的努力不能见成效，但又是亟需的学术积累。我们希望能从细小处着手，为这一项事业添砖加瓦。无论哪一类著述，我们在收入时都将以学术品质为要，倡导严谨、踏实、审慎的学风。

我们希望，这套丛书能够引领读者走进古希腊罗马文明的世界，也盼望西方古典学研习者共同关心、浇灌这片精神的园地，使之呈现常绿的景色。

"西方古典学研究"编委会

2013 年 7 月

目 录

前　言	I
导　论	XVI

第一章　亚里士多德传记：事实、假设与猜测　　1
  1. 价值不等的诸多事实　　1
  2. 斯塔吉拉　　2
  3. 名门望族　　5
  4. 外乡学生　　18
  5. 突如其来的中断　　38
  6. 在王子和国王的宫廷　　40
  7. 卡利斯提尼的冒险　　70
  8. 重返雅典　　74
  9. 审判与逃亡　　81
  10. 来自传统风俗的一个新模式　　86

第二章　亚里士多德学园的制度　　97
  1. 亚里士多德理论生活的三个条件　　97
  2. 沉思生活的组织：哲学学园的本质和组织　　104

3. 理论沉思的组织：哲学学园与常设机构　　111
4. 后续事件　　120

第三章　亚里士多德学园的内部组织　　127
1. 藏书　　127
2. 收集和阐释信息的方法　　136
3. 教学支持与研究工具　　147
4. 漫步中的教学　　153

第四章　亚里士多德传记研究：从策勒到当代　　156
1. 亚里士多德传记的资料　　156
2. 19世纪至今的亚里士多德形象　　178

后记（2012年）　　190
资料索引　　198
参考文献索引　　234
古代人名、地名索引　　267
中译本后记　　288

前　言

记得在我四十岁开始学习意大利语之后，我最早读过的几本意大利语书之一就是卡罗·纳塔利对亚里士多德传记及吕克昂学园的研究：《沉思的生活：亚里士多德生平与学园组织》(*BIOS THEORETIKOS: la vita di Aristotele el'organizzazione della sua scuola*, Bologne, 1991)。我发现，这本书展示了作者对于复杂信息的娴熟整理技巧，也向我展示了一个稳定并且更加具体的亚里士多德形象。我自认为是研究亚里士多德的专家，因为在大学任教期间我阅读过很多关于亚里士多德的著作，但是我从未见过如此大量的关于亚里士多德本人的信息（其中一些来自非常偏僻的材料）以如此清晰、浓缩的方式呈现在我面前。读这一本书的收获，就让我学习意大利语付出的全部努力都得到了充分的回报。

我很高兴能把本书的翻译和修订版呈现给英文读者。我相信《亚里士多德：生平和学园》将会成为全新的、现代的、标准的亚里士多德传记，也会成为关于亚里士多德本人以及他开辟的理智生活方式的所有未来研究的出发点。

尽管亚里士多德的著作年代久远，但是他的思想对今天的我们来说却依旧十分鲜活，他的《尼各马可伦理学》是北美大学校园中得到最广泛研究的道德哲学著作。亚里士多德发明了成为知识分子的新方式，他作为研究机构建立者的遗产意义深远：他建立了一所致力于推进理智生活和科学进步的机构,那是一所研究和教学机构,是现代学术团体的先驱。随着时代的变化,我们现代的学术科研机构也在持续发展,亚里士多德的生活及其学园的理智生活始终是极具魅力与启发的主题。

收集所有关于亚里士多德的可用信息,将它们从错误的信息中筛选出来,写成一部完整、连贯的传记绝非易事。20世纪有两次著名的尝试,它们至今都是这一领域的经典:维尔纳·耶格尔(Werner Jaeger)的《亚里士多德》(Aristotle, 1923年德文版,1934年英文版)和英格玛·杜林(Ingemar Düring)的《古代传记传统中的亚里士多德》(Aristotle in the Ancient Biographical Tradition, 1957)。读者可以参考纳塔利对它们的评论(可以在为此英文修订版编制的索引中找到)。这两本书所做出的贡献本不该由我来评价,但我想通过比较向读者指出纳塔利著作的优点。

在我看来,本书像杜林的著作一样详尽,又像耶格尔的著作一样深刻;本书提供的证据像杜林的一样唾手可得,文字又像耶格尔的一样流畅易读。而纳塔利的编排远比杜林的更加清晰,对读者也更加友好;他审慎的结论并没有因为对亚里士多德哲学发展充满争议的推测而失效,后者作为一种历史编纂学是耶格尔作品的主要缺陷。在我的个人藏书中,纳塔利的著作已经成为了树立标准的著作,是20世纪最杰出的亚里士多德传记。

在前言的剩余部分,我会简要介绍这一修订更新的英文版的诞生过程,及其改进之处。但首先,我希望简要回顾一下意大利语版本做出的贡献,它整合出了一个前后一致的传记框架,用以主导杂乱、细微、间接、不确定的证据。

纳塔利在他的导论中,从乔治·斯坦纳(George Steiner)提出的标准出发，反思了他的任务能够实现什么目标。一位哲学家的传记应该"力求使传记资料与哲学家的工作相符合，并以此作为其正当性的依据。而想要完成这样的工程，让生活与理论之间的联系既有哲学分析又符合直觉，'需要类似天才的能力'，并且'需要极大的权威'。因此，将哲学家的生平事迹与思想特质联系起来，是一项既困难重重又令人着迷的工作"。在某些情况下，这种联系是可能的，并且已经被成功地实现了，尤其是莫里斯·克兰斯顿（Maurice Cranston）的卓越传记《让－雅克：让－雅克·卢梭的早期生平与著作，1712—1754》（*Jean- Jacques: The Early Life and Work of Jean-Jacques Rousseau, 1712-1754*, 1983）与《高贵的野蛮人：让－雅克·卢梭，1754—1762》（*The Noble Savage: Jean- Jacques Rousseau, 1754-1762*, 1991）。这些传记具有丰富的叙述流和充满洞察力的小说般的细节，同时严格基于最主要的证据，即卢梭本人或与他通信的人撰写的资料。

但这正是亚里士多德传记与卢梭传记的不同之处。现存的由卢梭撰写以及与他相关的档案证据非常丰富，对他的个性和思想表达得非常到位，因此克兰斯顿能够省略后世的学术资料，他能够在现代档案中找到比以前的卢梭传记作家所使用的更好的证据。但是亚里士多德的情况就完全不同了：没有任何档案文献从古典时期幸存下来，而且亚里士多德的个性也不像卢梭那样带有病态地自我展现的特性（我无法想象亚里士多德会写出像卢梭的《忏悔录》那样的作品）。我们需要在古代晚期学术资料的基础上搞清楚关键的事实与可能的情况，这些作品的原始版本都已经遗失了，只有一些损坏了的莎草纸残篇得以留存，某些残篇在一个或几个中世纪手抄本中幸存下来，并拥有了现代印刷版本。得到关于亚里士多德的散乱、稀少的信息的途径就更加间接了，并且往往会受到传承它们的古代（或现代）学者的影响而陷入不确定之中。一部成功的亚里士多德传记，卓越之处主要在于对中间资料的仔细整理和审慎评估，以及对亚里士多德本人作品的深刻解读，由此得到一个稳定的、负责任的传记，虽然这位哲学家本人的形象并没有像卢梭那样被完整地展示出来。

1997—1998年，我与卡罗·纳塔利相识于帕多瓦，我们的同事恩里柯·贝尔蒂（Enrico Berti）邀请我访问此地。在我评论完纳塔利的《亚里士多德的智慧》（*La Saggezza di Aristotele*）英译本的草稿（*The Wisdom of Aristotle*, 2001）之后，我向他建议，这本《沉思的生活》也应当被翻译为英文。1998年我向普林斯顿大学出版社提议，他们欣然答应。后来，普林斯顿大学出版社起草并签订了合同，一位专业的翻译人员加入了这个项目，也有了充足的资金来支持翻译工作。这个项目当时取得了一些进展，但后来停滞了好几年。几年前，当我从纳塔利那里得知这个不幸的消息时，一切似乎都已经没有希望了。但是我的朋友和同事蒙特·约翰逊（Monte Johnson）决定我们应当拯救这个项目，由我们自己来完成。下一阶段的翻译工作由蒙特·约翰逊完成，随后由我来检查意大利语翻译的准确性。

这时我注意到译稿中的一个系统性问题。原译者使用的是"标准译本"，例如洛布古典丛书中的英译本，以此来呈现作为证据基础的希腊、拉丁语文本，而纳塔利在第一版中使用的意大利语翻译在一些地方有很大的不同。在某些情况下，"标准译本"与纳塔利论证的思路是矛盾的，或者对其有所削弱。为了解决这个问题，我们必须找到一个通晓所有相关语言，并且能够理解精细的历史编纂学的人，我们需要一位能够做翻译工作的教授来辅助或者代替专业的译者。

我主动承担起这个任务。在开展工作的过程中，我开始直观地理解了为什么学术著作的翻译出版得如此之少，同时我也对那些在我能够阅读原始文本之前,将重要的外语学术知识辛勤地翻译为英文的译者产生了更深的感激之情。为此做出了不可或缺贡献的人有美国学者小埃德温·米纳尔(Edwin L. Minar Jr.),他翻译了瓦尔特·伯克特(Walter Burkert)的《古代毕达哥拉斯学派的传说与科学》(*Lore and Science in Ancient Pythagoreanism*,1962年德文版,1972年英文版);以及牛津大学的哲学家理查德·罗宾逊(Richard Robinson),他翻译了耶格尔的《亚里士多德》。

2012年夏天我给自己制定了一个任务,重新翻译纳塔利书中作为证据使用的所有古典文献,从而确保它们不仅准确,而且与纳塔利主张的阐释保持一致。为了有条理,我制作了资料索引,之后决定把它并入本书。因为自从纳塔利在本书初版中翻译那些文本,已经过去了二十年,我决定找出并利用原始文本的最新考订版。这些决定的一个后果是,我几乎重复了纳塔利进行的语文学工作,这些古典学研究相当于重复了一个科学实验。每一段古代资料的文本都由我基于最好的考订版独立翻译(这些考订版中的许多是纳塔利二十年前还没有的),然后通过电子邮件与纳塔利确认,特别是在理解上存在真正或者表面差异的地方。这一合作过程导致了对本书原始证据的许多细小修订,以及少量重大修订,我会在下面提到其中重要的几个。但是最重要的结果是我们达成了深刻的共识:除了一个文本之外(见下文),我们对每一个古代文本的正确理解都达成了共识,而本书的古代部分实际上是经过双重翻译的。

距离本书第一版出版已经有了很长时间,因此这个英文版中收录了作者的一篇后记,以评估这些年间的学术发展。后记为读者更新了一些最近的研究前沿,但它主要证实了纳塔利对证据解读的稳定性与可靠性,这些并没有被后来的研究所动摇。他的后记于2012年7

月定稿,但是在这之后的六个月里,我们注意到了一些与本书主题相关的其他成果,我在前言的末尾对它们有所提及。

除了增加后记和索引之外(下面我会对此进行说明),本书在其他所有方面几乎没有改动。每一页都包含大量信息,包括对一手文献和主要二手文献的引用。我拒绝了将这些引用移到注释之中以实现"流畅阅读"的建议,因为在资料复杂的领域,这些证据的出处在历史编纂学上总是非常重要,同时也由于我在初次阅读本书时,很高兴能够直接看到这些原始证据的出处。我不但没有将它们从正文中分离出来,反而决定用黑体突出它们,向读者提示这是"一手证据"。就莎草纸文本而言,黑体是可以完全辨认的希腊语单词的翻译,而部分以黑体印刷的单词则是莎草纸上可辨认的部分,没有变成黑体的单词和单词没有变成黑体的部分则是由学者全部或者部分补充的,有或多或少的可靠性。这个方式造成了斑驳陆离的效果,它给人一种视觉印象,在文献中有不同数量的空白得到了补充。

每一个古代证据都被编入了新的资料索引,它给中间丢失的作品与现存的文本做了相互索引。在某些情况下,证据链相当冗长复杂。例如(第36页),希俄斯的特奥克里图斯(Theocritus of Chios)针对亚里士多德的一首讽刺诗被一个叫作布吕翁(Bryon)的人在书中引用(我们对这个布吕翁一无所知),它同时也被亚历山大里亚的迪迪慕斯(Didymus of Alexandria)用在了评注《论德摩斯提尼》(On Demosthenes)中,后者几乎全部遗失,除了哈丁(P. Harding)最近重新编辑的莎草纸残篇;特奥克里图斯的诗也被梅西纳的阿里斯托克利斯(Aristocles of Messene)在遗失的作品《论哲学》(On Philosophy,近期由西萨拉[M. L. Chiesara]重新编辑)中引用,尤西比乌斯(Eusebius)引用了大段的节选。因此提到这首诗的索引条目有"特奥克里图斯""布吕翁""迪迪慕斯"（附有哈丁版的书目细节）、"阿里斯托克利斯"（附有西萨拉版的书目细节）以及"尤西比乌斯"。除了提供从文本段落到书中位置的导引，资料索引还追踪了嵌套资料的网络。

　　书目索引是对本书原有参考文献的扩展，收录了最近的学术研究。每一条都提供了页数索引，以便从二手文献进入的读者能够被指引到相关的位置。对于某些特别重要的现代书籍，例如耶格尔的《亚里士多德》与杜林的《古代传记传统中的亚里士多德》，我提供了更加完整的索引，引导读者从这些书的位置到本书的相关位置。某些资料，例如《玛西亚那传记》(*Vita Marciana*，仅有一份破损的希腊文抄本保存于威尼斯），以及其他古代传记，都是根据杜林书中的段落划分编入索引的。我决定根据杜林的参考文献系统来给出这些文本，这个系统不如吉贡（Gigon）的普鲁士科学院版索引好，但是后者并没有成为这些资料的标准版本。我的索引提供了它们之间的互相参照，使那些能负担得起后者高昂价格的学者也可以使用吉贡的书，以辅助或者取代杜林。

　　原书的一些注释得到了补充，它们包括：第一章的注释34（亚里士多德在欧多克苏斯[Eudoxus]时代来到柏拉图学园）；第三章的注释4（关于亚历山大里亚图书馆的更多细节）；第三章的注释13（关于文本问题的更多细节）；第四章的注释15（关于赫米普斯[Hermippus]的更多信息）；以及第四章的注释23（阿里斯托克利斯关于亚里士多德的75个铜"炖锅"的记载）。也有少量注释被缩短了，包括第一章的注释63，因为哈丁2006年出版的迪迪慕斯莎草纸残篇解决了大部分需要此注释的问题和困惑。

　　一些偶然的错误或模糊的参考文献得到了修正，或者给出了更多细节。对某些参考书目以及相互参照也补充了更多信息（从未减少）。古代姓名的缩写也被扩展了。在引用的时候，我通常不用省略号，宁愿整段引用，或者将引文分成两个部分。原书所有的章节划分和大部分的段落划分都被保留了下来，但是当我认为能有所改进时，我会把一些段落进行拆分或者合并。为了英文版的需要，我自由地将句子或从句拆分、组合，并将参考信息置于句子中。我为翻译的所有最终细节负责，我试图使其尽可能地忠实和准确。

我决定将一手证据的翻译建立在最近和最权威的考订版基础上，不过那时我还没有意识到在过去的二十年中，语文学取得了多大的进步。例如，从2005年到2012年，道格拉斯·奥尔森（Douglas Olson）在洛布丛书出版了我们急需的八卷本的阿忒纳乌斯（Athenaeus）；斯特凡·拉特（Stefan Radt）为斯特拉波（Strabo）研究奠定了新的基础，他在2002年到2011年间出版了十本有关版本、翻译以及评注的著作；特奥弗拉斯托斯（Theophrastus）的《植物研究》（*Research on Plants*）在1988年至2006年由苏珊娜·阿米格斯（Suzanne Amigues）在法国Les Belles Lettres出版社分五卷出版。威默（Wimmer）的旧版特奥弗拉斯托斯残篇现如今已经被弗腾堡（W. Fortenbaugh）、休比（P. Huby）、夏普斯（R. Sharples）以及古塔斯（D. Gutas）主编的八卷本《艾雷苏斯的特奥弗拉斯托斯：生平、作品、思想及影响的资料》（*Theophrastus of Eresus: Sources for His Life, Writings, Thought, and Influence*，1991年起陆续出版）取代。我们也受益于塞德尔（D. Sider）和布伦勋（C. W. Brunschön）主编的新版特奥弗拉斯托斯的《论天气的标志》（*On Weather Signs*），他们补充了一些新的事实（我在本书第107页提到了它们）。意在取代威尔利（Wehrli）的《亚里士多德学园》（*Die Schule des Aristoteles*）的新作，为狄凯阿科斯（Dicaearchus）的研究打开了新的大门，他的残篇在2001年由米尔哈迪（D. Mirhady）编辑，收入弗腾堡与舒特朗普夫（W. Schütrumpf）主编的《梅萨那的狄凯阿科斯：文本、翻译及讨论》(*Dicaearchus of Messana: Text, Translation, and Discussion*)。随着2000年弗腾堡与舒特朗普夫主编的《法勒鲁姆的德米特里乌斯：文本、翻译与讨论》(*Demetrius of Phalerum: Text, Translation, and Discussion*) 出版，关于德米特里乌斯的研究也取得了进展，这本书中包括了斯托克（P. Stork）、冯·奥弗伊森（J. M. von Ophuisjen）和多兰地（T. Dorandi）主编的新版残篇。

当新版本出自有许多中世纪抄本的古代作品时，构成它的文本通常都没有什么改动，且新版本中的大多数段落完全相同。然而，对多个抄本进行更仔细的比对，偶尔会对印刷本中的读法做出一些改动，这种情况发生在一个有趣的角落，即梅西纳的阿里斯托克利斯说公元前322年亚里士多德从雅典逃到卡尔基斯（Chalcis）时带了75个铜炖锅（第132页）。在他的原始版本中，纳塔利依据的是一个19世纪的尤西比乌斯作品版本，他引用了阿里斯托克利斯的一大段话，包括他对一个"非常愚蠢的故事"的怀疑，即卡尔基斯的海关官员在亚里士多德的船上发现了74个铜煎锅，西萨拉在她2001年出版的阿里斯托克利斯残篇中，根据对这个故事的手稿和相关文本的重新整理将这个数字修改为75。在研究这一证据时，我意识到用"煎锅"（frypans）来翻译是错误的，发现的应该是大量"炖锅"（saucepans）（参见第四章的注释23）。或许这个充满敌意的故事究竟是关于74个煎锅还是75个炖锅并没有什么区别，但是当我们想到希腊语中"炖锅"是"盘子"或者"牌匾"的小词（diminutive）时，就会意识到，在船上被发现的有可能是一组珍贵的刻有铭文的铜牌。如果是这样的话，那么这个所谓的"愚蠢"故事很有可能是对一个有趣事实的狡诈曲解，而非凭空捏造。

当一个古老的文本仅通过一份破损的莎草纸传承至今时，我们通常可以通过使用现代技术对文档进行重新考察，以此来改善状况，比如多光谱成像技术。这种情况目前在伊壁鸠鲁主义学者菲洛德穆斯（Philodemus）的作品中可以看到，人们在赫库兰尼姆（Herculaneum）古城的碳化卷轴中发现了他的作品。我们受益于大卫·布兰克（David Blank）编辑的新版菲洛德穆斯《论修辞学》（On Rhetoric）的结尾部分（第 27—29 页）。我们对相关段落的翻译以这一新版本为基础，它取代了纳塔利 1990 年能够获得的材料，对文献中的缺损进行了更负责任的补充。

对莎草纸文本的另一个重要改进是菲利普·哈丁（Philip Harding）2006 年出版的迪迪慕斯的残篇《论德摩斯提尼》。相较于皮尔森（Pearson）和斯蒂芬斯（Stephens）的托布纳（Teubner）版，这是一个重大的进步，前者在纳塔利作品的第一版中造成了许多困难与不确定性。而我们对这些材料的翻译基于新的文本，并从哈丁版的补充和说明中获得信息。

古代作家的一些作品由唯一的中世纪抄本流传至今，这就使文本很容易出现错误。长期以来，赫拉克利德斯（Heraclides）的作品《批评》（Criticus）都依赖 1848 年穆勒（Müller）编辑的版本，我参考这个版本，对残篇 1 做了初步的翻译，它提到了公元前 3 世纪雅典的三个哲学竞技场："它们都树木繁茂，绿草如茵，花园中各类哲学家完全开放（fully blooming with philosopher of every kind）、灵魂的娱乐与消遣、各种学派，以及常见的壮观景象。"这里有一个奇怪的短语"各类哲学家完全开放"。后来我查阅了这一文本的最近版本（由阿伦茨 [Arenz] 在 2006 年编辑），发现这个奇怪的短语事实上是一个语文学上的错误,如果对原文进行正确的校勘与断句,就没那么奇怪了:"它们都树木繁茂,绿草如茵。那里有各种节日;各类哲学家带来灵魂的娱乐与消遣,各种学派,以及常见的壮观景象。"

广泛使用的洛布古典丛书和牛津克拉伦登古典文本(Oxford Clarendon Texts)中的第欧根尼·拉尔修(Diogenes Laertius)的著作在一段重要的文本上都有缺陷(5.37),这段文本涉及特奥弗拉斯托斯修改和出版其作品的过程(参见第三章第110页*和注释13)。在这一点上,不同的抄本给出了不同的读法,其中一个抄本甚至没有被这两个版本提及。但是2000年马尔科维奇(M. Marcovich)在他编辑的托布纳版中解决了这个问题,他不仅指出了这个不同的读法,还将其选为正确的文本。这一段落本身就很有趣,因为它似乎提到了古代的"出版压力",正如罗伯特·夏普斯在对纳塔利著作的评论中指出的(*Phronesis*, vol. 38 [1993], p. 111),这也是本书意大利语版出版后唯一的英文评论。

在少数情况下,我们拒绝了最新版中的猜测,因为编者决定依据自己的推测来"改进"传世的文本。一个非常糟糕的例子,也是一个我们拒绝追随的新猜测,是柏拉图关于亚里士多德的一个著名评论,抄本提供了非常好的文本,意思是:"**亚里士多德将我们踢出去,就像小马把生它们的母亲踢出去一样。**"第欧根尼·拉尔修最新文本的编者马尔科维奇在没有提供任何理由的情况下,推测这里丢失了一个重要的形容词,他的结论是:"亚里士多德将我们踢出去,就像(hupoptera,即'有翅膀的'或者'会飞的')小马把生它们的母亲踢出去一样。"但是,柏拉图的评论已经足够清楚,不需要再用毫无

---

* 文中提到的所有本书页码均指英文版页码,即中文版中的页边码。——校注

根据的推测加以修饰。

在个别情况下,即便没有新版的原始文本,我们的修订过程还是导致了对证据的重大修正。在第一章第19页和注释34,纳塔利纠结于一则令人困惑的记载:亚里士多德在"欧多克苏斯的时代"来到柏拉图的阿卡德米学园。由于这里并没有提供执政官的时期(这些年没有记录下来的执政官姓名),有人猜测这其实是"在欧多克苏斯掌管学园的那一年",这样的猜测也引发了进一步的困惑。纳塔利指出,吉贡在1962年版的《玛西亚那传记》中提出了其他的可能性,即执政官的名单并不完整,或者"欧多克苏斯"是当时执政官名字的错误。这一问题在瓦施基斯(H.-J. Waschkies)在基尔大学的博士论文《从欧多克苏斯到亚里士多德:欧多克苏斯比例理论对亚里士多德连续体学说的影响》(*Von Eudoxos zu Aristoteles: das Fortwirken der Eudoxischen Proportionentheorie in der Aristotelischen Lehre vom Kontinuum*, 1977)第一章中得到了解决。执政官的名单实际上是完整的,而"欧多克苏斯"只是"欧布鲁斯"(Euboulus)的讹误,根据许多资料,欧布鲁斯正是当时(公元前345/344年)的执政官。几年前,大卫·塞德利(David Sedley)让我了解到瓦施基斯的解决方法,我们决定添上一个附言将它加入注释34中。

亚里士多德亲自观测并描述了火星的月掩星(第24页),1609年开普勒(Johannes Kepler)首次计算出这一事件的日期是公元前357年4月4日。开普勒的计算中存在错误,1927年肖赫(K. Schoch)将这个日期修正为雅典时间公元前357年5月4日晚上9点。蒙特·约翰逊和他的学生科尔·马克(Cole Macke)在校订本书时研究了这个问题。他们利用天文学软件发现,在亚里士多德的一生中,实际上存在着几个可能的观测日期。当他们研究如何严谨地确定这一日期时,发现一位专业的天文学家最近得出并发表了相似的结论(Savoie 2003)。他通过计算掩星来对应亚里士多德的描述。纵观亚里士多德的一生,这种情况可能发生在雅典的三个晚上:最有可能的是公元前357年5月4日,当地时间20:12至21:30;也有可能是公元前361年3月20日22:48至23:39,或者公元前324年3月16日23:53至00:15。四百年来,人们一直认为由于这种情况只可能发生一次,所以这一观察证明了亚里士多德在那个特定的时间内研究了天文学,想必是在柏拉图的领导下进行的。但是其他日期的确定不仅开启了一种可能性,即亚里士多德的观测可能比他首次来到雅典的时间更早,也有可能发生在他最后一个雅典时期,并且是在他自己而非柏拉图的指导下进行的。

在一个特定的案例中,纳塔利和我对原始证据的理解存在分歧,即对雅典教师伊索克拉底(Isocrates)的学生克菲索多罗斯(Cephisodorus)一则反对亚里士多德的意见的阐释。在纳塔利的后记(第148页)中,他给出了《古代哲学家辞典》(*Dictionnaire des Philosophes Antiques*)中关于克菲索多罗斯的条目对这一问题的讨论,并用作者的论证支持自己的理解,其中对亚里士多德的指控是说他收集了一些毫无价值的谚语。我们在第25页对这一段落的翻译居于这一解释和另一个我支持的解释之间的中立立场,即克菲索多罗斯的指控是亚里士多德的论证(出自他遗失的对话《劝勉》[*Protrepticus*],也是克菲索多罗斯给予回应的篇章)认为仅仅收集谚语毫无意义,正如伊索克拉底在他的文章《致德谟尼库斯》(*To Demonicus*)中所做的那样。谚语本身毫无疑问是有价值的,亚里士多德自己的著作已经充分展示了这一点,但是它们的价值并不体现在将它们汇编成不带解释的文集,亚里士多德也从未这么做过。以这两种方式理解这句希腊语都是可行的，对它的理解最终是一个学术观点问题。

纳塔利于 2012 年 7 月完成了他对书目的更新，但是在我编辑本书的六个月里，我们注意到一些相关的出版物，我们的读者一定很乐意了解。

2010 年，我们的同事罗伯特·夏普斯过世后出版了一本杰出的资料集《公元前 200 年至公元 100 年的漫步学派哲学》(*Peripatetic Philosophy 200 BC to AD 100*)，内容远超其谦逊的副标题"导论与翻译资料汇编"。这本精心撰写的著作是研究本书讨论的时期之后漫步学派传统必不可少的资料。

安德鲁·福德（Andrew Ford）2011 年出版的《诗人亚里士多德》(*Aristotle as Poet*)从多个角度审视了他的《赫米亚斯赞美诗》(*Hymn to Hermias*)，他认为这是希腊诗歌史上一部意义非凡的作品，背景是亚里士多德在阿塔尼乌斯（Atarneus）与赫米亚斯的合作（参见第 32—42 页）。阅读这本书会很有助益，不仅因为它独立的翻译和对关键段落的阐释，说明了这一时期亚里士多德的生活。

在贝纳图伊尔（T. B. Bénatouïl）与博纳奇（M. Bonazzi）主编的《柏拉图与亚里士多德之后的理论、实践与沉思生活》(*Theoria, Praxis, and the Contemplative Life after Plato and Aristotle*, 2012）中，贝纳图伊尔的文章是对特奥弗拉斯托斯与狄凯阿科斯关于理智生活的价值及其地位争辩的全新探讨（参见第 117 页）。

古莱（R. Goulet）主编的法国科学研究中心（CNRS）版的《古代哲学家辞典》已经恢复出版，第五卷于 2012 年出版，收录了从帕西乌斯（Paccius）到鲁弗斯（Rutilius Rufus）的哲学家，但是我们还没有研究过这一资料。

最后，我们期待着"剑桥古典文本及翻译"系列预告的 2013 年下半年即将出版的提齐亚诺·多兰地（Tiziano Dorandi）的新版第欧根尼·拉尔修。*

我非常感谢恩里柯·贝尔蒂教授在帕多瓦将我介绍给卡罗·纳塔利，并在 1997—1998 年间接待我的访问。我很感激卡罗本人在本书时而令人沮丧的出版进程中展现出的耐心，同样还有普林斯顿大学出版社的编辑艾尔·伯特兰（Al Bertrand）、助理汉娜·保罗（Hannah Paul），以及我们的制作编辑娜塔莉·巴恩（Natalie Baan）的耐心和信心。感谢蒙特·约翰逊（Monte Johnson）在拯救这个项目上的积极行动以及为完成初稿所付出的努力。我还要感谢这项事业的所有其他支持者，感谢他们的各种贡献：迪米特里斯·阿波斯特罗普洛斯（Dimitris Apostolopoulos）、大卫·布兰克、亚历山德罗·博内洛（Alessandro Bonello）、乔迪·坎迪（Jody Cundy）、西尔维亚·加斯帕里（Sylvia Gaspari）、卡斯拉·库珊（Kasra Koushan）、科尔·马克、玛莎·佩里尔（Martha Perrier），以及安东尼·舒加尔（Anthony Shugaar）。

哈钦森
圣地亚哥，2013 年 1 月 30 日

---

* 本书已经出版：Tiziano Dorandi ed., *Diogenes Laertius. Lives of Eminent Philosophers*, Cambridge: Cambridge University Press, 2013，该版本是目前最好的第欧根尼·拉尔修著作的考订版。——校注

导 论

这本对亚里士多德生平的概述并非专业的古代历史学家的著作，而仅仅是一位学者对古代哲学史进行反思的成果。我发现关于亚里士多德的大量传记材料与轶事经常会重复一些并不可靠的内容，因此我认为有必要清理一下自己的思路，于是本书应运而生。对这一时期具有专业知识的历史学家不会从这里学到多少东西，但是我的"哲学家"同事们，或者更确切地说"哲学史家们"，也许会发现拥有一份关于亚里士多德的现存史料的简要概述和整体阐释会很有用。我这里的重构跟其他的类似尝试一样，都免不了受到个人偏见、历史条件和各种局限的影响。但是，有一个整体的图景供大家讨论或反驳，而非一堆可疑的数据和矛盾的报告，也未尝不是一件好事。

也许有人会怀疑，这种重构是否有用，是否终究徒劳无益，毕竟已经有人说过了也做过了。有些人极力主张这种怀疑，例如，乔治·斯坦纳在评论一部维特根斯坦的传记（《伦敦书评》[London Review of Books]，1988年6月23日）时，提出了为什么有人会认为有必要为哲学家写传记的疑惑。他回忆道："胡塞尔认为，哲学论证只有在追求普遍性和匿名的真理时才值得考虑。"乔纳森·巴恩斯（Jonathan Barnes）在《前苏格拉底哲学家》(The Presocratic Philosophers, 1979) 的序言中也坚持认为："哲学家过着一种超物质的生活，超越了时空的限制。如果说哲学家必然是时空内的微小生物，那么即使是稍稍关注他们时空内部的微小问题，都往往会模糊而非阐明他们的哲学。"对于像我这样的意大利读者来说，这些说法看起来相当矛盾，尽管某些对古代哲学家过于大胆的历史重构证明了这种谨慎是必要的；但是另一方面，也有一些人认为如果不考虑像亚里士多德这样的古代哲学家的整个生平和其中的戏剧性事件，就不可能正确解释他们的生活（一个俄国例子参见 Losev and Takho-Godi 1982, p. 11）。

也许这么说有点老套，但事实很可能在这两者之间。斯坦纳认为，一部真正严肃的传记，应该力求使传记资料与哲学家的工作相符合，并以此作为其正当性的依据。而想要完成这样的工程，让生活与理论之间的联系既有哲学分析又符合直觉，"需要类似天才的能力"，并且"需要极大的权威"。因此，将哲学家的生平事迹和思想特质联系起来，是一项既困难重重又令人着迷的工作。

就亚里士多德而言，耶格尔的传记《亚里士多德》（1923）就是一个杰出的例子，他将叙述亚里士多德的生平与描述他的思想发展结合起来，不时中断对历史事件和故事的叙述，以便对亚里士多德生平和思想发展的每一个阶段给出全景式的概述。即使耶格尔的许多假设不再被人们接受，但是他的著作依旧是这个领域的经典，它非凡的魅力和惊人的密度源于它原创性的结构，以及将"思想发展"的概念用在亚里士多德的作品中，这远远超出了一部严格的历史传记实际发现的东西。但是在耶格尔的书中，整体似乎比各部分的总和重要得多，而他的工作和我后面即将讨论的杜林的工作，仍然是一个值得牢记的典范。

然而，总的来说，我对亚里士多德生平的重构并没有如此宏伟的目标。从广义上讲，我们可以说专业的历史学家一般倾向于相信古代作者为我们提供的大多数轶事记载，他们的作品倾向于接受希腊化和罗马时代的资料，比如普鲁塔克（Plutarch）和奥鲁斯·格利乌斯（Aulus Gellius）。另一方面，更加挑剔和谦逊的语文学家和哲学史家，则对大部分资料和传统记载提出怀疑。这两派得到的结论也就大相径庭。此外，有时候同一个作者会用相互矛盾的方式来对待亚里士多德生平的某些方面，比如他与亚历山大大帝的关系，或者他与赫米亚斯的关系；我们还会发现，有时人们会赋予同一个历史人物截然对立的立场。

我给自己设定的目标并不是要解决所有这些问题和障碍，但我一直在努力深入到一些疑问的根源，并纠正一些误解。我的起点是比斯坦纳的要求低得多的抱负，尽管我无意仅仅局限于关于一位古代哲学家的生活和个性的轶事趣闻。

在我看来，对亚里士多德传记的研究，就像对柏拉图或者其他古代人物传记的研究一样，乐趣主要在于了解他们的思想经验所具有的典范价值。就亚里士多德而言，我认为他开创了一种新的文化类型，一种不同于前人的智慧者的典范，尤其不同于那些被称为"前苏格拉底哲人"的先贤。一种新的哲学思考方式就此诞生，它对接下来欧洲文化的影响怎么估量都不为过。我想做的就是尽可能重构这位新型知识分子的历史特征，并指出他的特点。

在重构这些历史事件的时候，我不会直接关注亚里士多德思想的内容，而是通过与柏拉图学派以及其他文化潮流的比较，在一个更加全局化的背景下理解它的诞生和发展。从这个意义上说，我的研究是有缺陷且不充分的，但是鉴于材料的难度和复杂程度，我不得不这样。贝尔蒂（Berti 1989）对描述亚里士多德的知识分子形象做出了重大贡献，他的结论应当被牢记，尤其是在阅读本书第一章第10节的时候。

在进行这项工作时，英格玛·杜林的成果对我有着宝贵的指导意义（尤其是 Düring 1957）。他分析了亚里士多德各种传记资料背后的总体趋势、偏见和假设。他的研究成果是一个重要的出发点，尽管我的研究逻辑有时会引导我采取一种更具建设性的方法。

在本书的前三章，我首先回到古代文献，而非当代的研究。第四章呈现了自策勒（Zeller）时代至今亚里士多德传记研究的全景。在前三章我没有忘记那些批判性讨论的成果（至少是大多数），但是我的首要工作是重新理解文本，并试图通过利用那些最可靠的事实，至少是那些不确定性最低的事实，来重构这位哲学家的理智人格。为了给读者一些工具来核对我要论证的内容，我自己翻译了这项重构工作所依赖的大部分文本。

卡罗·纳塔利
帕多瓦，1990

第一章 亚里士多德传记：事实、假设与猜测

1. 价值不等的诸多事实

在亚里士多德的传记中，我们很少有确切的事实，却有很多猜测。我们缺乏关于最重要问题的信息，而有许多关于意义不大的问题的信息。自杜林1957年出版了《古代传记传统中的亚里士多德》以来，最近的讨论主要集中在对资料来源的分析上，以便确定它们的立场。遵循这一方法十分重要，语文学家称之为"原始资料研究"（Quellenforschung），在历史上一直是最严格可靠的方法。然而，当它被过度使用的时候，往往会转变成怀疑一切事实的态度。面对任何信息，他们只问古代作者或者作为其来源的作者的意图是什么，却从不去寻求正面的重构工作。这种谨慎的态度毫无疑问为关于亚里士多德生平的现代讨论所证明（参见第四章），但是它也有可能会导致人们过于关注细节而忽略整体的语境。

总的来说，我们虽然只知道亚里士多德生平的很少事实，但已经比大多数古代哲学家多得多了。我们要避免陷入古代传记作家的错误之中，他们从纷繁的记载与可知的事实中有选择地摘取符合他们预设的亚里士多德形象的部分，并在此基础上完成对这位哲学家的传记重构。而我们能够尝试利用某些事实和看起来

最合理的信息，以尽可能精确的方法来重构他的生平和思想特征中最有趣的方面。毫无疑问，如今我们已经不可能澄清所有模糊的问题，无法对亚里士多德的历史形象给出一个全面而详尽的描述。在这个意义上，吉贡（Gigon 1961，p. 27）承认，亚里士多德的形象"至今仍然只是模糊的轮廓"，这个谦逊的观点在我看来依然是最稳妥的。

2. 斯塔吉拉

"亚里士多德，尼各马可（Nicomachus）与法丝缇斯（Phaestis）之子，斯塔吉拉人"（第欧根尼·拉尔修，5.1）。"哲学家亚里士多德来自斯塔吉拉，它是色雷斯的一个城邦，靠近奥林托斯（Olynthus）和梅托内（Methone）"（《玛西亚那传记》1）。亚里士多德是一个希腊小城邦斯塔吉拉的公民，它位于卡尔基斯半岛的西连平原（Silean Plain），是安德罗斯（Andros）的殖民地（希罗多德，7.115；修昔底德，4.88.2, 5.6.1），在第一次雅典联盟期间是雅典的盟友和属邦。[1] 因此亚里士多德并不像某些人所说的那样，是个对自己的政治立场感到困惑的"马其顿人"。

斯塔吉拉的历史并不辉煌：公元前 480 年，薛西斯（Xerxes）的军队在进攻希腊的路上经过这里。随后，在公元前 424 年伯罗奔尼撒战争期间，斯塔吉拉抛弃了雅典与斯巴达结盟，因此在公元前 422 年被雅典的克里昂（Cleon）围攻。公元前 348 年，马其顿的腓力（Philip）入侵卡尔基斯半岛，征服了泽瑞亚（Zereia），

---

[1] 参见 Meritt, Wade-Gery, McGregor 1939-1949, 1:412, 2:122。

摧毁或者迫使该地区独立的希腊城邦臣服于他（德摩斯提尼：《第三次反腓力演讲》[Third Philippic]26；狄奥多罗斯·西库鲁斯[Diodorus Siculus]，16.52.9）。随后他征服并摧毁了雅典的盟友奥林托斯。有一份古代资料，是德摩斯提尼的侄子，民主派演说家德摩卡里斯（Demochares），于公元前306年在一个企图关闭雅典所有哲学学园的审判上发表的演讲，[2] 在里面，他指控亚里士多德是马其顿人腓力的朋友，并且参与了这次马其顿的远征。根据阿里斯托克利斯的《论哲学》（fr. 2 Chiesara），德摩卡里斯"**宣称亚里士多德反对雅典城邦的信件被拦截了，他背叛了自己的故乡斯塔吉拉，投靠了马其顿人，在奥林托斯被摧毁后，在销赃的地方，他是腓力的线人，也是奥林托斯人中最富有的一个**"（尤西比乌斯，15.2.6 = *testimonium* 58g Düring）。根据以上引用的段落和新柏拉图主义的亚里士多德传记，[3] 现代历史学家推测斯塔吉拉于公元前348年被马其顿人腓力摧毁，之后在亚历山大大帝在世期间，因为亚里士多德的说情而重建，亚里士多德也被认为是该城邦法律的制定者。

尽管如此，我们并不能确定古代传记描述的事件是否属实。德摩卡里斯并没有明确说斯塔吉拉被摧毁了；他只是说亚里士多德"背叛"了故乡斯塔吉拉。考虑到他的演讲仅存残篇，这种"来

---

[2] 关于这个故事，参见 Wilamowiz 1881, pp. 194-197（相关文本参见 Natali 1981 中的意大利文翻译，pp. 32-34, pp. 150-152），Lasserre 1987（相关评论参见 pp. 439-440），以及下文第二章第4节。

[3] 古代传记认为在腓力摧毁斯塔吉拉后，亚里士多德重建了斯塔吉拉并为它立法，居民们像崇拜英雄一样崇敬他（第欧根尼·拉尔修，5.4；《玛西亚那传记》17-18；穆巴希尔[Mubashir]，29-30；乌塞比亚[Usaibia]，13, 30；参见 *testimonia* 27a-k）。亚里士多德的书信中包含与这一事件有关的残篇（fr. 657 Rose 1886 = fr. 13 Plezia 1961 = p. 22 Plezia 1977）。

自沉默的论证"可能并没有多大意义。然而，最可靠的古代资料确实没有把斯塔吉拉列入被腓力摧毁的城市（参见 Mulvany 1926, p. 163; Düring 1957, p. 59）。因此这座城市很有可能并没有被摧毁，因为在公元前 322 年，也就是在腓力入侵 26 年后，亚里士多德父亲的房子似乎还在。在亚里士多德的遗嘱中，他提到了自己父亲在斯塔吉拉的房子。他指出，如果赫庇丽斯（Herpyllis）想要住在斯塔吉拉，"**我父亲的房子**"应该给她。[4] 那么我们现在应该如何看待德摩卡里斯的说法呢？

在雅典法庭的审判中，当一位演说家陈述某一事件或者一段经历，来为自己的主张寻求论证时，他通常并不十分注重历史的真实性。因此我们不知道在马其顿的腓力国王远征期间亚里士多德是否在他的军营之中。其他资料表明，在腓力征服奥林托斯期间，亚里士多德根本不在卡尔基斯半岛，而是在别的地方，也许还在雅典，也许已经到了阿索斯（Assos）。但是这段来自德摩卡里斯的文字至少证明，在公元前 348 年斯塔吉拉很可能发生了一件不光彩的事情，并且直到公元前 4 世纪末，亚里士多德还被普遍认为是马其顿人的朋友，至少在雅典是这样。之后我还会回到这一点。

在亚里士多德的著作中，他从未提到过斯塔吉拉。他在遗嘱中提到的父亲的房子，传给了特奥弗拉斯托斯，后者在自己的遗嘱中给出了关于它的指示："**我把属于我的斯塔吉拉的产业赠送给卡里努斯（Callinus）。**"（第欧根尼·拉尔修，5.52）特奥弗拉斯托

---

[4] 第欧根尼·拉尔修, 5.14. 阿拉伯文版的遗嘱扩展了希腊文版本，提到了"**我祖先的**"房子。关于这个细节，参见 Zeller 1897, 1:25n2; Düring 1957, p. 200; Plezia 1977, p. 41; Gigon 1987, p. 38。

斯在他的《植物研究》（4.16.3）中提到了一座"斯塔吉拉的缪斯圣所"。[5] "博物馆"（Museum）一词的来源，就是"缪斯圣所"（Mouseion），最初指的是供奉缪斯女神的神庙，后来被扩展到了任何致力于文化追求的地方。我们不知道这座斯塔吉拉的缪斯神庙是缪斯女神的神庙，还是由亚里士多德的祖宅改造成的哲学学园，一所知识的殿堂。无论如何，在特奥弗拉斯托斯的时代（他死于公元前 288—前 284 年间），这个城邦并没有给人留下被遗弃的印象。但是到了斯特拉波的时代（公元 1 世纪），斯塔吉拉早已沦为一片废墟（第 7 卷, fr. 15 Radt）。

3. 名门望族

我们从亚里士多德的遗嘱中很好地了解到这位哲学家的家庭，它给我们提供了比平时更多的信息。所有的传记作家，无论是古代的还是现代的，都从赫米普斯（Hermippus，公元前 3 世纪亚里士多德学派的传记作家）[6] 着手，将他们的作品建立在这份遗嘱给出的事实之上，并附上个人的阐释与补充。并非所有的信息都非常有趣，但是这些信息加在一起对于揭示这位哲学家的出生环境很有帮助。

"亚里士多德是尼各马可与法丝缇斯的儿子，他们都是阿斯克

---

[5] 普林尼在《自然研究》（*Natural History*）16.133 中重复了这一论述。索伦伯格在他对第欧根尼·拉尔修的《特奥弗拉斯托斯传记》（5.36-37）的研究里没有引用这一段落（Sollenberger 1985）。

[6] 赫米普斯在他的《亚里士多德传》第一卷中引用了亚里士多德关于他的第二任伴侣、赫庇丽斯的遗嘱，这就表明他阅读过这一文献，至少大致知道它。阿忒纳乌斯，13.589C 引用了赫米普斯的评论（Hermippus fr. 26 Bollansée = fr. 46 Wehrli = Aristotle *testimonium* 12c；参见 Plezia 1977, p. 35）。

勒庇俄斯（Asclepius）的儿子玛卡翁（Machaon）家族的后裔……亚里士多德出生于迪奥特里腓斯（Diotrephes）执政期间 [公元前 384/383 年]。"（《玛西亚那传记》1，10）

"亚里士多德，尼各马可与法丝缇斯的儿子，斯塔吉拉人。尼各马可的祖先是玛卡翁的儿子尼各马可，而玛卡翁是阿斯克勒庇俄斯的儿子……阿波罗多洛斯（Apollodorus）在他的《编年史》（*Chronicles*）中记载，他 [亚里士多德] 出生于第 99 届奥林匹克运动会的第一年 [公元前 384 年]。"（第欧根尼·拉尔修，5.1，5.9）

"亚里士多德是尼各马可的儿子，尼各马可的家族和职业可以追溯到阿斯克勒庇俄斯的儿子玛卡翁。他的母亲法丝缇斯是殖民斯塔吉拉的卡尔基斯远征队一位首领的后代。他出生于第 99 届奥林匹克运动会期间，当时迪奥特里腓斯是雅典的执政官，因此他比德摩斯提尼大 3 岁。"（哈利卡纳索斯的狄奥尼修斯 [Dionysius of Halicarnassus]：《致阿玛乌斯的第一封信》[*First Letter to Ammaeus*] 5.1）

关于亚里士多德的父亲，我们只知道他的名字。根据一些资料，亚里士多德的父亲在他年轻时就去世了，新柏拉图主义的传记中提到亚里士多德被指派了"监护人"，也加强了这一推测。稍后我会回到这一点。关于他是一名医生的说法并没有在遗嘱中得到证实，因为遗嘱中并未提到他。这一信息来自最早的亚里士多德传记作家之一赫米普斯，[7] 他说亚里士多德的父亲尼各马可出自

---

[7] 第欧根尼·拉尔修，5.1，来自赫米普斯（fr. 32 Bollansée = fr. 44 Wehrli）。在《苏达辞书》（"尼各马可"词条）中，的确有迹象表明亚里士多德的父亲创作的作品可能被登记了下来（六本关于医学的，一本关于自然科学的）："尼各马可，医生，也来自斯塔吉拉，阿斯克勒庇俄斯的儿子玛卡翁的儿子，他的后代尼各马可是哲学家亚里士多德的父亲，也是一名医生。他撰写了六本关于医学的书，一本关于自然科学的书。"（*testimonium* 9b）

阿斯克勒庇俄斯最杰出的分支之一。古代晚期的传记作家，为了给亚里士多德冠以荣誉，将这一故事扩展成了尼各马可是一名御医，是马其顿国王阿明塔斯（Amyntas）的朋友（第欧根尼·拉尔修, 5.1；《玛西亚那传记》2；《弗尔伽它传记》[Vita Vulgata]1；《拉丁传记》[Vita Latina]2）。

所有的这些似乎都是虚构的，也许确实如此，但是在公元前4世纪末，伊壁鸠鲁和蒂迈欧（Timaeus）都指控亚里士多德放浪形骸，说他贩卖药物或者行过医。来自伊壁鸠鲁的证据在以下四个后世资料中被保存了下来：第欧根尼·拉尔修、阿里斯托克利斯、阿忒纳乌斯与阿伊里安（Aelian）。第欧根尼·拉尔修在他的伊壁鸠鲁传记（10.8）中写到伊壁鸠鲁称亚里士多德是"**一个浪荡子，在挥霍完父亲的财富后从军并贩卖药物**"（testimonium, 59a）。阿里斯托克利斯在他的《论哲学》中问道："他[亚里士多德]怎么会挥霍完父亲的所有财产，然后去从军，再次失败后又去进行药物贸易，之后加入柏拉图的漫步学派，这个学派对所有人开放，就像伊壁鸠鲁在《关于职业的信》(On Vacations)中所说的？"（尤西比乌斯, 15.2.1 = testimonium 58b）。阿忒那乌斯笔下一位博学的讲话者宣称（8.354b-c）："我很清楚，非常忠实于真理的伊壁鸠鲁在他的书信《论天职》中提到过他，在挥霍完父亲的遗产后他匆忙从军，但是由于不擅长这个，他又开始贩卖药物。接着，他[伊壁鸠鲁]说，由于柏拉图的漫步学派向所有人开放，亚里士多德便去那里听课。由于他具有这方面的才能，逐渐摆脱了之前的状态，深入到理论的[性情]中。我知道伊壁鸠鲁是唯一说出这些反对他的事情的人，即使是欧布里德斯（Eubulides）、克菲索多罗斯（Cephisodorus）也不敢说这些事情反对这个斯塔吉拉人，尽管他们出版了一些著作驳斥他"(*testimonium* 59b)。[8]阿伊里安也在他的《杂学》(*Miscellaneous Research*)中提到了伊壁鸠鲁这个故事的简化版,只是没有明确将伊壁鸠鲁作为资料来源:"亚里士多德浪费了从父亲那里继承的财产并匆忙从军。在这次失败后,他又以贩卖药物为生。他悄悄地走进漫步学派听课,由于他在这方面天生比大多数人优秀,他养成了在这之后拥有的性情。"(*testimonium* 59c)

公元前 4 世纪的历史学家,陶罗米涅姆(Tauromenium)的蒂迈欧曾发表过一些试图揭露亚里士多德不光彩个性和他与医学关系的评论,这些言论由阿里斯托克利斯和波里比乌斯(Polybius)保存下来。阿里斯托克利斯提出了异议:"人们怎么能相信陶罗米涅姆的蒂迈欧在他的《历史》(*Histories*)中所说的,他[亚里士多德]在晚年关闭了一家声名狼藉的诊所?"(尤西比乌斯,15.2.2 = *testimonium* 58c)。蒂迈欧对亚里士多德的谩骂显然让波里比乌斯难以忍受,他说(12.8.1-4):"如果人们用蒂迈欧对待亚里士多德的敌意和严苛对待自己的邻居,我们会认为这样的人无知和疯狂。蒂迈欧说,亚里士多德自以为是、轻率鲁莽,还说了一些关于洛克里(Locri)城的极度无耻的话,声称这个殖民地是逃犯、仆人、通奸者和奴隶贩子的殖民地。他说这些时就好像自己是战场上的英

---

[8] 这份报告并不像乍看上去那么充满敌意,其中一些信息是准确的;参见 Sedley 1976, p. 127。伊壁鸠鲁提供了一些关于亚里士多德的性格和哲学意义的重要信息:他"**具有这方面的才能,逐渐摆脱了之前的状态,深入到理论**[的性情]中"。根据菲洛德穆斯的《驳智者》(fr. 1 Sbordone),伊壁鸠鲁提到了亚里士多德的《分析篇》,或许还有《物理学》,作为 e[...]omen 的作品(fr. 127 Arrighetti)。对于这里的文本缺损,乌塞纳(Usener)读成"我们选出的"(en[krin]omen);斯波多纳(Sbordone)和阿里盖蒂(Arrighetti)读成"我们倾向的"(e[kleg]-omen);弗格利亚诺(Vogliano)和迪阿诺(Diano)读成"我们能找到的"(e[pheur]omen);克罗纳特(Crönert)和比尼奥内(Bignone)读成"我们列出的"(e[graph]omen)。无论如何,根据这些不同的补充和阐释,这一残篇都揭示了伊壁鸠鲁对亚里士多德哲学的兴趣。

雄，凭着自己的力量打败了聚集在西里西亚大门的波斯人，而非一个弱智又贪婪的智者，刚刚关闭了一家昂贵的诊所。他还经常闯入各个房子和帐篷，是个贪吃鬼和大厨，总是被自己的嘴巴牵着走。"（*testimonium* 60a；参见本书第六章第 2 节）

考虑到古代作家通常用严厉的言辞对付自己的论敌，这些说法甚至可能是对他父亲职业的"微妙"暗示。如果是这样的话，赫米普斯的说法似乎得到了证实。虽然有些人认为，这些说法的敌视语气并非出自伊壁鸠鲁本人，而是来自伊壁鸠鲁学派门徒的论战激情，我们也得承认这些说法大体上出自伊壁鸠鲁（参见 Sedley 1976, p. 132）。亚里士多德本人谈及医学的许多文本并没有在这一点上给出任何有用的提示。

另一方面，亚里士多德在遗嘱中提到了母亲塞丝缇斯（Thestis）或法丝缇斯，这一点不同于他的父亲。[9] 哈利卡纳索斯的狄奥尼修斯告诉我们，亚里士多德的母亲是创建了斯塔吉拉的卡尔基斯人的后代。但是，修昔底德说，斯塔吉拉是由安德罗斯的殖民者建立的，而非卡尔基斯人。在古代，说某人是城邦创始人的后代是给予他们荣誉的一种方式。但是法丝缇斯很有可能就来自卡尔基斯，因为亚里士多德在第二次离开雅典后住在那里，并且从他的遗嘱中可以看出他在那里拥有一座房子和一个花园（第欧根尼·拉

---

[9] 亚里士多德谈到把她的雕像放到尼米亚（Nemea）或其他地方的德墨忒耳（Demeter）神庙中："**把我们母亲的雕像放到尼米亚或者其他合适地方的德墨忒耳神庙中**。"（第欧根尼·拉尔修，5.16）只有普莱奇亚（Plezia）和穆尔瓦尼（Mulvany）认为，根据对手稿的解读，亚里士多德想要在尼米亚或者其他地方放置一座打扮成德墨忒耳的母亲的雕像。普林尼谈到画家普罗托格尼斯（Protogenes）绘制了一幅亚里士多德母亲的画像（《自然研究》35.106）。然而，在亚里士多德的遗嘱中，他提到的是雕像；因此这两个说法存在不一致。

尔修，5.14）。亚里士多德的父母很可能都是希腊人。[10] 亚里士多德还有一个兄弟叫作阿里姆涅斯图斯（Arimnestus），[11] 他比亚里士多德去世早，没有孩子，亚里士多德在遗嘱中也提到了他。亚里士多德希望能够竖立一座雕像纪念阿里姆涅斯图斯，他的遗嘱执行人"将树立一个阿里姆涅斯图斯的半身像，以此来纪念他，因为他死后没有留下孩子"（第欧根尼·拉尔修，5.15）。

新柏拉图主义的传记作品称，阿塔尼乌斯的公民普罗克塞努斯（Proxenus）[12] 在亚里士多德的父亲死后收养了他："在成为孤儿后，他被阿塔尼乌斯的普罗克塞努斯收养了。"[13] 克劳斯特（Chroust）大胆地为这一事件确定了一个日期：公元前370—前369年。如果确实如此，普罗克塞努斯显然必须被看作亚里士多德一生中的重要人物。如果普罗克塞努斯真的是阿塔尼乌斯的公民，这就能够解释为什么亚里士多德会与阿塔尼乌斯的僭主赫米亚斯关系密切。此外，新柏拉图主义的亚里士多德传记的阿拉伯译者乌塞比亚（Usaibia）说，普罗克塞努斯是柏拉图的朋友，他将亚里士多德送进学园也是出于这个原因。"受到亚里士多德父亲的嘱托，普罗克

---

[10] 因此他们并非马其顿人，就像公元4世纪塞浦路斯的主教埃庇法尼乌斯（Epiphanius）在他的《药箱》（*Panarion*）中记载的那样（Diels, *Doxographi Graeci*，摘录 31）："亚里士多德，尼各马可的儿子，据某些人说是来自斯塔吉拉的马其顿人，但是根据其他人的说法，他的家人是色雷斯人。"（Aristotle *testimonium* 9f）一些现代作家相信前一个故事。

[11] 新柏拉图主义的传记还增加了一位名叫阿里姆涅斯特（Arimneste）的女性（《玛西亚那传记》2;《拉丁传记》2）。一些学者（穆尔瓦尼、杜林、克劳斯特）给这位不明身份的人物赋予了一些实质内容，说她是尼加诺的母亲，普罗克塞努斯的妻子，亚里士多德也想为普罗克塞努斯树立一座雕像（第欧根尼·拉尔修，5.15）。其他人则不相信这位阿里姆涅斯特的存在；参见 Gigon 1962, p. 26; Gottschalk 1972, p. 322。

[12] 据新柏拉图主义者所说，普罗克塞努斯来自阿塔尼乌斯；但是，根据塞克斯都·恩披里柯（Sextus Empiricus）所说（《驳学问家》[*Against the Professors*]1.258），尼加诺来自斯塔吉拉，因此他的父亲普罗克塞努斯也应当如此。

[13] 《玛西亚那传记》3；参见《拉丁传记》3;《弗尔伽它传记》2 = Plezia 1977, p. 36。

塞努斯将这个年轻人交给了柏拉图。有些人称他是按照万能之主的神谕在皮提翁（Pythion）神殿中被托付给柏拉图的，也有人说这仅仅是因为普罗克塞努斯和柏拉图是朋友"（乌塞比亚：《亚里士多德传》3，Düring 1957；参见 Gigon 1962 对第 31 行的注释）。

很显然，普罗克塞努斯让亚里士多德接触到了一生中最重要的几个人。对于这位普罗克塞努斯，我们几乎一无所知；但是亚里士多德在他的遗嘱中将一些雕像献给了普罗克塞努斯、尼加诺（Nicanor）以及尼加诺的母亲。他要求遗嘱执行人"在委托给格吕里昂（Gryllion）的雕塑完成后，一定要把它们竖立起来，一个是尼加诺的，一个是我准备委托的普罗克塞努斯的，还有一个是尼加诺母亲的"（第欧根尼·拉尔修，5.15）。很显然普罗克塞努斯就是这位尼加诺的父亲，他当时还在世，关于他我们需要详细说说。

看来这位尼加诺似乎被他的继兄亚里士多德收养了。这份报告似乎毫无疑问地被赫贝代（Heberdey）于 1902 年发表的一段以弗所的铭文证实，在这段铭文中提到，外邦客人（*proxenia*）的特权要给予"尼加诺，斯塔吉拉人亚里士多德的儿子"（参见 *testimonium* 13a-c）。在亚里士多德的遗嘱中（第欧根尼·拉尔修，5.12），尼加诺作为遗嘱执行人排在第二位，排在马其顿将军安提帕特（Anitipater）[14]之后，并在亚里士多德的女儿"达到合适的年龄时"迎娶她。在遗嘱中，尼加诺似乎是家族中最年长的男性，并担任家族首领（参见 Düring 1957, p. 263）。"如果这位姑娘在婚前出了什么事（或许不会，也希望不会），或者在婚后但是生下孩子之前出了事，尼加诺有权以一种配得上他和我们的方式管理孩子和所

---

[14] "安提帕特是一切事务的执行人"（第欧根尼·拉尔修，5.11, 5.13）；参见下文第 60 页。

有其他事务。尼加诺将会对关于这个女孩和男孩尼各马可的一切事务负责，以父兄的方式来关心他们的事务。"在亚里士多德去世的时候，尼加诺一定是踏上了一段危险的旅程，[15]也许与他作为将军的义务有关（参见下文），因为亚里士多德在他的遗嘱中提到希望他安全归来。

许多学者（策勒、维拉莫维兹、贝尔弗、普莱奇亚、吉贡，等等）相信这位普罗克塞努斯的儿子尼加诺，就是亚历山大大帝麾下的将军尼加诺。[16]如果这一假设正确，他肯定是整个家族史上最有趣的成员之一。我也倾向于接受这一假设，尽管并不能给出决定性的证明。从此往后，我会把这一假设当作事实。

斯塔吉拉的尼加诺（参见狄奥多罗斯·西库鲁斯，18.8.3），是亚历山大手下的一位将军，公元前324年他在奥林匹亚宣读了一份来自亚历山大的法令，马其顿国王在法令中要求希腊各城邦向他献上神圣的贡品，并召回那些被流放的人。亚历山大逝世后，尼加诺在卡山德（Cassander，马其顿将军安提帕特的儿子）对波利伯孔（Polyperchon，安提帕特指派他而非卡山德为继任者）的战争中为卡山德效力，这场战争（319-318 BC）让阿提卡直接卷入其中。安提帕特去世后（319 BC）尼加诺被安提帕特的儿子卡山德派去指挥马其顿驻扎在雅典穆尼基亚港（Munychia）的部队。根

---

[15] 注意第欧根尼·拉尔修，5.12提到"直到尼加诺抵达"。在这一时期，根据贝尔弗（Berve 1926, 2:276-277）所说，尼加诺在亚细亚跟随亚历山大作战，因此这里提到的归来应该是远征亚细亚后归来。这就表明，公元前324年在奥林匹亚宣读完亚历山大的法令后，尼加诺肯定回到了亚细亚，或者亚里士多德的遗嘱写于公元前324年之前，在他逝世之前很久。

[16] 但是，其他人不同意这个等同，例如 Mulvany 1926；Düring 1957, p. 271；Gottschalk 1972, p. 322。一些人认为在卡利斯提尼（Callisthenes）死后亚里士多德很难和亚历山大取得联系。这个理由看起来并不充分。

据普鲁塔克的《福基翁传》(Life of Phocion, 31.3)，尼加诺在雅典的时候与温和派政治家福基翁结成了同盟，福基翁"**会见了尼加诺并与他交谈，请他在一般情况下对雅典人保持温和与善意**"，尼加诺还成为了特奥弗拉斯托斯的学生、法勒鲁姆的德米特里乌斯的朋友。[17]

随后，尼加诺被卷入了雅典各党派之间的争斗，这些党派又得到了马其顿若干派别的支持。尼加诺占领了整个比雷埃夫斯港（Piraeus），从那里他目击了对福基翁的定罪与处决（公元前318年）。法勒鲁姆的德米特里乌斯在缺席审判的情况下被定罪，那时他或许在尼加诺那里避难，并且通过后者联系上了卡山德。[18] 同年，尼加诺与安提哥努斯（Antigonus）在一场海战中打败了波利伯孔的舰队，公元前317年雅典人与卡山德议和，卡山德任命德米特里乌斯为雅典的执政官。紧接着，卡山德杀害了尼加诺，也许是因为后者掌握了太多的权力。

德米特里乌斯和他的朋友有着不同的命运，他在雅典掌权十年，在这期间做了许多帮助哲学家的事。他给予特奥弗拉斯托斯权利，可以拥有雅典的一处地产（*enktêsis*，第欧根尼·拉尔修，5.39）；他下令释放色诺克拉底（Xenocrates），[19] 后者曾因太穷

---

[17] 参见珀加蒙的卡利斯提乌斯（Carystius of Pergamum）的《回忆》(*Memorabilia*)第三卷中的记载（阿忒纳乌斯，12.542e 中引用过）："安提帕特杀害了他的兄弟希梅莱乌斯（Himeraius），而他 [德米特里乌斯] 和尼加诺待在一起，因为庆祝他兄弟的死而遭到指控。"（Demetrius fr. 43a SOD）Düring 1957 中未收录这一段落。

[18] Santoni 1988.

[19] 根据普鲁塔克（《提图斯·弗拉米尼努斯传》[*Life of Titus Flamininus*]12）和伪普鲁塔克（《十演说家》842b）的记载，帮助色诺克拉底的并非支持马其顿的德米特里乌斯，而是反马其顿的民主派演说家莱科古斯（Lycurgus）。参见 Isnardi Parente 1981, p. 144 和 Isnardi Parente 1982。

无法支付雅典向外邦人收取的税款而被捕（第欧根尼·拉尔修，4.14）。据说他也出手帮助过哲学家和一些与城邦文化生活密切相关的人，包括"无神论者"特奥多罗斯（Theodorus），也许是让他免于遭受战神山议事会（Areopagus）的判决（第欧根尼·拉尔修，2.101）；还有犬儒派的克拉特斯（Cynic Crates），尽管德米特里乌斯并没有从他那里得到多少感激（阿忒纳乌斯，10.422c-d）；最后还有"正义者"阿里斯提德（Aristides the Just）的后代，德米特里乌斯为他们安排了抚恤金（普鲁塔克：《阿里斯提德传》27.3-5）。

在公元前4世纪末，亚里士多德的数位亲戚和学生似乎都参与了雅典的政治事务，并站在支持马其顿的立场上，我们可以猜到他们之间有着密切的友谊和关系。我们之后还会回到这一点。

这个家族里有两位名叫皮媞亚（Pythia）的女性。第一位是亚里士多德的妻子，普罗克塞努斯的朋友赫米亚斯的亲戚（赫米亚斯与皮媞亚之间的关系尚不明确，她可能是他的女儿、侄女或者其他亲属；参见本章6.1）。第二位是他的女儿。亚里士多德希望能够葬在已故的妻子皮媞亚旁边；"**根据她的意愿，我的坟墓建在哪儿，就把她的骸骨掘出来埋葬在哪儿**"（第欧根尼·拉尔修，5.16）。古代人受到不虔敬的指控的刺激，为这对夫妇的婚姻关系编造了最离奇的故事。例如，根据第欧根尼·拉尔修所说（5.3-4），"阿里斯提普（Aristippus）在他的《论古人的奢侈》（*On the Luxury of the Ancients*）第一卷中提到，亚里士多德爱上了赫米亚斯的一个女儿。他与赫米亚斯达成一致迎娶了她，并且由于对这个小女孩过于喜爱，他像雅典人向埃留希斯的德墨忒耳（Demeter of Eleusis）献祭一样向她献祭。"阿里斯托克利斯在他的《论哲学》中说，"比所有[其他指控]都要愚蠢的是一个自称'毕达哥拉斯学派成员'的吕科（Lyco）所说的。他宣称亚里士多德向已故的妻子献祭，就像雅典人向德墨忒耳献祭那样"（尤西比乌斯，15.2.8 = testimonium 58i）。亚里士多德的性格中必然有什么东西激发了如此辛辣的幻想，即使是在中世纪，也有一些人描绘妓女骑在这位四肢着地的伟大思想家身上。

公元前322年亚里士多德去世的时候，他的女儿似乎还不到14岁，因为她还没到结婚的年龄。或许她是一位女性继承人（epiklêros），即在没有男性继承人的情况下，由女孩作为财产继承人。[20] 这个女孩后来应该嫁给了尼加诺。遗嘱并没有提到新柏拉图主义者所说的皮媞亚这个名字。几个世纪后，塞克斯都·恩披里柯（《驳学问家》1.258）说她嫁过三任丈夫。[21] "亚里士多德的女儿皮媞亚嫁过三个男人，第一个是斯塔吉拉人尼加诺，亚里士多德的亲戚；第二个是普罗克利乌斯（Procleus），斯巴达国王德玛拉托斯（Demaratus）的后裔，与他育有两个孩子，普罗克利乌斯和德玛拉托斯，[22] 二人都跟随特奥弗拉斯托斯学习哲学；第三个是医生美特罗多罗斯（Metrodorus），他是尼多斯人克吕西普（Chrysippus of Cnidus）的学生，也是埃拉西斯特拉图斯（Erasistratus）的追随者，皮媞亚与

---

[20] 参见 Gottschalk 1972, p. 324 的综述；Düring 1957, pp. 62, 239 持相反的观点。根据一些学者的看法，这引起了一个问题，即尼各马可虽然是个男孩，却并不适合成为亚里士多德的继承人。

[21] 费尼西德斯（Phoenicides）的一部喜剧里提到一位有过三任丈夫的皮媞亚，这些丈夫的职业与我们这里讨论的皮媞亚的丈夫一模一样，斯托拜乌斯（Stobaeus）在他的《选集》（Anthology）3.6.13中引用了这部喜剧（fr. 4）。我们不清楚这是不是同一个人。

[22] 特奥弗拉斯托斯的遗嘱中提到德玛拉托斯（第欧根尼·拉尔修，5.53）："让希帕库斯（Hipparchus）、内雷乌斯（Neleus）、斯特拉托（Strato）、卡里努斯（Callinus）、德摩提慕斯（Demotimus）、德玛拉托斯、卡利斯提尼、梅兰特斯（Melanthes）、潘克利翁（Pancreon）和尼西普斯（Nicippus）组成这个[漫步学派的]团体。"

他育有一个男孩，名叫亚里士多德"（*testimonium* 11b）。[23]

亚里士多德也有一个儿子名叫尼各马可，他很有名，因为伦理学著作《尼各马可伦理学》就是写给他的。至于他究竟是皮媞亚的孩子还是赫庇丽斯（亚里士多德的第二位伴侣）的孩子，他是合法子嗣还是非法的，他是不是亚里士多德唯一的继承人，这些都不清楚。这个问题的重要性可能配不上从19世纪末到现在学者们耗费的那么多笔墨（参见 Gottschalk 1972, pp. 323-325，以及参考文献和研究综述）。尼各马可不大可能是《尼各马可伦理学》的编者，[24] 因为他肯定在很年轻的时候就去世了。事实上，在特奥弗拉斯托斯起草自己的遗嘱时尼各马可似乎就已经去世了，在那份遗嘱中，他父亲的学生特奥弗拉斯托斯，也是尼各马可一段时间内的监护人，[25] 要求制作尼各马可的雕像，他说"**完成一个同样大小的尼各马可的雕像也是我的愿望**"（第欧根尼·拉尔修，5.52）。

现在让我们进入纯粹八卦的领域。无论是古代作家，还是19世纪和20世纪初的学者，都对赫庇丽斯这个人物感到尴尬。她对亚里士多德"很好"，亚里士多德也希望她能过上平静的生活。他的遗嘱这样写道："**遗嘱执行人和尼加诺也要照顾好赫庇丽斯，以追念我，因为她曾对我很好。如果她想要嫁人，一定要给她找一个**

---

[23] 在特奥弗拉斯托斯的遗嘱中（第欧根尼·拉尔修，5.53），他带着喜爱之情特别提到了"梅地亚（Meidia）和皮媞亚的儿子亚里士多德"，希望他长大成人后加入漫步学派学习。

[24] 正如西塞罗在《论目的》（*De Finibus*）5.12 中说的（Arsitotle *testimonium* 76b）。

[25] 阿里斯托克利斯在他的《论哲学》（fr. 2 Chiesara）中记载了关于尼各马可的事情："据说丧亲之后，特奥弗拉斯托斯抚养了他，他年轻的时候就在战争中丧生了"（尤西比乌斯：《福音的准备》[*Praeparatio Evangelica*]15.2.15 = Aristotle *testimonium* 58m）。

配得上我们的人。"如果她选择不再嫁人，亚里士多德要求让她住在他的一所房子中，位于斯塔吉拉或者卡尔基斯为客人准备的房间，这些房子应该配备所有赫庇丽斯本人认为必需的家具。他为她留下了 1 塔兰特（talent）的财产，一个仆人以及两个奴隶（第欧根尼·拉尔修，5.13-14）。关于赫庇丽斯的地位，我们的资料存在分歧。在希腊语的亚里士多德遗嘱中，赫庇丽斯被视为一个自由人而非奴隶（Mulvany 1926），但是在阿拉伯语的遗嘱中，她被视为一个仆人。"从我看到的她在服侍我时的勤恳和对一切与我相称的东西的热情来考虑，她值得我好好对待"（乌塞比亚：《亚里士多德遗嘱》1e，Düring 1957）。无论如何，赫庇丽斯在很长一段时间里显然都是和亚里士多德非常亲近的女性。

所有的古人（赫米普斯、蒂迈欧、第欧根尼·拉尔修、《苏达辞书》以及赫西奇乌斯 [Hesychius]）都称赫庇丽斯为亚里士多德的情人（hetaira），而新柏拉图主义者则对她完全保持沉默。阿里斯托克利斯在他的《论哲学》中为了维护亚里士多德的声誉，[26] 说这位哲学家最终娶她为妻。"在赫米亚斯的女儿皮媞亚死后，他娶了斯塔吉拉人赫庇丽斯，她是他的儿子尼各马可的生母。"在现代学者中，也有一些人认为像亚里士多德这样伟大的思想家有一个非婚伴侣非常麻烦，他们说这位哲学家最终娶她为妻，也有一些人坚称赫庇丽斯只是亚里士多德的"管家"。[27] 但是遗嘱中的那些安排很难说是给一个单纯的管家准备的，同时，亚里士多德想要葬

---

[26]　尤西比乌斯：《福音的准备》15.2.15 = Aristotle *testimonium* 58m。

[27]　参见 Gauthier 1959, p. 42; Taylor 1932; Düring 1957, pp. 264, 270; Gottschalk 1972, p. 327。例如，穆尔瓦尼说亚里士多德把以前的情人安顿在父亲的家里极不合适（Mulvany 1926, p. 158）。如今，我们像古希腊人一样，倾向于以一种更加宽容的眼光看待这个问题。

在皮媞亚旁边,以及遗产的分配,都让我们认为赫庇丽斯的地位逊于他的第一任妻子。

遗嘱中没有提到亚里士多德的外甥卡利斯提尼,因为他已经去世了。他是这个家族中的一个重要成员,曾跟随亚历山大大帝远征亚细亚,闻名遐迩却悲惨收场。我们将在下面的第 7 节中讨论他。

即使以上列出的所有信息不是同样可靠,在我看来亚里士多德的家族关系也很广阔和复杂,比一个典型的雅典家族更加国际化,后者普遍以自己的本地祖先为荣,与古代贵族阶层的家族网络来往密切。亚里士多德的家庭亲近当时不同的"统治阶级",与马其顿国王及"继业者"(*diadochi*)的宫廷、阿塔尼乌斯的僭主、卡尔基斯半岛的若干小城邦都有联系,后来也许还和斯巴达王室有来往。我们接下来会看到,门徒联系与家族关系往往是交织混杂的:亚里士多德最重要的学生特奥弗拉斯托斯,是老师遗嘱的执行人;而他的学生德米特里乌斯,则成为了亚里士多德的继弟兼养子尼加诺的朋友;至于亚里士多德的外孙德玛拉托斯和小亚里士多德,在特奥弗拉斯托斯一生中都被欢迎加入漫步学派的哲学家团体(第欧根尼·拉尔修,5.53)。

4. 外乡学生

在这一节中,我们主要讨论亚里士多德在雅典生活的早期阶段,探讨有关他与柏拉图哲学的关系及其哲学发展的重要作品。关于亚里士多德在雅典生活的这一阶段,我们掌握的资料只与他作为哲学家及学园学生的活动有关。

"亚里士多德……在瑙西格尼斯（Nausigenes）执政期间成为了柏拉图的学生……因此这些诽谤者声称亚里士多德在40岁的时候，即欧多克苏斯执政期间才成为柏拉图的追随者是不正确的……根据菲洛科鲁斯（Philochorus）的研究。"（《玛西亚那传记》10-12）

"他遇见了柏拉图并在17岁的时候加入了他们，与他一起度过了20年[公元367—前347年]。"（第欧根尼·拉尔修，5.9）

"在波吕泽卢斯（Polyzelus）担任执政官期间[公元前367/366年]，亚里士多德在父亲死后来到了雅典，这年他18岁，在他加入柏拉图之后，与他一起度过了20年。"（哈利卡纳索斯的狄奥尼修斯：《致阿玛乌斯的第一封信》5.2）

亚里士多德遵循了一种早在智者时期就已经有了的传统,[28]即选择一位著名的老师并跟随他学习哲学。我们对他来雅典的具体原因一无所知。正如我在上面提到的（第11页），阿拉伯传记作家乌塞比亚认为，亚里士多德的监护人普罗克塞努斯把这个年轻人托付给柏拉图，因为他们俩是朋友。其余的作家则提出了不同的假设。[29]例如，我们可以假设，亚里士多德决定跟随一位哲学老师学习，是因为他通过阅读某些柏拉图的对话对这一学科产生了兴趣。事实上，这些对话的目的之一正是为了吸引最优秀、

---

[28] 柏拉图在《普罗塔哥拉》315a 中提到了门德的安提莫埃鲁斯（Antimoerus of Mende），他跟随普罗塔哥拉学习他的技艺（technê），"成为一个智者"。

[29] 一些学者考虑当时困扰马其顿宫廷的王朝斗争，但是这并不会困扰来自斯塔吉拉这种希腊城邦的公民；除非亚里士多德的养父普罗克塞努斯曾经带着他在马其顿居住过，比如 Berti 1962, p. 133; Chroust 1973, pp. 135-136 就是这样认为的。

最聪明的人来学习哲学。[30]

亚里士多德到雅典学习哲学的时候，他发现了什么？根据冯·阿尼姆的重构（von Arnim 1898，第一章），最早的智者是流动的教师，不受任何城镇或者城邦的束缚（伊索克拉底：《财产交换》[Antidosis]156），他们的课程不会持续很长时间。然而，随着时间的推移，成熟的学园发展起来，有了自己固定的学生群体，他们为了教育（paideia）会参加多年的课程，有些人希望能成为哲学家，其余的只是为了接受一般的教育。[31] 值得注意的是，在第欧根尼·拉尔修笔下，小苏格拉底学派学园中的师生关系可以用 diakouein[听课] 来形容（2.111，2.113，2.126），这意味着在一段时间内参加一门课程，而不仅仅是听一次公开课。在形容斯第尔波（Stilpo）的学生时，第欧根尼·拉尔修使用了一些表示亲密和长期关系的词，例如 apespasen[脱离]，zêlôtas esche[非常热切]，prosêgageto[紧紧跟随]，以及 apheileto[离开]。甚至还有

---

[30] 参见 Berti 1962, pp. 135-136 和 Düring 1966, pp. 9-10。关于这些对话的劝勉功能，可参见特米斯提乌斯记载的轶事（《演说词》18.356 = 亚里士多德：《内林图斯》[Nerinthus]，fr. 1 Ross = testimonium 1 Laurenti）。"阿科西奥迪娅（Axiothea）在读完柏拉图撰写的几本关于《理想国》的书后，离开阿卡狄亚（Arcadia）前往雅典，成为了柏拉图的学生，将她是个女人的事实隐瞒了许久[……]一个科林斯的农民了解了《高尔吉亚》之后——并非高尔吉亚本人，而是柏拉图创作的驳斥智者的书，立刻抛弃了他的农场和葡萄园，将他的灵魂献给了柏拉图，让他的观点在灵魂中播种和生长。"在新柏拉图主义时期，有人试着将这个故事讲得更加有趣，有人想出了一个德尔斐的神谕为亚里士多德指示了前往阿卡德米学园的道路（参见第四章1.3节）。关于这些传说，参见 Gigon 1946。

[31] 例如，麦加拉学派（Megarian）、爱利亚学派（Eleatic）和埃雷特里亚学派（Eretrian）都有各自的固定场所。欧几里得（Euclides）在麦加拉教学，尽管他并没有建立像阿卡德米一样稳定的学园。欧布里德斯和阿莱克西努斯（Alexinus）也拥有他们自己的学园。梅尼德摩斯（Menedemus）在雅典、麦加拉和埃里斯（Elis）学习，在他的故乡埃雷特里亚任教。关于梅尼德摩斯，据说他没有很好地规划课程、安排座位，也没有精确的时间表。根据冯·阿尼姆所说，只有当我们以稳定的学园为标准，这一批评才是可以理解的。

hetairoi[同伴、同志]，它有时被用来描述这些哲学家的学生们，表示存在一个固定的群体。因此亚里士多德的决定至少意味着他要在阿提卡待很长一段时间。

当时的雅典有各种活跃的学园，虽然从理论的角度来看在柏拉图和其他老师（比如修辞学家阿基达马斯[Alcidamas]和伊索克拉底）之间存在巨大的差别，但是在大众看来，柏拉图和伊索克拉底从事的是相同的"职业"。阿卡德米学园从外部看来也是众多住处或者学校（*diatribai*）中的一所，只是学习的课程不同罢了。

亚里士多德很可能没有上过其他学校，而是直接成了柏拉图的学生。[32] 古代资料表明，不同的老师之间存在嫉妒，他们尽力不让自己的学生被别人抢走。亚里士多德很可能在公元前367/366年进入学园，时值波吕泽卢斯执政（根据阿波罗多洛斯的记载，莫罗[Moraux]和杜林支持这一立场）；抑或是在公元前368/367年，时值瑙西格尼斯担任执政官（根据菲洛科鲁斯的记载，吉贡、贝尔蒂、克劳斯特支持这一立场），当时他大约十七八岁，[33] 他在学园待了大约二十年，直到公元前347年。公元前367/366年，柏拉

---

[32] 新柏拉图主义的传记作家这样认为（《玛西亚那传记》5；《弗尔伽它传记》4；《拉丁传记》5）。他们谈到了一段长达三年的时间，据说在这段时期内亚里士多德师从苏格拉底，但从时间上看这是不可能的，因为苏格拉底死于公元前399年，此时亚里士多德尚未出生。根据对这一文本的其他解读，我们应该把"苏格拉底"替换为"伊索克拉底"或者"小苏格拉底"，但这也是不成功的；参见 Wilamowitz 1893, 1:320-325; Kapp 1924; Vollenhoven 1950, 1:482-486; Chroust 1973, pp. 97-101。

[33] 这些日期来自阿波罗多洛斯（*FGrHist* 244F38 = *testimonium*1e）和菲洛科鲁斯（*FGrHist* 328F223 = *testimonium* 1f），本节开头引用过。关于亚里士多德进入阿卡德米学园的时间，有很多讨论，可参见 Moraux 1955, pp. 126ff.; Düring 1957, pp. 249-262; Berti 1962, pp. 131-143; Chroust 1965b。某些带有敌意的资料，例如伊壁鸠鲁学派的资料，试图证明亚里士多德在晚年才开始追求哲学。杜林认为，正是因此，从漫步学派早期开始，人们就试图为这一事件建立精确的年表。新柏拉图主义传记在这一点上非常精确。

图不在雅典，因为在狄奥尼修斯死后他去往叙拉古，在那里待了三年。有传说称，在柏拉图离开的这三年里，他让欧多克苏斯掌管学园，但似乎并没有证据支持这一点。[34] 欧多克苏斯残篇的最新编辑者甚至怀疑他是不是柏拉图学园的成员，认为欧多克苏斯可能拥有自己的学校，并与柏拉图学园之间存在竞争关系。[35]

从公元前367/366年到347年，亚里士多德在阿卡德米学园待了大约二十年。从一开始，或者在中间的某个时间，他决定不再

---

[34] 这个有趣的故事值得复述。《玛西亚那传记》11 基于菲洛科鲁斯的讲述总结道："**因此这些诽谤者说亚里士多德 40 岁才开始跟随柏拉图是不对的**，*epi Eudoxou*[在欧多克苏斯时期]。"这一表述与前几行的类似，例如 *epi Philokleous*[在菲洛克勒斯时期]，使用执政官的姓名来表示某个特定的雅典年份。但是关于亚里士多德进入阿卡德米学园时期的执政官名单中没有人叫欧多克苏斯，维拉莫维兹说他不明白 *epi Eudoxou* 的意思（Wilamowitz 1893, 1:333-334）。后来许多学者（包括 Jacoby 1902, p. 324; Düring 1957, p. 160; Merlan 1960, pp. 98-104; Berti 1962, pp. 138-143）认为这一表述指的是柏拉图让欧多克苏斯掌管学园，后来新柏拉图主义传记作家缩写并误解了这份报告，把欧多克苏斯当成了执政官。吉贡认为这个假设是可能的，此外还有两种可能的情况：要么我们的执政官名单不完整，要么欧多克苏斯是我们已知名字的误写或者变体。吉贡认为，古代人经常混淆人名，甚至在官方文件中也是如此，他还提供了各种实例（Gigon 1962，对第 49—50 行的注释）。还有时间问题，只有我们认定欧多克苏斯的鼎盛年是公元前 369—367 年左右，而非公元前 391—390 年左右，这份报告才是可信的，有些学者就是这么做的；参见 Lasserre 1966, pp. 137-138。【2012 年版后记：这些疑问的解决方案参见 Waschkies 1977, pp. 34-58；他推断，菲洛科鲁斯所指的年份并非亚里士多德进入阿卡德米学园的那一年，而是公元前 345/344 年。随后，他浏览了公元前 4 世纪雅典执政官的名单（并非不完整或不确定），发现了执政官欧布鲁斯的名字。当他提出了这个让人无法抗拒的猜想后，这句话就变成了一个正确无误的报告，即"**因此这些诽谤者说亚里士多德 40 岁才开始跟随柏拉图是不对的**，*epi Euboulou*[在欧布鲁斯时期，即公元前 345/344 年]。"基于一个很容易解释的抄写错误，学者们一度建立了一个脆弱的脚手架，设想欧多克苏斯暂时领导了柏拉图的学园。现在是时候拆除这个脚手架了。】

[35] 参见第欧根尼·拉尔修，8.87（Eudoxus *testimonium* 7, Lasserre 1966；参见第 137—141 页）。这似乎有点极端，欧多克苏斯和阿卡德米学园在理论层面一定有联系，而且亚里士多德在《形而上学》（I.9.991a17; XII.8.1073b17ff; XIII.5.1079b21）和《尼各马可伦理学》（I.12.1101b28; X.2.1172b9ff.）中引用欧多克苏斯的方式也预设了他曾经参与过学园的讨论，但是我们并不确定是否像 von Fritz 1927 中主张的那样，这些看法就是欧多克苏斯作为阿卡德米学园领导者时的教学内容。

止步于仅仅接受基础的哲学教育,而是根据一条柏拉图的原则,将他的余生都奉献给哲学讨论,投身于一种培养理智德性的生活(《理想国》VII.536d-540c)。因此,与智者和演说家的学生不同,亚里士多德进入阿卡德米学园的目的并非学习一种能让他从事某种职业并以之为生的技能,而是为了选择一种生活方式。我们在下文会看到(第 10 节,第 70 页),现代批评家通常把这看作一种职业选择,类似于在现代大学以教授作为职业,但是这种比较有一定的风险。

在雅典,亚里士多德过着一种外邦人的生活,像所有其他的外邦人一样受到各种义务与禁令的约束。[36] 他需要向雅典纳税,而公民是免税的;他必须获得一个前导者(prostates),即一个雅典公民作为他在法律上的担保人;同时,他必须在一个阿提卡的德摩(demos,部落)中登记为居民(我们不知道具体是哪一个);在必要的时候,他需要在陆军或海军中服役;他不能参与城邦的任何政治生活,不能担任官职,也不能在阿提卡拥有地产;我们会看到最后这一点与建立漫步学派遇到的一些困难有关。外邦人的状况绝不是低贱的或者接近奴隶的,在柏拉图《理想国》的开篇,诚实的外邦人刻法洛斯(Cephalus)受到了极大的尊重。至于亚里士多德,怀特海(Whitehead)坚持认为,虽然并没有证据表明他比其他外邦人享有任何特殊的地位(克劳斯特、格雷耶夫[Grayeff] 以及一些其他人支持这一点),但是他在作品中并没有对此表现出任何不满。[37] 另一方面,我们也应该记住,亚里士多德

---

[36] 参见 Austin-Vidal Naquet 1972, pp. 115-118;Whitehead 1975;Mossé 1975。

[37] 最近在亚里士多德的作品中寻找其政治地位的尝试参见 Romeyer-Dherbey 1986。

的学术作品中几乎对他的个人事务只字不提。

关于亚里士多德与柏拉图的关系,有两种截然不同的传统:一些资料认为这对师生关系总是友好的,另一些资料则声称他们之间有冲突。在某种程度上,这关系到如何评价他们两人哲学立场之间的距离。那些坚信他们的学说不存在根本分歧的人通常也认为他们的关系非常友好,正如新柏拉图主义传记中表现的那样,他们会强调"**柏拉图在世的时候,亚里士多德并没有创办吕克昂学园与他对立 [……] 因为直到柏拉图去世他都忠于柏拉图**"(《拉丁传记》9, 25;《玛西亚那传记》9;参见 Düring 1957, pp. 256-258, 357)。

主张柏拉图与亚里士多德相互尊重的记载强调,这位老师很欣赏学生非常独特的、反苏格拉底的哲学研究方法。据说亚里士多德经常脱离学园里的讨论,独自阅读书籍,[38] 而柏拉图并不认为这有什么可笑的,尽管他曾礼貌地尝试邀请这个孤独的年轻人参与到学园的讨论中来。经常有人说(最近是 Düring 1966, p. 13),柏拉图的《巴门尼德》中描绘的那个年轻的亚里士多德可能就是历史上的亚里士多德。

另一方面,那些承认柏拉图和亚里士多德存在思想差异的

---

[38] 在《玛西亚那传记》6, 7 和《拉丁传记》6 中,柏拉图说:"**我们去读书人的房子里吧**","**心不在焉,聋子听众**",据说这可能就是看到亚里士多德更喜欢待在家里读书时柏拉图说的话。据说亚里士多德和阿那克萨戈拉有相同的绰号,"理智"(*ho nous*)。这些记载的真实性颇有争议,反对的人有 Maas 1958, p. 83n1,他对此持怀疑态度,因为这里的用词是帝国时代的;支持的人有 Kranz 1958, pp. 81-83 和 Friedländer 1960, p. 317,据他们说这里的用词可以追溯到柏拉图或者稍晚一点的时代。在《论题篇》中,亚里士多德提出的各种建议表明他十分关注成文的信息来源,包括"**从这些书面资料中挑选 [……] 记下每一篇的观点,例如恩培多克勒说物体里有四种元素,因为人们可能会写下某个有声望的人的说法**"(I.14.105b12-18 = Aristotle *testimonium* 56b)。参见本书第三章第 1 节,第 97 页。

人，通常也认为他们之间存在个人冲突。在古代，人们认为亚里士多德的学生阿里斯托克塞努斯（Aristoxenus）曾经指控亚里士多德在柏拉图去世前创办了自己的学园。对于古代后期梅西纳学者阿里斯托克利斯来说，这难以置信。"谁能相信音乐学家阿里斯托克塞努斯在《柏拉图传》(Life of Plato)中所说的事情呢？在他[柏拉图]外出游历期间，他[阿里斯托克塞努斯]声称某些外邦人起来反抗他，建立了与他对抗的漫步学派。现在有些人认为他说的是亚里士多德，尽管阿里斯托克塞努斯始终以崇敬的口吻提到他"（尤西比乌斯，15.2.3 = testimonium 58d）。"如果亚里士多德直到柏拉图去世都忠于柏拉图的话，他就没有建立吕克昂学园反对柏拉图，阿里斯托克塞努斯第一个谴责他这样做，随后是阿里斯提德"（《玛西亚那传记》9；《拉丁传记》9；另参见阿里斯提德：《演说词》46.249.10 = testimonium 61a）。在第欧根尼·拉尔修的记载中（5.2），我们看到关于亚里士多德的这一著名轶事："柏拉图还在世的时候，亚里士多德就离开了他。因此人们说柏拉图说道：'亚里士多德把我们踢开，就像小马把生育了它们的母亲踢开那样。'"关于这些文本，参见第四章第 2 节和注释 20。

我们并不清楚这里有多少真相。这些报告中的大部分都是由后来的学者、希腊化时期的学者或新柏拉图主义学者编出来的，他们很可能受到两所学园的历史中变化莫测关系的影响（Düring 1957, pp. 315-336; Gigon 1958, p. 160 ff.; Gigon 1962, p. 44 ff.）。幸运的是，在这个问题上，我们有亚里士多德本人的自述。从他的著作中，我们可以清楚地得出结论，亚里士多德与柏拉图之间存在学说上的差异，但是这并没有导致个人冲突。事实上，我们可以在《尼各马可伦理学》I.6.1096a11-13 中读到，亚里士多德发现，在他考察"普遍的好"（Universal Good）这一概念时存在一个障碍——"提出理念的人是我的朋友"，[39] 这显然指的是柏拉图。所谓的《致欧德谟的哀歌》（Elegy to Eudemus，参见第四章第 1 节 1C）也提到了亚里士多德和柏拉图之间的友好关系，包括他对柏拉图的品格及哲学的颂扬。亚里士多德这样讲述这段友谊："**禁止坏人赞美他，他是通过自己的生活方式与推理方法，唯一一个，或者第一个清楚地证明，人的良善与幸福相依相随的凡人，如今却没有人能够接受这一点。**"（第 3-7 行，fr. 673 Rose 1886 = fr. 2 Ross）众所周知，在《形而上学》的某些部分，当亚里士多德谈到理念论的支持者时，他使用的是第一人称复数"我们"。这是一个信号，至少标志着亚里士多德长期以来对阿卡德米学园的亲密态度，以及在他与其他人之间存在团体意识（参见 Berti 1977, p. 20），尽管这个信号并不表明他忠于柏拉图的学说。耶格尔（Jaeger 1923, pp. 227-230）肯定亚里士多德的忠诚，而车尼斯（Cherniss 1935, pp. 488-494）否认这一点。

相较于在古代非常典型的那种毫无保留的论战方式，在上文中我们已经提到了很多这样的例子（比如亚里士多德的敌人说他是一个爱享乐的人，贪吃，挥霍完父亲的遗产之后参军，再次失败后开始贩卖药物；他是一个迟来的智者，有着无法满足的欲望，非常贪婪，只知道满足口腹之欲），亚里士多德的辩论方式，和伊索克拉底的一样，在我们看来非常温和，因为他避免使用任

---

[39] 在《政治学》II.6.1265a10-12 中也有同样的语气，柏拉图的对话因其原创性、新颖性和研究的积极性而受到赞扬："**苏格拉底的所有言辞（logoi）**[柏拉图的对话通常都以苏格拉底为主角]**都是引人注目的、巧妙的、新颖的，并且是研究性的；但是也许很难期望所有都是正确的。**"关于这段文本，参见 Ross 1923, p. 3; Düring 1957, p. 366; Chroust 1973, p. 245。

何粗俗的语言。这一点在他与阿卡德米学园同事的辩论中表现得尤为明显，在与他们的交锋中，他最多只做一些带有讽刺性的或者略显恶毒的评论。例如，他在《形而上学》中针对斯彪西波（Speusippus）有两段讽刺性的评论："但是自然并不是破碎的，像一部拙劣的悲剧那样只从表象判断"（XIV.3.1090b19-20）；"所有的单位都变成了好东西，原来有这么多的好东西"（XIV.4.1091b25-26）。在这之前，他也抨击了色诺克拉底："从这些考虑来看，很显然最糟糕的选择是第三种[即色诺克拉底所说的那种]，认为形式的数量与数字一样多，因为这一个观点中包含了两个错误。"（XIII.8.1083b1-3）但是在另一些地方，亚里士多德也会放下所有的理论分歧，表达个人尊重，例如他明确表达了对欧多克苏斯的尊敬："他的论证之所以令人信服，不是因为论证本身，而是因为他有德性的品格，人们认为他极其节制。"（《尼各马可伦理学》X.2.1172b15-16）这显然不是理论层面的高度赞扬。

如果考虑由一种精神共同体（koinonia）的感觉和致力于独立研究的决心构成的关系，我们就可以理解在阿卡德米学园和吕克昂学园的早期阶段，存在于各自成员之间的基于个人尊重的关系。在阿卡德米学园中，对柏拉图的理念论和本原学说都有激烈的批判：斯彪西波拒绝接受理念，色诺克拉底则接受数字理念的存在；亚里士多德强烈批评了《蒂迈欧》中的宇宙论，而欧普斯的腓力普（Philip of Opus）则恰恰相反，特别发展了其中的天文学。后来，在亚里士多德的漫步学派中，特奥弗拉斯托斯在自己的《形而上学》中批评了亚里士多德的许多神学观念以及他关于"位置"（fr. 146 FHSG）、"自身"（to kath' auto）、"物自身"（to he auto）（fr. 116 FHSG）与"主动理智"（active intellect）的理论（fr. 307a *FHSG*）。通过西塞罗（《致阿提库斯的信》[*Letters to Atticus*]2.16.3）我们了解到狄凯阿科斯拒绝接受理智生活（*bios theōretikos*）相对政治生活的优越性（在他的《三城论》[*Tripolitikos*]中显然如此；参见《致阿提库斯的信》13.32.2），这样做不仅否定了特奥弗拉斯托斯的观点，也否定了支持漫步学派的理论基础。但是以上这些都没有导致任何人身攻击。

老师与学生之间这种关系的基础很可能是自由讨论，以及在选择讨论主题时达成的基本共识，而非解决方案。后来，在更为教条主义的希腊化与新柏拉图主义学派中，这逐渐变得不可能了。上述许多关于亚里士多德与柏拉图之间冲突的故事，也正是在这些学派中被编造出来的。即使在今天，学者间的理论差异也可能导致激烈的辩论和尖刻的讽刺，人们用各种可能的方式来表达愤怒，在某些情况下还非常公开，我们有时也很难重获这些早期希腊大师之间令人钦佩的平衡。

虽然我并不想讨论亚里士多德哲学思想的发展问题，但还是想说说亚里士多德在阿卡德米学园中从事的学习和研究活动。这是一个极为重要的问题，不幸的是，我们的资料非常有限。事实上，我们并不知道柏拉图学园内部的工作是如何组织的，学者们提出了许多不同的假说（参见 Isnardi Parente 1974, 1986 的综述）。我们在这里只能局限于讨论与亚里士多德直接相关的内容，正是在他的著作中我们发现了一些迹象，表明亚里士多德致力于在许多不同的研究领域中收集数据：天文学、谚语集、辩证法以及修辞学。

亚里士多德在他的著作《论天》的一个段落中指出，他曾经亲自观测（*eōrakamen*）过月亮在半满的情况下从火星前面经过，而火星被月亮遮挡，接着从它的后方出现（II.12.292a3-6）："**在某些情况下，这是清晰可见的。事实上，我们曾经观测过月亮在半满的情况下超越阿瑞斯星[即火星]，后者被月亮的黑暗[即阴影]遮挡，但随后却明亮地出现了**。"现代天文学数据允许我们在很小的可能性范围内计算这次观测的日期与时间。它很有可能发生在公元前 357 年 5 月 4 日 20:12 至 21:30 之间，当时亚里士多德 27 岁，已经加入阿卡德米学园十年了（参见 Natali 1978）。根据对这一问题的最新研究，它也有可能发生在公元前 361 年 3 月 20 日的深夜（Savoie 2003，在亚里士多德一生中另一个可能的观测日期要晚得多，是公元前 325 年 3 月 16 日，但是如果这才是讨论中的那个掩星，亚里士多德的著作《论天》就必定是他写就的最后几部学术著作之一）。我们必须假定这并非一次偶然的观察，而是科学研究活动的一部分，在其中对天体运动的研究处于重要位置。[40]

虽然柏拉图在《理想国》第七卷中否定了天文观测的重要性（529c-530b），但是除了亚里士多德之外，柏拉图的其他学生也有天文观测的记录，例如欧普斯的腓力普。"**这也是腓力普对大气条件的观测，以及在天文学基础上发现的天体运动得以确立的方式**"（普罗克洛斯 [Proclus]：《〈蒂迈欧〉评注》[Commentary on Timaeus] I.103.3-6）。根据拉塞勒的研究（Lasserre 1966, p. 181），尼多斯的欧多克苏斯写过两本天文观测著作：一本是《现象》(Phainomena)，包含他在基提翁（Citium）所做的观测；另一本是《装饰》(Enoptron)，

---

[40] 亚里士多德的个人观测持续了很长时间；他甚至在后期作品《气象学》中声称亲自观察（hepheōrakamen）到一些恒星有像彗星一样的尾巴，他说这证实了巴比伦人和埃及人的观察（I.6.343b9-12）："**一些恒星也有尾巴。因此，不能因为埃及人这么说了，就听他们的话，我们自己也要进行观察。**"

包含他在更靠南的雅典或尼多斯所做的观测。

显然，亚里士多德在阿卡德米学园从事的研究活动，从一开始就集中在天文学和自然科学的问题上。[41] 许多作者都同意，除了辩证法的讨论之外，阿卡德米学园的成员还进行包括观测自然现象在内的科学活动，同时还有严格按照逻辑－哲学方式进行的概念分析。这一点得到了很多证据的证实，其中最引人注目的是喜剧作家埃庇克拉底（Epicrates）[42] 的一个著名残篇，他讽刺柏拉图的学生们热衷于分清事物的本质（即自然的种类），让他们困惑的一个问题是，南瓜在他们的概念划分（diaereseis）中应该放在哪里。[43] 在这个场景中，经验观察似乎很难与形而上学的分析和辩证法的讨论分开；相反，经验观察似乎是整个过程的一部分，提供了一些事实，这些事实是形而上学家必须要"拯救"的，或者更确切地说要为之辩护的。

阿忒纳乌斯（2.60d-e）的一则记载向我们指出了亚里士多德在阿卡德米学园从事的另一个研究领域。"伊索克拉底的学生克菲索多罗斯，[44] 在他的《驳亚里士多德》（Against Aristotle，一部四卷本的作品）中批评这位哲学家从事毫无价值的谚语收集工作"

---

[41] 这就反驳了耶格尔、汤普森和李的著名假设。耶格尔（Jaeger 1923, pp. 440-465）认为亚里士多德只在第二次回到雅典期间研究自然；汤普森和李（Thompson 1910, p. vii; Lee 1948）认为亚里士多德只在前往阿索斯之后才开始研究自然。

[42] "他们对自然作了区分，对动物的生命、树木的性质和蔬菜的种类给出了不同的定义。在这个过程中，他们仔细审查了南瓜属于哪一种［蔬菜］"（埃庇克拉底的某部我们不知道名字的喜剧；阿忒纳乌斯，2.59d-f = fr. 10 *PCG*）。

[43] 在当时，南瓜是一种最近才被引进希腊的植物，因此仍然鲜为人知；参见 Hehn 1902³, p. 271。

[44] 关于克菲索多罗斯，参见 Gerth 1921；Blass 1868-1874, 2:419-421；Düring 1957, pp. 389-391。根据杜林的观点，克菲索多罗斯的文本可以追溯到公元前 360 年，当时亚里士多德已经在阿卡德米学园待了许多年。

（ *testimonium* 63d）。对谚语的研究也是亚里士多德关注通常的意见与现象的一个方面，所谓的"现象"（ *phainomena* ）就是对于不同的人群来说似乎不证自明的印象和信念。正如亚里士多德在《形而上学》（II.1.993a30-b5）中告诉我们的，理论研究必须充分论述这些事实："对真理的研究在一个意义上是困难的，但在另一个意义上也是容易的。表明这一点的一个事实就是，没有人能够令人满意地达到真理，也不会完全错失它；每个人都能说一些关于自然的真理，虽然他们各自对真理并没有什么贡献，或者贡献不多，但是我们从所有人的结合中获得了相当多的真理。俗话说得好，'谁能摸不到门呢？'"

亚里士多德在他的著作中经常使用流行的说法和谚语（文本列表参见 Bonitz 1870, *paroimiai*[谚语] 词条）。他收集这些并非出于文化人类学的兴趣，而是作为信息收集，以便用于自然科学研究，比如天文学。在现存的不同文本中，亚里士多德都在宇宙学研究中使用了他收集的流行说法。例如，在《论天》（I.3.270b13 ff.）中，亚里士多德试图用通常的信念和谚语支持自己的理论，他说人类自古以来一直把构成天空的物质叫作"以太"（ether）；在《气象学》（I.3.339b16-30）中，亚里士多德重复了同样的事情（关于这些段落，参见 Natali 1977）。亚里士多德从他作为一个学者最早期的活动开始，就对人们普遍接受的信念表现出了浓厚的兴趣，远超过柏拉图对它们的认可程度。这种在充分了解基础上的研究活动，这种最广泛地收集不同的事实，例如谚语、格言、古人名言的活动，是亚里士多德的一个鲜明特征（参见 Moraux 1951, pp. 128-129, 334；另参见本书第三章第 2 节，第 104—107 页）。

包括策勒（Zeller 1897, 1:17n3）在内的许多学者都说，亚里士多德在阿卡德米学园的最初活动之一就是开设修辞学"课程"。但是，我们似乎很难相信，阿卡德米学园内部会对任何技术性、实践性的修辞学有兴趣，就像伊索克拉底的学校中做的那样（von Arnim 1898, p. 19）。我们也没有关于柏拉图的任何学生开设真正意义上的"课程"的记载。讨论这个话题的现代作者有时会把现代大学的结构投射到柏拉图的学园上。[45] 我们不如把这个"课程"当作关于信念本质的研究，与其说是技术性的，不如说是理论性的，就像亚里士多德的《修辞学》第一卷那样。正如上文引用的克菲索多罗斯和许多其他文献记载的那样，伊索克拉底的学校与阿卡德米学园之间的竞争关系，可能导致阿卡德米学园中的学生更深入地研究说服的本质，并留心伊索克拉底的某些基本主张。但是我无法想象亚里士多德和伊索克拉底之间会在培养演说家这一狭隘的技术领域存在竞争关系。

然而，另一方面，也有一些古代作家，例如加达拉（Gadara）的菲洛德穆斯、西塞罗、昆体良（Quintilian）、斯特拉波（14.1.48），以及叙利亚努斯（Syrianus），会谈到亚里士多德开设某些修辞学"课程"（*testimonia* 32a-e，33）。他们会讲到这样的故事：在亚里士多德作为哲学教师"生涯"的某个时间点（肯定不是一开始），他改变了对修辞学的敌对态度，开始教授这门技艺。菲洛德穆斯在他的修辞学著作第八卷的末尾，继续在这个问题上攻击亚里士多德。这一卷被写在一卷莎草纸上，在赫库兰尼姆发掘出来时已经

---

[45] 车尼斯对这些立场提出了非常著名的反驳："对上个世纪的德国语文学家来说，柏拉图是科学研究的首位组织者，他的阿卡德米学园是一种德国大学，设有常规的讲座和研讨会，在这里最好的学生被分配在不同的科学领域中，在老师的注视下加以培养。"（Cherniss 1935, p. 72）

成了烧焦的两半（*P. Herc.* 832 和 1015），书卷的顶部和底部大多清晰可辨，中间部分已经看不清楚了（这段文本我们参考的是 Blank 2007 年重新编辑和重构的版本，包括栏数和行数都重新编订了）。在这一大段论战的开始（col. 192: *P.Herc.* 832, 36.1-6），他说道："他们宣称亚里士多德过去常常在下午培训[学生]，他说：'保持沉默，让伊索克拉底发言真是令人羞耻。'"一栏多一点之后，菲洛德穆斯带着讽刺想象了一个可能让教授修辞学有意义的场景：如果某人"缺乏生活必需品，但是可能因为[年轻时]的某些原因[46]在某种程度上拥有了修辞学的才能，或许他在短时间内能够依靠教授那些尊他为老师的人修辞学过上好日子，直到他能够回到哲学的正题，就像他会用阅读、写作、体育以及儿时通过父母培养学会的东西赚钱一样"（col. 194: *P.Herc.*1015, 49.1-19）。

接下来是几段针对教授修辞学这个职业的批评，然后菲洛德穆斯又回到了人身攻击，他说："我们听说他做了一些事，还有他对别人的指责，在这样做的时候，亚里士多德也不是很哲学。为什么保持沉默，让伊索克拉底发言就更羞耻呢？"（col. 196: *P.Herc.* 832, 40.1-8）关于这个修辞学的问题也有一个修辞学的回应："如果行为是有利的，那么说话也是如此，即使这个人并不存在；但是如果行为不是有利的，那么说话也不是，即使有成千上万个他。因此亚里士多德在任何可能的情况下将他驳倒，似乎都不是出于怨恨。"（col. 197: *P. Herc.* 1015, 52.10-19）这一栏中间的某些文本遗失了，但是继续的时候主题并没有改变，菲洛德穆斯仍然在进行攻击："……

---

[46] *dia tinas* [...] *aitias* 这一段指代的是 *eti* [...] *endeês* 之前的部分；菲洛德穆斯再次采用了伊壁鸠鲁学派对亚里士多德的传统指控，说他年轻的时候放荡不羁、挥霍无度。

但是并非指向自然的目标。如果他在使用这些,又怎么会不认为在讲坛上发言,使他像那些为薪水所奴役的演说家而非像神一样的哲学家是一种耻辱呢?为什么在他败坏年轻人的同时,还要让自己遭受伊索克拉底和其他智者的学生可怕的报复和敌意呢?"(cols. 197-198: *P. Herc.* 832, 41.5-14;*P. Herc.* 1015, 53.1-6)两栏之后,菲洛德穆斯终于结束了他对亚里士多德关于修辞学的批评,接着开始攻击他对政治思想的兴趣。很显然,亚里士多德反对"伊索克拉底式的修辞学,以各种方式嘲笑它,但是他并不反对政治修辞,认为它与其他修辞学不同。那么,如果亚里士多德提供的是这种培训,而非说教式的,他说允许伊索克拉底发言是一种羞耻就很可笑了,因为他并不准备用和他相同的方式讲话。我甚至没有提到这样的事实:那些跟随他学习修[辞学]的人中,没有一个人成为他们当中的光[辉榜样]"(cols. 199-200: *P.Herc.* 832,43.1-14;*P.Herc.* 1015, 55.1-3)。[47]

西塞罗也提到了亚里士多德与伊索克拉底之间的竞争,以及他的诙谐嘲讽(《论演说家》[*De Oratore*]3.141)。"当亚里士多德看到伊索克拉底由于把自己的论辩从诉讼和政治问题转移到华而不实的演讲上,因此招收到许多优秀的学生时,他几乎改变了自己的整个教学方式。他引用了《菲洛克忒忒斯》(*Philoctetes*)中的诗句,并做了稍许改动。原文是:'保持沉默,让蛮族人发言是多么羞耻'(而他[亚里士多德]将其改为'让伊索克拉底发言');随后他展示了自己的博学,并加以润色,把关于事实的知识与修辞学的实践结合起来"(*testimonium* 32a)。在其他作品中,西塞罗对这一事件的描述如下

---

[47] 关于这一段落更早、更不完善的版本,参见 Aristotle *testimonium* 31 Düring 1957 = fr. 132; Gigon 1987, pp. 394a-398a。基于这些早期版本,还有其他的翻译,参见 Düring 1957, pp. 303-310; Natali 1981, pp. 160-163; Laurenti 1987, pp. 420-423。这里的翻译基于 Blank 2007, pp. 44-47。

(《图斯库伦论辩集》[*Tusculan Disputations*]1.7；另参见《论演说家》14.46）："亚里士多德是一个拥有最伟大的天赋、知识与才能的人，当他被演说家伊索克拉底的名声刺激的时候，他开始教导年轻人如何演讲，把理智与雄辩结合起来。"（*testimonia* 32b-c）[48]

这些信息并非百分之百可靠。菲洛德穆斯在他的论辩中经常使用一些非常古老的伊壁鸠鲁学派文献，但是在这里他混淆了不同时期发生的事件。事实上，他提到亚里士多德和他的学生特奥弗拉斯托斯共同进行过的政体研究（col. 198: *P. Herc.* 1015, 53.7-19）。[49]"当然，他由于能力出众备受尊敬，但是他的研究主题却遭人蔑视，这就是为什么他被当成小偷抓住，因为他和学生一起收集法律、政体，以及关于地点和正确时机的法律判决，还有其他所有……"

因此很难说菲洛德穆斯给我们的信息是否与亚里士多德在雅典的第一次居住（也就是在阿卡德米学园期间）有关。[50]至于西塞罗，他的主要目的似乎常常是提出一个修辞上讨喜的论证，而不是为我们提供具有历史精确性的信息。西塞罗运用了一种从亚里士多德的"中道"理论演化而来的修辞手法，不时描绘古代历史中的人物，让他们从对立的立场演变为一种中道。（有关西塞罗

---

[48] 另参见昆体良，3.1.14 = Aristotle *testimonium* 32d；斯特拉波，14.1.48 = Aristotle *testimonium* 32e；叙利亚努斯：《赫墨格尼斯评注》（*In Hermogenem commentaria*）4.297-298 Walz = 2.95, 21 Rabe = Aristotle *testimonium* 33。

[49] 菲洛德穆斯：《修辞学》（col. 198: *P.Herc.*1015, 53.7–19）；参见 Bignone 1936, 2:90 ff.；Düring 1957, pp. 299-311；Laurenti 1987, p. 423。

[50] 如果"保持沉默，让 X 发言令人羞耻"这句谚语确实针对的是伊索克拉底，那么这一事件肯定发生在亚里士多德第一次在雅典居住期间；但是这里的 X 是不是伊索克拉底似乎是存疑的（参见注释 51），贝尔蒂向我建议了第一种看法。

构建轶事的方法更详细的分析，参见 Natali 1985。）

　　这些资料的共同点是它们都提出，在某个时刻，亚里士多德可能改变了他教育实践的某些方面，并宣称"保持沉默，让某人发言是一种耻辱"，随后决定开始教授修辞学。[51] 在我看来这些资料显然没有确证现代的观点，即亚里士多德在阿卡德米学园中已经开始教授修辞学"课程"，因为它们一致主张，亚里士多德只是在思想发展的某个时间点改变了教育方法，并开始教授修辞学。[52] 他们对教导的内容一无所知，只是把亚里士多德对修辞学的兴趣跟他对政治生活的兴趣联系起来。很自然，菲洛德穆斯批评这一切；我们也可以预料，西塞罗衷心地支持这一转变。我们通过各种资料得知，亚里士多德撰写了一部作品，也许是对话体，名字叫作《格吕卢斯》(*Gryllus*)，以纪念色诺芬之子格吕卢斯在曼提尼亚（Mantinea）战争中牺牲（公元前 362 年），但是关于这部作品的内容，我们并没有可靠的信息。[53] 经常有学者试图充实这部

---

[51] 第欧根尼·拉尔修（5.3）也注意到了一个改变，但是这个改变相当不同。X 是色诺克拉底，这个改变不在于教授修辞学，而是他放弃了智者和柏拉图那种一边散步一边授课的传统。当亚里士多德拥有了足够多的弟子时，他（在椅子上？）坐下，说道："**保持沉默，让色诺克拉底发言令人羞耻**。"我们很难判断真相是什么。

[52] 参见菲洛德穆斯：《修辞学》VIII；西塞罗：《论演说家》3.141；第欧根尼·拉尔修，5.3。

[53] 昆体良本人显然没有读过他所讨论的对话（2.17.14 = fr. 2 Rose 1886, Ross 1955, Laurenti 1987）。"为了像往常那样进行讨论，亚里士多德在他的《格吕卢斯》一书中提出了很有特色的精妙论证；但是这位亚里士多德还写了三本关于修辞技艺的书，在第一本中，他不仅承认了修辞学是一门技艺，还把它当作政治学和辩证法的一部分。"古代资料称伊索克拉底也为格吕卢斯创作了一篇颂词（第欧根尼·拉尔修，2.55），现代学者在这一基础上大胆地假设亚里士多德想要同伊索克拉底进行论战。然而有一篇题为《致格吕卢斯》(*For Gryllus*)的作品被归到斯彪西波名下（第欧根尼·拉尔修，2.4）。我们何不认为，当亚里士多德说"**有成千上万的人为格吕卢斯写了颂词和墓志铭，部分也是为了赢得他父亲的好感**"时（第欧根尼·拉尔修，2.55 = fr. 1 Ross），他可能暗指斯彪西波呢？或者同时暗指伊索克拉底和斯彪西波？

遗失的作品,将《修辞学》前两卷的部分内容或者概念归于它,但这终究只是假设。

然而,我们确实有一份资料可以追溯到亚里士多德在阿卡德米学园进行教学的时期。在通常被认为是亚里士多德早期作品的《辩谬篇》中,亚里士多德在最后一章总结了这部论著的写作目的,并强调了首次考察三段论这项工作的重要性。"现在,我们决定去发现基于我们的出发点,也就是最有声望的意见,进行论证的能力(*dunamin tina sullogistikên*)。因为这就是辩证法本身的功能,即一种提供证明的技艺"(183a37-b1);"现在,很明显我们决定要做的事情已经达到了令人满意的结果,我们必须记住关于这一主题(*pragmateia*)我们已经确定了什么"(183b15-17);"关于修辞学人们在很久以前就已经说了很多,但是关于进行论证(*sullogizesthai*),我们却找不到任何前人的指导,除了那些我们经过很长时间努力搜集来进行研究的东西(*tribêi zêtountes*)。如果你们观察我们如何从一开始存在的东西发展出如今令人满意的状况,而其他的学科都是在流传下来的内容上(*ex paradoseôs êuxêmenas*)有所增加,那么对所有倾听我们工作的人来说,要做的就是宽容我们忽略的,感激我们发现的"(184a8-b8)。

不同于修辞学早已有大量教科书,辩证法在亚里士多德的作品中第一次有了系统的形式。他说自己在这些主题上工作了很长时间(*tribêi zêtountes polun chronon eponoumen*),希望得到听众的宽容和感激。我们从这段话中能够知道什么?首先,亚里士多德在阿卡德米学园中开设了课程,通过阅读诸如《论题篇》《辩谬篇》中的内容(*logoi*,或论证)来说明各种不同的辩证法形式;其次,他在这一时期花费了大量的时间研究辩证法;再次,他显然总是特别关注修辞学与辩证法的比较，这一点在该文本、《修辞学》的开篇，以及遗失的对话《智者》(*Sophist*)的残篇中都有所体现。[54] 尽管如此，这里也没有提到"修辞学课程"，而且亚里士多德在这一时期的工作重心似乎一直是辩证法，修辞学主要是作为一个与之比较的点来使用的（关于这一点参见 Berti 1977, p. 175 ff.）。

5. 突如其来的中断

公元前 348 年，马其顿国王腓力征服了奥林托斯。公元前 347 年，德摩斯提尼的反马其顿党派在雅典掌权。同一年，柏拉图去世，斯彪西波成了下一任阿卡德米学园的领袖。[55] "现在，斯［彪西波］接替他成为了学园的领袖。菲洛科鲁斯［说当斯彪］西波在缪斯神庙中献上美惠女神（the Graces）雕塑时，他就掌控了它，祭品上面［刻］着：斯彪西［波］供奉美惠女神给神［圣］的缪斯，为了

---

[54] "亚里士多德在他的《智者》中说恩培多克勒是第一个发明修辞学的人，而芝诺则是第一个发明辩证法的人"（第欧根尼·拉尔修，8.57 = fr. 1 Rose 1886, Ross 1955, Laurenti 1987）。

[55] 一些学者读作 *hat'ôn [Pot]ôn[êshuios]*（因为他是波托妮[Potone]的儿子），其中最后两个单词写在行间。波托妮是柏拉图的妹妹，许多学者认为这表明斯彪西波为什么能够从柏拉图那里接手学园，答案是继承权。Isnardi Parente 1980 编辑的斯彪西波残篇 1 没有这种行间的增补；另参见 Tarán 1981, p. 203，他怀疑这些单词很大程度上是重构的产物，不一定是原始文本的一部分，不管怎样这个信息都不真实。相反，布埃切勒（Buecheler）把它读作 *par'autou [Pl]atôn[os lab]ôn*（他接替他成为了学园的领袖，从柏拉图那里接手了它）。【2012 年版后记：Dorandi 1991 接受了盖瑟（Gaiser）更晚近的重构；那些写在行间的单词被读作 *[Pl]atôn[os no]sôn*（他接替了他，柏拉图，成为了学园的领袖，当他[斯彪西波]生病的时候）。但是这些重构没有一个是足够可靠的。】

研[究]献上礼物。"[56] 同年亚里士多德离开雅典，也许是跟色诺克拉底一起。"在[第108届奥林匹克运动会的]第一年，柏拉图去世的时候，时值特奥菲鲁斯（Theophilus）执政[公元前348/347年]，他[亚里士多德]动身投奔赫米亚斯，并在那里待了三年[公元前347—345年]（第欧根尼·拉尔修，5.9）；"特奥菲鲁斯执政期间[公元前348/347年]，柏拉图去世，他[亚里士多德]动身投奔阿塔尼乌斯的僭主赫米亚斯，和他一起度过了三年"（哈利卡纳索斯的狄奥尼修斯：《致阿玛乌斯的第一封信》5.2）。

在最近的研究中，关于亚里士多德离开雅典的原因究竟是学园内部的事件，还是外部的政治事件有很多讨论。有些人认为柏拉图之死是亚里士多德离开的决定性原因，例如耶格尔（Jaeger 1923, pp. 135-144），[57] 他们认为亚里士多德由于和斯彪西波之间的学说分歧离开学园，并以这种方式表明他与柏拉图主义分道扬镳。其他人，例如策勒（Zeller 1897, 1:19），则认为原因不在于"理论"上的竞争关系，而是我们今天所说的"学术政治"，他们倾向于认为，无论是亚里士多德还是色诺克拉底，都不会接受斯彪西

---

[56] 菲洛德穆斯在他的《阿卡德米学派哲学家索引》（col. 6.28-38 *FGrHist* 328F224，p. 136 Dorandi = p. 37 Mekler = Aristotle *testimonium* 3）中提到了菲洛科鲁斯是这一解释的来源。Isnardi Parente 1986认为这里的 *mouseion* 指的是学园而非神庙，并以此为依据，为柏拉图的学园在制度上是一个缪斯的团体（*thiasos*）辩护。关于这一讨论，参见本书第二章第2节，第78—80页。

[57] 另参见 Ross 1923, p. 4；Gauthier 1959, p. 13。耶格尔声称，当时让亚里士多德留在阿卡德米学园里的只是他与柏拉图的友谊；一旦老师死了，亚里士多德就可以自由地宣布他与柏拉图主义分道扬镳，到别处建立一个自己的学园。在耶格尔看来，这是一种出于思想成熟的分裂，是对个人独立地位的明确肯定，而亚里士多德在理论上已经逐渐赢得了这种独立。耶格尔也接受当时的政治事件产生影响的可能性，但是他将这些政治事件的影响置于亚里士多德哲学发展之下。耶格尔补充道，或许亚里士多德和色诺克拉底（根据耶格尔的看法，他陪同亚里士多德前往阿索斯）都不认为斯彪西波能够继承柏拉图哲学的精神。

波被任命为学园领袖。这种判断预设了阿卡德米学园有"领袖"（scholarch）这个职位，它具有特定的行政职能，并对其他成员具有特殊的道德权威。对于教条主义的学园来说是这是可能的，例如伊壁鸠鲁学派（参见下文第二章第 3 节），对他们来说，"领袖"作为老师思想的忠实追随者非常重要。但是对于更加自由的柏拉图和亚里士多德学园来说，这样的观点似乎不太合适。

还有一些学者认为，柏拉图去世时亚里士多德已经有了独立的哲学立场，我们没有理由认为柏拉图之死会对亚里士多德造成哲学上的危机，因此他们判断亚里士多德离开雅典可能是出于外部原因，即政治环境的恶化。[58]这就意味着亚里士多德在这一时期公开支持马其顿，而这一立场让他在奥林托斯被征服之后的危急时刻引起了雅典人的反感。前面引用过的德摩卡里斯的话（第一章第 2 节）能够支持这一假设，但是这些话似乎是该事件发生四十年后，在一个不同的历史语境下说出的。我们不可能在这一点上得出确定的结论，因为这两种假设都没有在文本中找到无懈可击的论据。

6. 在王子和国王的宫廷

6.1 阿塔尼乌斯

公元前 347 至前 335 年是亚里士多德一生中最模糊不清的时期。在离开雅典之后，他的行踪变得更加飘忽不定，有关他行踪

---

[58] 参见 Düring 1957, pp. 276, 388; Düring 1966, p. 17; Düring 1968, col. 177; Chroust 1973, pp. 117-124, 137; Chroust 1978, pp. 338-341; Grayeff 1974, pp. 26-27. 贝尔蒂问道，亚里士多德离开雅典是不是因为雅典人对他的朋友，阿塔尼乌斯的赫米亚斯怀有敌意（Berti 1977, p. 28)？

的记载也比以前的更加可疑。尽管如此，我们有理由相信，他在阿塔尼乌斯的僭主赫米亚斯的宫廷待了三年。

"[第108届奥林匹克运动会的]第一年柏拉图去世的时候，时值特奥菲鲁斯执政[公元前348/347年]，亚里士多德动身投奔赫米亚斯，并在那里待了三年[公元前347—前345年]。到了欧布鲁斯执政的时候，在第108届奥运会的第四年[公元前345年]，他前往米蒂利尼（Mytilene）。在皮托多图斯（Pythodotus）执政期间，第109届奥林匹克运动会的第二年[公元前343年]，他前去投奔腓力，亚历山大当时已经15岁了[根据Düring 1957, pp. 34, 254，是13岁]。"（第欧根尼·拉尔修，5.9-10）

"当特奥菲鲁斯执政期间[公元前348/347年]柏拉图逝世的时候，他动身投奔赫米亚斯，阿塔尼乌斯的僭主，与他一起度过了三年，随后在欧布鲁斯执政期间前往米蒂利尼[公元前345/344年]。皮托多图斯执政期间[公元前343/342年]，他离开那里投奔了腓力，作为亚历山大的老师与腓力一起度过了八年。"（哈利卡纳索斯的狄奥尼修斯：《致阿玛乌斯的第一封信》5.2-3）

迪迪慕斯在下面会引用的段落中说，也许亚里士多德与赫米亚斯的相识是因为普罗克塞努斯来自阿塔尼乌斯。一些学者认为，亚里士多德在公元前347年离开雅典之后，只是决定回到一个自己有熟人的城市。[59] 如果要认真考虑注释61中引用的斯特拉波的陈述，与亚里士多德同行的是他的同事，学园派哲学家色诺克拉底，他是卡尔西顿（Chalcedon）人，这个城邦在博斯普鲁斯海峡（Bosphorus），

---

[59] 参见Wilamowitz 1893, 1:316；Brinkmann 1911, p. 229；Gauthier 1959, p. 11；Gigon 1962, p. 31；Düring 1966, p. 18；Chroust 1973, p. 119。

就在阿索斯附近。但是斯特拉波是这一信息的唯一来源。[60] 此后，亚里士多德在米蒂利尼住了两年，然后又给亚历山大大帝当了三年老师。但是我们完全不知道他在接下来的四年里做了什么。

阿塔尼乌斯的赫米亚斯现在主要作为亚里士多德的朋友为人所知，但是在古代他本身就是一个被广泛讨论的著名人物。[61] 德摩斯提尼（《第四次反腓力演讲》32）没有提到他的名字，只是说：**"腓力一切反对 [波斯] 国王的阴谋的实施者和同谋被捕了，国王将会得知他的一切罪行，但不是从我们的指控中 [……] 而是从这个组织并实施了一切的人口中。"** 19 世纪的语言学家推测，与马其顿的腓力有联系的那个人，也是德摩斯提尼提到的那个匿名的人，实际上就是赫米亚斯。这一推测得到了证实，因为我们发现了可能来自迪迪慕斯（公元前 1 世纪亚历山大里亚的学者）评注德摩斯提尼《反腓力演讲》的破损的莎草纸残篇。他用相当长的篇幅解释了德摩斯提尼指的是谁。[62]

---

[60] 第欧根尼·拉尔修（4.3）说直到斯彪西波去世，色诺克拉底都不在雅典，但是没有说他在哪儿，因此这个资料是存疑的，因为它与菲洛德穆斯在《阿卡德米学派哲学家索引》（cols. 6.41-8.17 = Speusippus *testimonium* 2 Tarán 1981 = Xenocrates fr. 1 Isnardi Parente 1980）中所说的有矛盾；参见这两部残篇集对这一问题的评论。

[61] 斯特拉波（13.1.57）有一段对赫米亚斯生平充满敌意的简短描述："赫米亚斯是一个阉人，是某个银行家的奴隶，当他在雅典的时候，他和亚里士多德一起参加了柏拉图的课程。当他回到自己的城邦时，他和他的主人一起成了僭主，首先袭击了阿索斯和阿塔尼乌斯附近的地区，接着赫米亚斯接替了他，派人请来了亚里士多德和色诺克拉底并照顾他们；事实上，他还把他兄弟的女儿嫁给了亚里士多德。当时作为将军为波斯人效力的罗德岛的门农 [= 门托耳，Mentor]，假装和赫米亚斯保持友谊，邀请他过去，假装出于好客或者是其他公务；接着门托耳就抓住了他，把他献给国王，他被绞死在那儿，哲学家们逃跑到了波斯人占领的乡下。"

[62] DielsSchubart 1904 发表了这一文本，Pearson-Stephens 1978 再次发表（附带参考书目）。在这一英文版中，我使用了最新版的文本，即 Harding 2006，他也提供了翻译和评注。关于赫米亚斯的部分，参见 Foucart 1909；Macher 1914；Wormell 1935；Düring 1957, pp. 272-283；《希腊和拉丁哲学莎草纸文献》（*Corpus dei Papiri filosofici greci e latini*, 1989）。考虑到这一文本的难度与不可靠性，这里只是一个初步的翻译。

迪迪慕斯的评论意在概述围绕着赫米亚斯这个人物的争论。"因为在那些 [给如今] 关注这些事情而乐意倾听的人传 [递的赫米亚斯的故事] 中间存在着 [巨大的] 差异,我认为我应当 [更详细地] 谈谈这件事。因为在有些人 [的回忆里] 他是最好的人,而其他人却认为他是最坏的人"(col. 4, 59-65, Harding 2006)。随后,迪迪慕斯引用了特奥彭波斯(Theopompus)的话,后者在《腓力传》(*Philippics*)第 46 卷把赫米亚斯描述成一个阉人,来自比提尼亚(Bithynia),他占领了阿索斯,后来征服了阿塔尼乌斯和周边地区。根据特奥彭波斯所说,他是所有僭主中最残忍、最邪恶的,他给敌人下药,虐待了许多伊奥尼亚人。最后,特奥彭波斯总结道,他由于自己的恶行受到了惩罚,被捕后被拖到波斯国王面前,受到了严重的虐待,最后被钉死在十字架上(4.66-5.21)。

然而,在《致腓力的信》(*Letter to Philip*)中(迪迪慕斯也引用了这段文本,在 5.24-28 和 5.52-63,破损严重),这位特奥彭波斯却说赫米亚斯在雅典人中获得了一定的声誉。这封信显然写于赫米亚斯在世时,他被描述为"优雅的,一个爱 [美的人 (*philokalos*)]。尽管是一个 [野] 蛮人,他却与柏 [拉图] 主义者一同研究哲学;尽管生来是一个奴隶,他却在国际性的节日上与昂贵的队伍一较高下。尽管他拥有的是岩石峭壁、狭小 [的领土],他得到了……[接下来的 23 行损毁严重,无法理解]……柏拉图 [……]他率领军队侵入周围的国家 [……] 埃拉斯托斯(Erastus)和亚里士多德 [……] 出于某种原因事实上他们都 [……] 之后 [当其他人] 到来,他送给他们一 [些土地] 作为礼物……他将僭主制……转变成为更加温和的政体。正是由于这个原因,他也统治了 [所有邻] 近的国家,甚至扩张到了阿索斯,当 [……] 对于所有以上提到的哲学家

[……]阿索斯这个城邦。在他[们]之中,他对亚里士多德最[友好],[他的性情]对于他来说也十分熟悉。"[63]

赫米亚斯的支持者里面还有卡利斯提尼,他以回忆英雄的口吻回忆了赫米亚斯之死。在迪迪慕斯的描述中(5.66-6.18),卡利斯提尼说:"他不仅[在远离]危险的时候是这[样的人],危险逼近的时候依旧如此,他[死亡的方式为自己的德性]提供了最[好的证明]。因为外邦人都对[他的]勇敢[感到震惊]。事实上,当波斯国王[询]问他的时候,听到的也是同样的[故事],国王被他的勇敢与坚定打动,突然想要放过他,他认为如果他们能够成为朋友,他将是最有用的人之一。但是巴格阿斯(Bagoas)和门托耳(Mentor)担心如果释放他,他就会取代他们的位置,出于怨恨与恐惧他们加以反对,国王又转变了心意。但是当[他]宣布判决的时候,[因为]他的德性,他免除了对他断肢。如今[对待敌人]的这种温和完全难以置信,也和蛮族人的[传统截然相反]。[……]腓[力……]要[……]为他给他的朋[友和同]伴送[信],告诉他们他没有做任何[配]不上哲学或[者不]光彩的事情。"

对赫米亚斯之死的这个描述让我们想到了亚里士多德的诗,迪迪慕斯说这是一首颂歌(paean),并引用了它(6.22-36)。[64]

---

[63] 这一段落严重缺损,在《希腊和拉丁哲学莎草纸文献》pp. 383-385 中,作者放弃了完整重构的尝试。这里我遵循了 Harding 2006 的版本。还有其他版本,那些重构通常更加大胆,比如 Pearson-Stephens 1978; Gaiser 1985, pp. 12-13。

[64] 迪迪慕斯(6.18-20)认为这首诗出自赫米亚斯对亚里士多德的 kêdeia,这一术语可能指的是"崇拜",但是把这句话理解为"赫米亚斯对亚里士多德的崇拜"说不通,因此我们通常反过来解读成"亚里士多德对赫米亚斯的崇拜",因为这首诗是这位哲学家写给这位僭主的。另一方面,这个希腊词也可以理解为"姻亲关系"(参见《政治学》II.3.1262a11),因此迪迪慕斯才会告诉我们这首诗证实了亚里士多德和赫米亚斯之间的家庭联系。这个建议来自凯奇(F. Decleva Caizzi)。

哦，德性，通过凡人的辛劳而获得，

你是生命的狩猎中最美妙的猎物；

为了你美丽的形式，哦，女神，

死亡，在希腊是值得为之奋斗的美好命运，

也是永无休止的严峻考验。

你把这样的果实根植于人们心中，

好如不朽，胜过金子，

超越父母，以及困倦时的睡眠。

为了你，即使是神一般的

赫拉克勒斯和勒达（Leda）的儿子们

也要费尽辛劳

只为[寻求]你的力量；

渴望你，阿基里斯（Achilles）和

埃阿斯（Ajax）前往冥府；

为了你可爱的形式，

阿塔尼乌斯的子孙放弃了太阳的光辉。

因此他行为的荣耀，

和他自己，必被缪斯女神尊崇，

她们是记忆女神的女儿，

尊崇神一般盛情的威严，

以及长久友谊的特权。

随后，迪迪慕斯回忆起亚里士多德在德尔斐为赫米亚斯建立了一座纪念碑（6.39-43），直到迪迪慕斯的时代依旧矗立着，上面刻着：

> 违背了有福者神圣的法律，此处长眠着
> 一个被波斯人俯首以待的国王处死的人，
> 他没有被使用长矛的恐怖战斗击败，
> 却倒在了对最奸诈者的信任之下。

但事情到这里并没有结束，还有更多的争论需要我们考虑。随后，迪迪慕斯（6.46-49）引用了某位布吕翁创作的关于希俄斯的特奥克里图斯的一本书，他声称特奥克里图斯创作了下面这段怀有敌意的诗，显然是对亚里士多德上述诗歌的回应：[65]

> 对于阉人赫米亚斯，也是欧布鲁斯的奴隶，
> 这个空荡荡的坟墓是由亚里士多德空洞的思想建造起来的。
> 被腹中无法无天的本性驱使，他选择住在
> 波波罗斯（Borboros）溪流的出口，而非学园内部。

最后，迪迪慕斯总结道（6.50-59），关于赫米亚斯在哪里被捕以及如何死去甚至有不同的版本。赫米普斯在他的《亚里士多德传》第二卷中说赫米亚斯死在了监狱，但是其他人却说他是被折磨并钉死在十字架上，正如迪迪慕斯依据特奥彭波斯的记载所说的那样（5.19-21）。第三个版本则是卡利斯提尼提供的，他说赫米亚斯以惊人的勇气遭受了可怕的折磨，却没有承认他与腓力的阴谋，这使他免于遭受断肢。

在这些相互矛盾的记载和观点中，有些颂扬赫米亚斯，有些

---

[65] 关于这一传统和这些诗歌的来源，参见本书第四章第 1 节 1C，第 121—122 页。

将他描述为一个恶棍，结果就是关于他的报告完全是混乱和矛盾的。可以确定的是，赫米亚斯是阿塔尼乌斯继欧布鲁斯之后的下一任僭主或独裁者，亚里士多德的养父或监护人普罗克塞努斯就出生在这里。除了特奥彭波斯和斯特拉波（13.1.57），第欧根尼·拉尔修和其他人也说赫米亚斯是一个阉人，曾是阿索斯的前僭主欧布鲁斯（曾是一个银行家）的奴隶，后来他自己成为了僭主（参见 testimonia 21-24）。[66] 根据不同的重构，在公元前 355/354 年，或者公元前 341/340 年，[67] 正如迪迪慕斯和斯特拉波告诉我们的那样，赫米亚斯被效力于波斯国王的雇佣兵门托耳逮捕并杀害。因此他的统治并没有持续很长时间，最多只有五年或十年。通过亚里士多德的《赫米亚斯颂歌》，我们可以明显看到，赫米亚斯是一个希腊人而非蛮族，就像特奥彭波斯说的那样。但是，希腊作家的一个习惯就是在进行论战时，称所有人为蛮族（参见 Mulvany 1926）。

有一些倾向于赞扬亚里士多德的资料，如新柏拉图主义的传记，更喜欢一笔带过他与这个问题人物的关系，对此几乎保持沉默。在遵循这一传统的传记作家中，只有乌塞比亚提到了亚里士多德曾在赫米亚斯的宫廷中待过，不过他也只是很简略地提到了

---

[66] Mulvany 1926 认为这里可能混淆了他与某位佩达萨的赫摩提慕斯（Hermotimus of Pedasa），但是并没有任何证据。他提到了希罗多德，8.104-106；这一段文本讲述了希俄斯的某位帕尼奥涅斯（Panionius）的故事，他靠阉割男孩并把他们贩卖为奴谋生，他遭到了一个受害者的报复，他的名字叫作赫摩提慕斯。这个赫摩提慕斯在波斯国王的宫廷里势力强大，他将帕尼奥涅斯和他的儿子们都阉割了。这个故事似乎与赫米亚斯的故事截然不同，唯一的相似点就是赫摩提慕斯对帕尼奥涅斯的血腥复仇发生在阿塔尼乌斯，这是帕尼奥涅斯的居住地。

[67] 关于这些日期，参见 Körte 1905, pp. 391-395；von der Mühl 1918, cols. 1126-1130；Jaeger 1912, p. 34；Jaeger 1923, p. 153；Sordi 1959；Bengtson 1962, p. 299。

这一点（《亚里士多德传》5，Düring 1957）。相反，亚里士多德的学园，自他本人开始，就一直保持着对赫米亚斯的回忆。[68] 亚里士多德在上文引用过的赞美诗与铭文中颂扬了他的德性。费斯塔（Festa 1923）和博拉（Bowra 1938）先后研究过这首诗的形式，他们认为这首诗独特的形式表明它是为合唱而作的，并且认为这首诗每天都被唱响在亚里士多德的餐桌上。阿忒纳乌斯清楚地告诉我们（15.696a），这个故事与雅典人指控亚里士多德不虔敬的审判有关（参见本书第一章第9节，第61—62页）。正如我们看到的，迪迪慕斯引用了亚里士多德的侄子卡利斯提尼有关赫米亚斯的论述，他使用了一种明显有所偏袒的方法，使得赫米亚斯几乎成了哲学的殉道者。后来，在公元前1世纪，漫步学派的阿佩利孔（Apellicon）撰写了另一部著作，捍卫亚里士多德与赫米亚斯的友谊免受他人的中伤（参见本书第四章第1节）。于是，赞美赫米亚斯的传统就这样在漫步学派的历史中流传下来，这既是在赞扬这位僭主，也是为亚里士多德辩护，使他免于遭受与一个在大多数人看来十分卑劣的人过从甚密的指责。

　　总而言之，亚里士多德的作品中没有关于他私人生活的重要痕迹。他在《政治学》中提到了欧布鲁斯（II.7.1267a31-37），却没有提到赫米亚斯。[69] 在《家政学》这部稍晚的由亚里士多德学派成员创作的作品中，作者提到了赫米亚斯（II.2.1351a35），却没有

---

　　[68]　因此，亚里士多德和他的学园并非从未激烈地捍卫过那些虽然名誉扫地却与柏拉图或柏拉图学园关系密切的人，一个证据是他在《修辞学》中使用了克里提亚斯（Critias）的例子，"**如果你想赞扬克里提亚斯，你必须讲述他的行为，因为知道他事迹的人并不多**"（III.16.1416b28-29）。

　　[69]　Andrewes 1952 认为《政治学》IV.11.1296a38-40 赞扬的温和的政治家就是赫米亚斯，但是这很值得怀疑；Wörle 1981, pp. 133-134 和 Gaiser 1985, p. 23 反对这一立场。

谈及他与亚里士多德之间的友谊。尽管如此，亚里士多德与赫米亚斯之间的友谊，确实得到了亚里士多德《赫米亚斯颂歌》的证明（关于这一点，参见本书第四章第 1 节 1C）。在这一文本中引用的"神一般盛情的威严"以及"长久友谊的特权"证明了这位哲学家与这位僭主之间的友谊。根据柏拉图主义的传统，一些人认为亚里士多德是赫米亚斯的政治顾问（参见 Mulvany 1926, p. 164; Weil 1960, p. 15）。

我们知道亚里士多德娶了皮媞亚为妻，亚里士多德在遗嘱中也提到了她（参见上文第 3 节，第 14—15 页），她与赫米亚斯有着密切的关系。吉贡计算过，皮媞亚与赫米亚斯之间的关系至少有六个不同的版本：女儿、孙女、情人、侄女、妹妹以及作为女儿收养的妹妹。[70] 阿里斯托克利斯在他的《论哲学》里保留了据说是亚里士多德写给安提帕特的信件的片段，这似乎表明亚里士多德需要为他的婚姻辩护。他告诉安提帕特："**赫米亚斯死后，[71] 我娶了她，一方面是出于对他的好意，一方面也是因为不论如何，她都是明智而善良的。**"（尤西比乌斯，15.2.14 = *testimonium* 581）

不只是亚里士多德，赫米亚斯与整个阿卡德米学园都有联系。我们可以从前面引用的段落和其他很多资料中看到这一点。早在亚里士多德之前，柏拉图的多名学生就已经到了他那里，特别是埃拉斯托斯和斯凯普西斯的克里斯库斯（Coriscus of Scepsis）（*testimonia* 10T5-7, Lasserre 1987）。根据斯特拉波（13.1.54 =

---

[70] 不知为何赫西奇乌斯同时相信两种观点，既认为赫米亚斯是皮媞亚的父亲，又相信他是个阉人。

[71] 然而，根据欧布里德斯所说，当亚里士多德迎娶皮媞亚的时候，赫米亚斯还活着，他声称亚里士多德是"出于谄媚"才和她结婚（*testimonium* 58f）；参见 Gigon 1958, p. 174。

testimonia 10T3, Lasserre 1987）和第欧根尼·拉尔修（5.52）的记载，克里斯库斯的儿子就是那个斯凯普西斯的内雷乌斯，他是亚里士多德的学生并继承了特奥弗拉斯托斯的藏书（我们将在第二章第 3 节讨论这些藏书的命运）。因此，柏拉图的学园与赫米亚斯的确有联系，但是确定这种联系的起源或性质并非易事。一些古代资料提到赫米亚斯曾在柏拉图的学园中待过（上文引用过的特奥彭波斯、赫米普斯，以及斯特拉波），但是赫米亚斯这个名字在柏拉图的学生名单中却从未出现过（关于这些名单，参见 *testmonia* 1T1-9, Lassere 1987）。

此外，从柏拉图的《第六封信》（据说这是柏拉图[72]寄给赫米亚斯、埃拉斯托斯和克里斯库斯的，劝他们和睦相处）判断，当时柏拉图似乎还没有见过赫米亚斯。"**虽然还没有见过赫米亚斯，但是在我看来，他似乎天生拥有这种才能[即政治实践能力]，并通过经验获得了技巧**"（322e6-7）。这封信表明，阿卡德米学园与这位僭主有联系，是因为柏拉图的学生埃拉斯托斯和克里斯库斯已经成为了赫米亚斯的朋友，这种关系对他们双方都有好处。"你们现

---

[72] 在 19 世纪，许多人认为这封信是伪造的，并接受了斯特拉波的记载：参见 Boeckh 1853; Zeller 1897, 1:20n1; Wilamowitz 1893, 1:334。然而，后来有人主张信中的信息是真实的，而斯特拉波的记载才是假的，这是许多学者的观点，包括 Mühl 1918, cols. 1126–1130; Brinkmann 1911, pp. 226-230; Jaeger 1923, pp. 146-147; Pasquali 1938, pp. 233-237; Bidez 1943, p. 16。随后，Stark 1954 和 Düring 1957, p. 279 试图寻找一个折中方案：或许赫米亚斯在柏拉图不在的时候来到了学园，因此从来没有见过他本人。但是杜林后来放弃了这一理论，并质疑《第六封信》的真实性（Düring 1966, p. 18）。再后来，杜林认为这封信是伪作，但是其中包含的信息基本正确（Düring 1968, col. 177）。支持《第六封信》的真实性，或者至少是其中信息的真实性的学者包括 Gauthier 1959, pp. 31-32; Weil 1960, pp. 15-16; Isnardi Parente 1979, pp. 287, 293。反对《第六封信》和所有柏拉图书信真实性的学者有 Maddalena 1948, pp. 394 ff.; Edelstein 1966, pp. 122-127; Gaiser 1985, p. 17。

在就像邻居一样住在一起，而且你们有义务尽可能地互相帮助。对于赫米亚斯来说，能够加强权力的，不是大量马匹，不是武器，也不是财富，而是与他长久往来的品格良好的朋友"（322c-d）。另一方面，埃拉斯托斯和克里斯库斯需要能够保护他们的政治家，这样他们的研究才不会被无视（322e-323a）。在以上引用的文本中，[73]赫米普斯描述了赫米亚斯与柏拉图的学生之间的关系，根据这些零碎的信息，一些人认为赫米亚斯实际上将阿索斯这个城邦交给柏拉图主义者统治。但是从《第六封信》的内容来看，似乎没有什么比接受一个城邦作为礼物去统治更不符合埃拉斯托斯和克里斯库斯的兴趣了，即使是像阿索斯这样的小城邦。事实上，他们"**缺乏抵御邪恶与不义的智慧，以及某种带有攻击性的能力**"，而且他们还"**缺乏经验**"（*apeiroi*）（322d-e）。某些现代学者认为（例如 Gaiser 1985, p. 17），这两个人可能成为了赫米亚斯的政治顾问，这一点也没有任何根据。

的确，刻在石头上保存至今的赫米亚斯与埃雷特里亚城邦的一份协议中（Dittenberger 1915, no. 229），有几处提到了赫米亚斯"**和他的同伴**"（*kai hoi hetairoi*）。耶格尔（Jaeger 1923, pp. 112ff.）和其他人，例如盖瑟（Gaiser 1985, p. 20），认为这些"同伴"指的就是埃拉斯托斯和克里斯库斯；而帕维赛（Pavese 1961）则认为他们是亚里士多德和色诺克拉底，他认为亚里士多德是赫米亚斯政

---

[73] 赫米普斯通常被认为是迪迪慕斯引用的篇章的作者：《论德摩斯提尼》5.51-63（= Aristotle *testimonium* 15d = Xenocrates fr. 18, Isnardi Parente 1982, p. 288 = Erastus and Coriscus *testimonium* 10T7, Lasserre 1987, p. 541）；参见 Pearson-Stephens 1978, p. 17；Harding 2006, pp. 24-25, 144。

府的一员。这完全是猜测,[74] 这些"同伴"绝不可能是哲学家。在伪亚里士多德的《家政学》中有这样一个故事(II.2.1351a33-37),罗德岛的门托耳在俘虏了赫米亚斯并夺取他的要塞之后,保留了赫米亚斯曾经设在此处的"监督官"(*epimelêtai*)。当这些监督官放下戒心,拿出他们隐藏的财富时,门托耳逮捕了他们并将他们洗劫一空。显然,这段文字表明,代表赫米亚斯统治诸如阿索斯这些要塞的人并非哲学家而仅仅是战士,他们的行为体现了这一点,而哲学家们在这位僭主死去的时候就逃离了。同样值得注意的是,在这段文字中,并没有任何道德判断,也没有对赫米亚斯的支持,这一特征使得这段文本不同于所有其他来自漫步学派的关于赫米亚斯的文本(参见 van Groningen 1933, p. 172)。相反,《大伦理学》中(1.34.1197b21-22)对门托耳的评价要更加苛刻。据说门托耳很聪明(*deinos*),尽管他也很邪恶(*phaulos*)。根据《苏达辞书》("赫米亚斯"词条 = *testimonium* 24),据说赫米亚斯曾经追随过亚里士多德的学说,写过一卷关于灵魂不朽的著作,但是没有人相信这一点。

除了这些报告之外,我们找不到更多关于亚里士多德究竟在阿索斯做了什么的信息。从维拉莫维兹(Wilamowitz 1893, 1:334)开始,人们认为亚里士多德参与了一所哲学学园的讨论(耶格尔、彼德兹 [Bidez]、比尼奥内 [Bignone]、高蒂尔 [Gauthier] 等

---

[74] Isnardi Parente, 1979, pp. 293-294 的主张是正确的,"同伴"是希腊僭主和君主制的典型制度(参见 Liddell-Scott 1843, *hetairoi* 词条)。还有一个纯粹的假设是 Chroust 1972 和 Grayeff 1974, p. 28 提出的:在离开雅典后,亚里士多德去了马其顿,作为使者被派到赫米亚斯身边,目的是准备对波斯的战争;他像间谍一样行动,以免被人怀疑。

等）。[75] 根据耶格尔所说（Jaeger 1923, p. 149），这所学园是柏拉图学园的一个分支，建立它是为了在较小的规模上实现在叙拉古失败的政治尝试。并且，事实上那些反对柏拉图的学术资料提供了一份长长的学生名单，列举了那些试图在自己的城邦内应用柏拉图学说的学生们。[76] 但是在阿索斯，哲学家与僭主之间是否存在着像亚里士多德提出的那种政府听从哲学家建议的关系，完全不确定。如果要证实这一现代假设，赫米亚斯短暂的僭主统治与悲剧结局，显然无法为亚里士多德原则的实用性，以及哲学家给予僭主的建议质量如何提供多少有力的证据。

尽管我们不能确定亚里士多德及其同事的政治角色，但是的确有证据表明在阿索斯存在哲学团体。[77] 在上文引用的段落中，特奥彭波斯提到赫米亚斯和柏拉图主义者共同研究哲学，尽管赫米亚斯是一个蛮族人，还是一个奴隶。菲洛德穆斯在他的《阿卡德米学派哲学家索引》中，谈到了一个哲学家的学园（*peripatos*）。[78] **"他们早就收到了赫[米亚斯]非常亲切的邀请，但是随后，因为柏拉图**

---

[75] 我们很怀疑，亚里士多德能在比他年长 12 岁的色诺克拉底面前当学园领袖，或者如果色诺克拉底没有和他一起来，就是在早些时候搬来的埃拉斯托斯和克里斯库斯面前当学园领袖，除非其他哲学家在这位年轻的朋友身上发现了令他们望尘莫及的优势。然而，根据迪迪慕斯的说法，赫米亚斯确实最欣赏亚里士多德的学说。

[76] 阿忒纳乌斯，11.508f-509a，此处还引用了公元前 306 年德摩卡里斯反对哲学家的其他演讲。对这一段落的公正评价参见 Isnardi Parente 1979, pp. 289 ff.；另参见 Wörle 1981 和 Lasserre 1987, pp. 439-440。

[77] 只有杜林怀疑它的存在；他只承认可能有哲学讨论（Düring 1966, p. 19）。但事实上，一群定期开展理论讨论的朋友，例如亚里士多德的《形而上学》中说的那种，就构成了一所"哲学学园"。没有必要像耶格尔（Jaeger 1923, p. 115）那样设想一种更有组织的机构。

[78] 根据梅克勒（Mekler）的看法，这一段落来自狄凯阿斯；相反的观点参见 Wormell 1935, p. 82 和 Wehrli 1944, 1:50。Gaiser 1988 主张菲洛科鲁斯才是资料来源，这一文本的最新编辑者认为有足够的理由证明盖瑟的观点（Dorandi 1991, p. 88）。

的死，他［更］迫切地催促他们。他们一到达，他就［给予］他们一切共同的东西，允许他们生［活在］阿索斯这个城邦中，[79] 在那里他们［安］居并研究哲学，在一个［学］园中聚会，赫米亚斯［似乎］为他们提供了所［有的必］需品。"[80] 此外，亚里士多德经常提到克里斯库斯，特别是在《形而上学》和《欧德谟伦理学》中，作为"个体实体"的例子，这也导致一些人认为克里斯库斯的名字出现过的这些文本是在亚里士多德、埃拉斯托斯和克里斯库斯共同讨论第一哲学的主题时写就的。

根据我们从这些零星资料中收集到的少量信息，柏拉图的弟子们在阿索斯组成的团体，并没有被任何实质性的分歧割裂，菲洛德穆斯强调他们都属于一个学园（Peripatos，关于这个词的含义，参见本书第三章第 4 节）。这并不一定意味着在这一阶段亚里士多德没有独特的哲学立场。相反，这表明在阿卡德米学园中研究、讨论的习惯也被带到了小亚细亚，他们比较对相似问题的不同观点，这些问题是所有阿卡德米学园的成员都认为重要的、值得关注的。稍后我们将回到这一点。

---

[79] 这里用的是 *polin edoken oikein*（**让他们生［活在］一个城邦里**）。参见 Isnardi Parente 1979, p. 287，她认为这里指的是埃拉斯托斯和克里斯库斯。根据梅克勒对这一段落的评注和拉塞勒（Lasserre 1987, p. 541）的说法，这里指的是亚里士多德和色诺克拉底；但是文本里没有提到名字，而梅克勒的补充并不确定（参见 Düring 1957, p. 278）。根据皮尔森－斯蒂芬斯的版本，迪迪慕斯的文本只说了克里斯库斯和埃拉斯托斯首先来到赫米亚斯身边，接着是亚里士多德，之后是其他人；根据哈丁的版本，能够辨认的内容更少。对拉塞勒来说，*polin edoken oikein* 应该被翻译为"给他们一座城邦管理"，但是这似乎没有必要；另参见修昔底德，2.27.2 和 Gaiser 1985, p. 16。

[80] 《阿卡德米学派哲学家索引》col. V.2-13, p. 129，ed. Dorandi = pp. 2223, ed. Mekler = Aristotle *testimonium* 16。【2012 年版后记：这份莎草纸文献的栏目排列顺序令人困惑，不同编辑把写在莎草纸背面的 Z-M 栏，相对于正面的 1-36 栏做了不同的排列。Dorandi 1991, pp. 109-115 对此做了解释。】

许多人认为，在亚里士多德的《动物研究》(也译为《动物志》)中收集的有关动物生活的资料表明，公元前347至前335年间他在特罗德（Troad）的阿索斯和阿塔尼乌斯进行了大量生物学研究，之后到了莱斯博斯岛（Lesbos），后来又去了马其顿，因为许多观察都是关于这些地区的常见物种，甚至有些是这些地区特有的物种（Thompson 1910; Lee 1948）。这个推论乍一看似乎毋庸置疑，但是最近有充分的理由重新开启相关的讨论。亚里士多德在《动物研究》中主要是根据已有的资料进行研究，包括荷马、其他诗人、色诺芬的作品，而非基于个人的观察（Solmsen 1978; 但是参见 Byl 1980, pp. xxxviii–xl, 1-135）。尽管如此，我们不能排除亚里士多德在阿索斯和米蒂利尼把部分时间用来进行生物学研究的可能性。盖瑟提出了一个推测（Gaiser 1985, pp. 28-36），认为特奥弗拉斯托斯在亚里士多德来到米蒂利尼之前就遇到了他，他加入了阿索斯的学园，在阿索斯写就了他的著作《论火》(*On Fire*)，但是这一假设没有任何牢固的文本基础。[81]

在公元前345/344年左右，亚里士多德离开了赫米亚斯，前往莱斯博斯。在李看来（Lee 1948, p. 64），这或许是为了从事研究；而雷根博根（Regenbogen 1940, col. 1357）和贝尔蒂（Berti 1977, p. 29）则认为这也许是因为他与特奥弗拉斯托斯新近建立的友谊。比尼奥内认为（Bignone 1936, 2:43-44），在那里亚里士多德结识了

---

[81] 盖瑟认为，在《论火》46中，特奥弗拉斯托斯谈到了我们说的大理石（*sarcophagus*），在这里我们应该遵循手稿的文本 *ho de (en) kuklôi lithos*，翻译为"在周边地区找到的石头"，鉴于这种石头是阿索斯特有的，他进一步主张当特奥弗拉斯托斯写下这些文字的时候，事实上他就在阿索斯。其他版本（Gercke, Coutant, Eichholz）将这里的文本纠正为 *ho de Lukios*（或 *en Lukiai*）*lithos*，因为在利西亚（Lycia）也找到了一块与特奥弗拉斯托斯描述的石头有相似性质的石头。没有古代文本提到特奥弗拉斯托斯曾经在阿索斯待过。另参见注释63。

其他人，他的一些学生也来自莱斯博斯，例如法尼阿斯（Phanias）和普拉克西法尼斯（Praxiphanes）。比尼奥内还认为，亚里士多德在米蒂利尼也建立了一所学园（Bignone 1936, 1:411 ff.），但这里有很多疑问。[82]

6.2 马其顿

根据古代年表，在公元前343至前335年间，亚里士多德定居在马其顿，先是作为亚历山大的老师，后来公元前340年亚历山大被父亲腓力任命为摄政王，亚里士多德就作为普通公民待在马其顿。很久以前策勒就注意到（Zeller 1890, 1:21-22），关于亚里士多德这一时期的证据相当单薄。在亚里士多德的生平中，关于他在马其顿的经历主要来自普鲁塔克。他在《亚历山大传》（*Life of Alexander*）中写道（7.2），因为腓力"**不相信音乐和一般课程的教师能够培养他的专注和纪律[……]他送去了最受尊敬、造诣最深的哲学家亚里士多德，并支付给他相当优渥的学费**"（*testmonium* 25a）。普鲁塔克对这一事件的描述，带有希腊化和罗马公众里非常流行的小说化的传记传统。在那一时期，亚里士多德显然还没有出名，普鲁塔克写的很多细节可能是他编的。他写道，腓力给这对师生分配了米扎（Mieza）的一座宁芙女神庙，位于埃玛西亚（Emazia）区内，在普鲁塔克的时代人们可以在那里看到大理石的座椅和阴凉的小巷，这是亚里士多德和亚历山大经常光顾的地方。即使在今天，前往米扎的人都会看到带有"亚里士多德学园"

---

[82] Gauthier 1959, p. 34 接受这一假设；反对者有 Lee 1948, p. 64 和 Regenbogen 1940, col. 1358。比尼奥内认为伊壁鸠鲁在米蒂利尼发现了亚里士多德学园的遗迹，据说这所学园特别注重修辞学。在比尼奥内看来，可以从以下事实推断出这一点，即在接下来的几个世纪里，不管是亚里士多德学派的修辞学教师还是充满怒气的对手，都来自米蒂利尼。但是这些理由相当无力。

标志的考古发掘，但是这一切都不可信。据普鲁塔克说，亚里士多德教授亚历山大伦理学、政治学、医学，以及他所有的内传学说（包括那本名为《形而上学》的研究第一因的著作）。并且，亚里士多德为他准备了《伊利亚特》的考订版。普鲁塔克告诉我们，尽管亚历山大依旧对哲学充满热情，两人的关系还是逐渐疏远。亚历山大带着阿布德拉的阿那克萨库斯（Anaxarchus of Abdera）这个德谟克利特的追随者去了亚细亚，还给了色诺克拉底50塔兰特（许多人说这是为了激怒亚里士多德；参见第欧根尼·拉尔修，4.8）。

其他讨论过亚里士多德与亚历山大关系的人包括昆体良、迪奥·克里索斯托（Dio Chrysostom）、查士丁（Justin），以及所有的新柏拉图主义传记（*testimonia* 25a-h）。这些资料给我们的信息大多是想象的产物，但是他们两人必定相遇过，[83] 尽管许多讨论亚历山大的古代资料从未提到他与亚里士多德的关系。[84] 事实上，斯多亚主义者认为亚历山大是道德败坏的典范，他们从未提到亚

---

[83] 杜林基于对整个亚里士多德传记传统的分析，考察了普鲁塔克提到亚里士多德的段落，以便取其精华去其糟粕；他认为普鲁塔克提供的所有信息都不可靠。尽管如此，杜林并没有否认亚里士多德是亚历山大的老师（Düring 1957, pp. 5, 468；Düring 1966, p. 10；Düring 1968, col. 179）。然而，后来的一些学者对亚里士多德是否真的认识亚历山大都表示怀疑，例如 Gigon 1962, pp. 20, 52-55；Chroust 1966；Grayeff 1974, p. 3。

[84] 例如公元前4世纪的两位历史学家：一位是犬儒派哲学家奥尼西库里图斯（Onesicritus, *FGrHist* 134F1 ff.），他把安提斯梯尼（Antisthenes）的哲学归功于亚历山大，另一位是佩拉的玛西亚斯（Marsyas of Pella, *FGrHist* 135T1），他是马其顿贵族。普鲁塔克是这一事件的主要资料来源之一，他讲述了许多关于亚里士多德和亚历山大关系的事情，甚至在某种程度上提供了不同的报告（《亚历山大传》5）；亚历山大的首席教师是莱奥尼达斯（Leonidas），一位马其顿贵族；位居次席的是阿卡纳尼亚的某位吕锡马库斯（Lysimachus of Acharnania）。第欧根尼·拉尔修，6.32, 38, 44, 45, 60, 66, 68 收集了大量关于亚历山大和犬儒派的第欧根尼的轶事。关于这些轶事的些许价值，参见 Giannantoni 1988；Giannantoni 1990, 4:443-451。

里士多德应该为亚历山大的教育负责（参见 Stroux 1933 和 Chroust 1966, p. 128）。尽管如此，我们还是有足够多的古代证据将亚里士多德和亚历山大联系起来，并接受传统的记载。埃里斯的阿莱克西努斯（Alexinus of Elis）是欧布里德斯的学生，斯多亚学派的创立者芝诺（Zeno）的同代人，阿莱克西努斯在《回忆》（*Memoranda*）中叙述了一段亚历山大与他的父亲腓力的对话，在这段对话中他抱怨了亚里士多德的 *logoi*（言辞、论证）。在阿里斯托克利斯的《论哲学》中（fr. 2），他认为"**即使是智者阿莱克西努斯的故事，我们也可以合理地认为它是荒谬的。他把亚历山大描绘为一个小男孩，与父亲腓力谈话，指责亚里士多德的** *logoi***，却推崇尼加戈拉斯（Nicagoras），后者通常作为赫尔墨斯（Hermes）而为人所知**"（尤西比乌斯，15.2.4 = *testimonium* 58e）。这里的荒谬之处在于，相信有某个人是赫尔墨斯，而非亚历山大了解亚里士多德的 *logoi*。[85]

如今要想确定这些 *logoi* 指的到底是什么并不容易，我们不知道它们是课程还是著作，甚至是亚里士多德发表的面向大众的作品，即著名的 *logoi exôterikoi*（外传作品）。事实上，我们完全不确定亚里士多德究竟教了亚历山大什么，但是这个问题却激发了现代历史学家们的想象力。他们的观点多少可以分为以下三种：（1）亚里士多德教了亚历山大他的整个学说体系，包括形而上学、伦理学和政治学；[86]（2）亚里士多德教授亚历山大传统希腊文化，包括叙事诗人、悲剧作家（尽管这些作家在阿卡德米学园里地位

---

[85] 这位尼加戈拉斯是泽利亚（Zelea）的僭主，喜欢宣称自己是赫尔墨斯神的化身；参见 *FGrHist* 143F4 和 268F2。

[86] 这是普鲁塔克的观点；现代学者中只有 Waddington 1893 和拉德特 Radet 1931 为之辩护。

很低），[87]（3）亚里士多德教授亚历山大辩证法。伊索克拉底的《致亚历山大的信》（*Letter to Alexander*）也许能够证实最后一种看法，在信中他谈到亚历山大不拒绝哲学的任何一部分，甚至是诡辩术（*eristic*），即智术（*tôn te philosophiôn...tên peri tas eridas*），伊索克拉底通常使用这个表达来指那些致力于理论或辩证法研究的人（《海伦颂》[*Eulogy of Helen*] 1；参见 Eucken 1983, pp. 9-10），包括阿卡德米学园的成员（《财产交换》258）。从伊索克拉底和他的哲学观念来看，不同的哲学家，例如安提斯梯尼（Antisthenes）、苏格拉底、柏拉图以及亚里士多德，他们之间理论立场的不同可能无关紧要；他大致表达了这样的观点，即统治者不应该与臣民一起讨论，也不应该被驳斥，而是应该利用那些不论是在公共事务，还是私人事务上都能做出最好选择的哲学 *logoi*，即伊索克拉底本人的 *logoi*，来引导臣民（《致亚历山大的信》3-4）。如果这封信是真实的，不管它提供的信息多么模糊、多么不准确，它都因其古老而无可争议，但是对于它的真实性还有一些质疑。[88]

没有一种假说是完全可以得到证明的，而我们必须停止猜想。我们知道，普鲁塔克认为亚里士多德将自己的全部哲学教给了亚历山大；其他人还编出了亚里士多德专门为这位年轻王子创

---

[87] 这一观点基于普鲁塔克的报告，他说亚里士多德为亚历山大编辑了《伊利亚特》，通常被称为"《伊利亚特》口袋版"，因为它很方便携带（《亚历山大传》8）。奥尼西库里图斯（*FGrHist* 134F38）和新柏拉图主义传记作家（参见《玛西亚那传记》4）接受了这一报告。这是现代学者最通常的看法，在研究亚里士多德生平的学者中，支持它的人有维拉莫维兹、莫罗、高蒂尔、威尔（Weil），等等；在研究亚历山大大帝的学者中，支持它的人包括贝尔弗（Berve 1926, 2:70-71）、凯尔斯特（Kaerst 1927, pp. 314 ff.）、塔恩（Tarn 1948, 1:2, 2:339-449），等等。威尔利（Wehrli 1957, 9:75-76）对整个故事提出了怀疑。

[88] 反对其真实性的代表是 Jaeger 1923, p. 311；支持其真实性的学者包括 Mathieu and Brémond 1929, 4:177；Merlan 1954；Schachermeyer 1973, pp. 82 ff.；Eucken 1983, p. 10。

作的作品。这就是我们为什么会发现，不论是在传统的亚里士多德著作集，还是在其他汇编中，都有专门献给亚历山大的作品，例如《亚历山大修辞学》（*Rhetoric for Alexander*），或者是以阿拉伯文译本保存下来的寄给亚历山大的关于如何统治的信件（参见下文，第123—124页）。但是这些著作没有一个是完全真实的，它们只是证明了古代知识分子为填补这一空白所做的努力，这个空白本身引发了最强烈的好奇心：古代最伟大的哲学家究竟教给了世界上最伟大的征服者什么东西？然而平心而论，他们也许有足够的理论能力，但是对于这项文学事业毫无帮助，这些托名亚里士多德的写给亚历山大的作品中，找不到任何惊人的、配得上这一场合的东西，或者与这两个伟人的名字相称的东西。

我们也有一些《论王权》（*On Royalty*）的残篇，一些人在其中看到了亚里士多德教导亚历山大的痕迹，其中有一条著名的建议："国王没有必要自己研究哲学，这反而会妨碍他，但是[……国王]应该乐于听取他遇到的真正哲学家的意见，并愿意被他们说服"（特米斯提乌斯[Themistius]:《讲演》[*Oration*]8.107c-d）。尽管缺乏相关信息，很多人还是将这一事件与国王有必要接受哲学教育这一阿卡德米学园的原则联系起来，却没有将其与亚里士多德传记中的任何事件联系起来（罗塞[Rose]、罗宾[Robin]、耶格尔、普莱西特[Prächter]、比德兹、兰道尔[Randall]；关于这一问题的概述，参见Berti 1977, pp. 29-30；Laurenti 1987, pp. 867-909）。

据说亚里士多德给亚历山大的另一条著名建议是"像领导者一样（*hêgemonikôs*）对待希腊人，像主人一样（*despotikôs*）对待外国人，把前者当作亲朋好友一样照顾，把后者当作动植物一样对待"（普鲁塔克:《亚历山大：运气抑或德性?》[*Alexander: Fortune or*

Virtue?]I.6.329b；另参见斯特拉波，1.4.9）。然而，这条建议却与亚历山大提倡的种族同化政策背道而驰。当然，它的态度与我们在亚里士多德作品中看到的关于蛮族人的观点一致，但是我们很可能会认为，亚历山大觉得没必要向亚里士多德请教治国之道，国王与哲学家之间可以有不同的关系。卡利斯提尼事件表明亚历山大不是一个温顺的人，他也不会欣然接受哲学家的建议。但是另一方面，亚里士多德写了一本叫《亚历山大》的书，副标题是"关于殖民地"或者"关于殖民者"（*Alexandros ê hyper apoikôn* 或者 *apoikiôn*），这些标题既出现在第欧根尼·拉尔修的作品中（5.22），也出现在匿名的古代《亚里士多德传》中列出的亚里士多德著作清单里（如《梅纳吉传记》[*Vita Menagiana*]；参见本书第四章第1.3节），因此可以确定的是，亚里士多德写过以此为标题的作品。[89]（但是，普鲁塔克保存下来的建议是否来源于这部作品并不确定。在 Ross 1955 和 Laurenti 1987 中，这个建议被置于这部作品名下；而其他学者将其看作《致亚历山大的信》中的片段，参见下文第122页）。关于亚里士多德写作这篇关于殖民地的作品时所处的环境，我们没有确切的信息，只有一份关于其内容的模糊报告，没有确切的残篇（参见 Laurenti 1987, pp. 911-959）。由比埃劳斯基（Bielawski）和普莱奇亚编辑的阿拉伯文《亚里士多德致亚历山大关于城邦政治的信》（*Lettre d'Aristote à Alexandre sur la politique envers les cités*）也是如此：这部作品通常被认为是纯粹的摘编，作者非常熟悉亚里士多德的著作，关于这一点的讨论，参见下文第123—124页。

---

[89] 贝尔蒂在个人交流中向我指出了这一点。

有些人试图通过考察亚历山大的政治决策,至少是他最受人尊敬的决策,来猜测亚里士多德可能教给他什么。耶格尔认为,亚里士多德向亚历山大提出了在马其顿的领导下统一希腊的建议(Jaeger 1923, pp.156-160)。但这是一个不确定的问题。此前维拉莫维兹曾指出,亚里士多德在《政治学》中将自己限制在城邦(*polis*)的问题之内(Wilamowitz 1893, 1:336, 365-369),而没有出现把希腊变成政治统一体的观点;相反,他认为小城邦应该继续存在。当然,在《政治学》中(VII.6.1327b32-33),亚里士多德提到了希腊统一起来对抗蛮族,但是他说的是不同城邦的统一(或许是联盟,*mias tugkanon politeias*),而没有提到马其顿国王在其中的角色。这种沉默非常重要,与支持马其顿的立场形成了鲜明的对比,例如伊索克拉底。伊索克拉底甚至公开建议在腓力国王的领导下统一希腊,对抗蛮族,他说只有腓力能够成功联合忒拜(Thebes)、阿戈斯(Argos)、斯巴达和雅典,成功击败波斯国王(《腓力》16, 41-45, 57, 68 ff, 80, 88, 139)。强调这种立场上的差异是必要的,因为现代历史学家通常把漫步学派看作是马其顿帝国在雅典的文化"第五纵队"(近来的一个例子参见 Will 1983, p. 54n39)。

在上文引用的陶罗米涅姆的蒂迈欧的文本中(第 3 节,第 10 页),这位比亚里士多德年轻一代人的历史学家,将亚里士多德与亚历山大大帝远征亚细亚联系起来,并进行对比。但是,正如我们在赫米亚斯的例子中看到的那样,亚里士多德的著作中没有提到他与腓力或者亚历山大的关系,马其顿也不是他欣赏、支持或者明确赞美的对象。相反,在《政治学》中(VII.2.1324b9-22),马其顿人与斯基泰人(Scythian)、波斯人、色雷斯人(Thracian)、凯尔特人（Celt）、伊比利亚人（Iberian）以及迦太基人（Carthaginian）[90]一道被列入非希腊民族，并且，像柏拉图一样（《高尔吉亚》470d ff.），亚里士多德在《政治学》中把马其顿王室当作拥有蛮族习俗的例子（关于这一点，参见 Wilamowitz 1893, 1:348；Ehrenberg 1938, pp. 62-102；Weil 1960, pp. 184-185, 195, 198-201, 215-217）。这又一次与伊索克拉底在《腓力》（105 ff.）中所说的形成对比，后者将赫拉克勒斯的荣耀归于马其顿王室。而亚里士多德从未提到过亚历山大生平和战争中的任何事件。例如，当他谈到忒拜时，没有提到亚历山大将其夷为平地，也从没提到过远征亚细亚以及摧毁波斯帝国的事情。一个古代传统认为，亚历山大给亚里士多德送来亚细亚的植物标本和奇异动物，供他的生物研究使用，但是亚里士多德的作品中没有任何这方面的痕迹。我们在他的《动物研究》（IX.1.610a15 ff.）中看到的关于印度及其动物的报告，例如大象，完全是虚构和传说。[91]

后来的漫步学派成员倒是谈到了亚历山大统治时期的主要事件。伪亚里士多德的《家政学》（I.6.1344b34）提到了波斯帝国的覆灭，用过去时谈论波斯风俗，但主要是特奥弗拉斯托斯在他的《植物研究》中提供了具体的报告。他回忆了亚历山大的远征（1.4.1, 4.7.3），提到巴比伦城内的一个具体地方（2.6.7），描述了当希腊和马其顿士兵面对未知的植物和草药时的惊奇（4.4.1-10），他们试图用自己本国植物的名字为这些植物命名，以此来辨认它

---

[90] 伊索克拉底持相同的观点（《腓力》32 和 107）。然而，据他所说，马其顿王室是希腊人，特别是阿戈斯人的后裔。

[91] 这一传说参见普林尼（8.16.44）、阿伊里安（14.19）以及阿忒纳乌斯（9.398e）；参见 testimonia 26a-c。很久以前策勒怀疑这一信息的真实性（Zeller 1897, 1:5n6）；相反，耶格尔认为它是可信的（Jaeger 1923, p. 448）。

们。他还提到亚历山大私人医生的名字（4.16.6）。[92]特奥弗拉斯托斯和他老师在视角上的区别值得我们认真考虑。

这里我们只能提及法勒鲁姆的德米特里乌斯《论命运》（*On Fortune*）中的一则残篇。两位历史学家，波里比乌斯（29.21.3-6）和狄奥多罗斯·西库鲁斯（31.10.1-2）提到了它。这位演说家和政治家评论了波斯帝国的覆灭并预测了马其顿王国的末路。"如果一个人不考虑无尽的时间或者很多代人的实践，而只看过去五十年，你就会意识到命运的残酷。想想五十年前的波斯人或波斯国王，抑或马其顿人或马其顿国王，当时有人会相信到了现在，曾经是几乎整个世界主人的波斯人连名字都不复存在了，而过去连名字都没有的马其顿人统治了一切吗？不，命运以某种方式破坏了我们生活中的契约，制造了超乎我们思考能力的新事物，以超越信念的方式展示她的力量，如今我认为，通过让马其顿人继承波斯人的辉煌，她向所有人展示，她将这些好东西借给了他们，直至她想要对他们另做处理。"奇怪的是，这个评论出自一位因为马其顿的支持而成就其职业生涯的政治家，在雅典他仅仅作为卡山德的"监督官"（*epimelêtês*）才获得了至高的权力（狄奥多罗斯·西库鲁斯，18.74.2；参见上文第3节，第13页）。[93]波里比乌斯引用了这一预言，作为对罗马征服马其顿的评论（29.21.2），他肯定了德米特里乌斯的意图是"**向人们表明命运是多变的**"。现代历史学家在

---

[92] 布雷泽尔（Bretzel）宣称亚历山大为特奥弗拉斯托斯带回了植物标本供他的植物研究使用；但是 Regenbogen 1940, cols. 1462 ff. 对此深表怀疑。

[93] 关于这一文本的日期存在分歧；一些人认为它写于公元前280年前后（Walbank, Wehrli），但是 Santoni 1988, Müller and Lorenz 提出将其推回到约公元前318年，并提供了很好的论证。事实上，在公元前368年，即"五十年前"，没有人曾预见到马其顿人的成功，但是在公元前330年这一点已经得到了明确的证实。那么，这一文本应该写于他的青年时期。

研究这一段落的时候通常认为，这是对马其顿君主政体命运的灾难性预言，或者是在表达一种悲观主义，要么是德米特里乌斯个人的看法，要么是公元前4世纪所有希腊人的看法。这一段落通常与特奥弗拉斯托斯关于命运力量的残篇（fr. 487-501 *FHSG*）联系在一起，但是特奥弗拉斯托斯指的是个人的生活，而非整个民族的命运。普鲁塔克在他的《安慰阿波罗尼乌斯》（*Consolation to Apollonius*）中告诉阿波罗尼乌斯"我们大家都遭受了同样的痛苦。**特奥弗拉斯托斯说，'命运漫无目的，特别善于偷走我们为之奋斗的东西，推翻表面上的繁荣，因为它没有规定的时间'**"。

然而，对这个问题我们可以有不同的理解。根据我的假设，德米特里乌斯在这里所做的，无非是把漫步学派使用的某些区分应用到他那个时代的事件上。在亚里士多德看来，依赖"运气"（*tychê*）的事物属于人类活动的领域（《物理学》II.6.197b2-8）；对应于那些"偶然"（*kata sumbebêkos*）的事物（II.5.197a5-6, II.5.197a32-35, II.6.197b23-24, II.6.198a6-7）。根据亚里士多德的观点，不可能有一门关于偶然事件的科学。这不仅适用于小范围的日常事件，也是重大事件的特征（《形而上学》XI.8.1065b1）。但是说例如世界帝国的崩溃这类事件的发生是运气的结果意味着什么呢？在漫步学派哲学中，区分诸如庞大帝国的兴衰和城邦的政治组织这两类事件的依据在于，第一类事件在某种意义上是非理性的，超出了科学和政治学知识的范畴；而另一方面，城邦是最终目的，是人类共同体形态发展的顶点，是人类所能抵达的最高境界，只有在城邦中人的社会本性才能得到最充分的实现（《政治学》I.2）。城邦诞生后，人类共同体就没有什么重要的创新了（《政治学》II.5.1264a1-5）。因此，我们可以从理论上理解城邦，亚里士多德的《政治学》就表达了这种理解；而对于帝国这样的事物则不然。故而，比起所处时代的历史事件，亚里士多德似乎对政体制度以及社会历史问题更感兴趣。

我们不知道在亚历山大继位（公元前 335/334 年），并且不再听这位哲学家的课之后，亚里士多德和他之间有什么联系。普鲁塔克说他们之间的关系变得疏远，现代学者认为这主要是由于亚历山大征服波斯帝国之后，两个人在对待波斯的方式上存在分歧，这一点我们在前文已经看到了。事实上，希腊人和亚历山大之间的确有这样的分歧，这是卡利斯提尼的清晰结论（关于这一点，参见下文第 7 节）。我们看到若干种不同的看法，一方面，亚里士多德给亚历山大提供建议；另一方面，在亚历山大的朋友圈子里亚里士多德是某种"希腊民族主义党派"的领袖，至少是精神上的领袖，这一党派试图反对国王的政策（参见 Wilamowitz 1893, 1:339）；还有第三个方面，许多现代历史学家都认为，在雅典亚里士多德是"亲马其顿党派"的领袖，至少是精神领袖。但是所有这一切都不太可信。亚里士多德主要的兴趣当然是理论生活、哲学研究和哲学反思，而且在亚里士多德结束了自己的马其顿时期之后，马其顿王国的事务与亚里士多德政治思考的发展似乎已经分道扬镳，沿着各自独立的路线前进。

总体说来，亚里士多德的同代人似乎对亚里士多德曾是亚历山大的老师兴趣不大，这件事没有引起普遍的关注，后来才被当作亚里士多德一生中最激动人心的经历。克劳斯特认为，这种态度的转变发生在罗德岛的安德罗尼库斯（Andronicus of Rhodes）时代，与他编辑和出版亚里士多德的著作有关（Chroust 1966, pp. 130-131，参见本书第三章第 1 节）。

除了对亚历山大的教育，古代资料还证实了亚里士多德与马其顿的腓力国王之间的其他关系。我们已经在上文（第 2 节）看到了德摩卡里斯的指控，这一指控声称亚里士多德在公元前 348 年围困奥林托斯期间出现在马其顿的军营之中，他还提到斯塔吉拉的毁灭和重建。同样值得怀疑的是，亚里士多德为腓力写了一些著作（《玛西亚那传记》4；《拉丁传记》40）。这些作品被列在《城邦法令》（*Decrees of Cities*）或《希腊城邦》（*Greek Cities*）或《地方志》（*On Localities*）的目录中（参见第欧根尼·拉尔修，5.26；frs. 612-614 Rose 1886 = frs. 405, 407 Gigon 1987）。人们认为这是为了帮助腓力消除希腊城邦之间的分歧和领土争端，以建立一个泛希腊联盟（Bergk 1887, p. 483；Nissen 1892；Wilamowitz 1893, 1:305；Pohlenz 1929；Tovar 1943），但是其他人反对整个故事，或者对此持怀疑态度（Heitz 1865, pp. 263-264；Moraux 1951, pp. 122-123）。人们认为菲洛德穆斯曾说亚里士多德试图劝说腓力不要攻打波斯（*testimonium* 31），但是这并不怎么可信，尤其是当我们把它与其他报告对比的时候，根据那些报告亚里士多德持有坚定的反波斯立场，并敦促亚历山大攻打波斯。不管怎样，这份报告的事实基础都不够坚实。[94]

在公元前 334/335 年之后亚里士多德或许在马其顿住了几年。第欧根尼·拉尔修（5.2，另一个版本是 5.4）中提到的赫米

---

[94] 苏德豪斯声称亚里士多德想要反对伊索克拉底，后者非常出名地支持希腊人在马其顿的领导下联合起来对抗波斯（Sudhaus 1893, p. 559）；另参见 Mathieu 1925；Hampl 1938, p. 96；Zucher 1954, pp. 226 ff.；Levi 1959, pp. 117-118。然而，这些脆弱的假设建立在一个不确定的莎草纸文本上。布兰克的最新版本（Blank 2007, p. 46）给出了一个截然不同的文本理解，他将其翻译如下："（第三），因为他几乎 [向学生] 推荐了君主制，尽管当时的统治者是腓力和波斯人。"（col. 201：*P.Herc.* 1015, 56.15-20）

普斯证实了这一点,据他说,亚里士多德曾作为雅典派往腓力身边的大使(另参见《阿卡德米学派哲学家索引》)。[95] 如果我们相信李的发现(Lee 1948, p.63),亚里士多德在马其顿也开展了各种生物学研究,因此在那儿待了一段时间。但是,我们在上文中看到(第 41 页),学者们对这些说法又产生了疑问。在伪德米特里乌斯的《论演讲》(*Elocution*)中有一段残篇(29.54)据说来自亚里士多德的书信,里面有这样一句奇怪的话:"**因为大王**(the Great King),**我从雅典来到斯塔吉拉;因为严酷的寒冬,我又从斯塔吉拉回到雅典。**"这是什么意思我们还不清楚(参见 Prächter 1926, pp. 350 ff.;Düring 1957, p. 400;Plezia 1961, p. 121),但是对于希腊人来说,"大王"指的是波斯国王,而非马其顿国王。因此我们不能把这解释为亚里士多德身负代表马其顿的腓力国王的政治使命。[96] 策勒认为这段话是编出来的(Zeller 1897, 1:21n6)。

至此,我或许应该从这些关于亚里士多德与马其顿关系的讨论中得出一些结论。我们似乎面对着两组不一致的事实,它们导致了不同的结论。一方面,有一些历史记载表明,亚里士多德及其家族与马其顿贵族关系密切。首先,亚里士多德是亚历山大的老师,这一点有可靠的记载;亚里士多德很可能也和腓力有关

---

[95] Fr. 20 Isnardi Parente 1982;参见她的评注。这个故事似乎偏向亚里士多德,敌视色诺克拉底。或许这是杜撰,但是菲洛德穆斯在他的《阿卡德米学派哲学家索引》中(cols. 6.41-7.14)中也谈到了亚里士多德在马其顿居住,当时色诺克拉底被选为学园的领袖,即公元前 339/338 年(fr. 1 Isnardi Parente 1982)。

[96] 威尔很看重这个残篇(Weil 1960, pp. 18 ff.),他声称这一残篇表明亚里士多德在公元前 335/334 年之前就回到了雅典。但是这一报告和阿波罗多洛斯的年表矛盾,根据后者的说法,公元前 348/347 年到公元前 335/334 年之间亚里士多德一直不在雅典;另参见 Gigon 1958, p. 185。

系，据伊索克拉底记载（《腓力》19），亚里士多德在一段时间内是众多居住在马其顿并与国王有关的希腊知识分子中的一员。并且，亚里士多德的侄子卡利斯提尼陪同亚历山大去了亚细亚，尽管结局很不幸。亚里士多德后来被雅典民主派指控为马其顿的朋友。最后，亚里士多德学园的某些学生，比如德米特里乌斯，依赖过马其顿人的力量。即使是与亚里士多德有亲密关系的赫米亚斯，都被德摩斯提尼描述为"**腓力的代理人和共犯**"。尽管每一个单独的事实都可能引起争论，但是这些要素的累加效果却是相当有力的。[97]

另一方面，不可否认，在亚里士多德的著作中，甚至是在《政治学》中，完全看不到那个时代马其顿的政治力量。为数极少的对马其顿的提及，不是很冷淡，就是近乎敌视。与特奥弗拉斯托斯不同，亚里士多德甚至避免提到与亚历山大远征有关的任何具体事件。当然，也有间接的报告说，亚里士多德写了献给马其顿君主的作品，但是这并不能抹杀一个事实，即在现存的著作中，它们也是经过最深入研究的理论著作中，亚里士多德保持着一种完全超然的态度。我们很难把《政治学》或者《雅典政制》说成是顺从并意在捍卫和支持马其顿在雅典的政治影响的文本，就像伊索克拉底的《腓力》那样。这些文本是亚里士多德学园内的教学文本，他的学生中一定有许多人是雅典公民。在这种情况下，带有传记色彩的信息会对研究产生消极影响。如果像凯尔森（Kelsen 1937-1938）那样阐释《政治学》，将其作为对通常意义上

---

[97] 贝尔佐特（C. Bearzot）极大地帮助我澄清了这一观点，他鼓励我把堆积如山的事实当成一个整体来看待，我本来准备分开考虑它们。

的世袭君主制的明确辩护、对马其顿君主制的含蓄辩护，并将理论生活的伦理价值仅仅视作君主制的支持，那我们也就不可能正确理解这些思想史上的奠基之作的价值和意义了。

7. 卡利斯提尼的冒险

奥林托斯的卡利斯提尼，[98]是亚里士多德的侄子或者表弟，[99]因参与亚历山大对波斯的远征，并被亚历山大以谋反的罪名处死而闻名于史。因为他死于亚里士多德之前，所以后者的遗嘱中并没有提到他。因此，我们无法确切了解两人之间的关系，我们对卡利斯提尼的父亲达摩提慕斯（Damotimus）也一无所知。但是，卡利斯提尼这个人物证实了我们之前所说的，在许多哲学家和文化人中间，的确存在着家族和友谊的紧密联系，因此哲学在某些情况下被说成是某个家庭或者氏族（genos）及其密友的特殊追求。

根据普鲁塔克在《亚历山大传》中的记载（55.7-8），可能就在腓力摧毁奥林托斯之后（testimonium 28c），卡利斯提尼由亚里士多德抚养长大，并有可能跟随亚里士多德定居在阿索斯或者米蒂利尼。[100]我们已经看到，卡利斯提尼写了一部关于赫米亚斯的著作，对这位僭主的个性有些了解（参见上文第6.1节），这让他与亚里士多德有着密切的联系（Jacoby 1901；Jaeger 1923, pp. 115-

---

[98] 关于卡利斯提尼的生平，参见 Jacoby 1901 和他对 *FGrHist* 124 的评注，Chroust 1973, pp. 83-91；Prandi 1985。

[99] 据普鲁塔克所说（《亚历山大传》55.4），他是亚里士多德的表妹赫萝（Hero）的儿子。

[100] 第欧根尼·拉尔修（5.39）提到的事件暗示，特奥弗拉斯托斯和卡利斯提尼都是亚里士多德的门徒；然而，这一叙述的历史价值相当可疑（参见 Natali 1985）。其他支持这一假设的论证参见 Prandi 1985, pp. 13 ff.。

116；Wormell 1953；Chroust 1966）。后来，卡利斯提尼与亚里士多德合作编辑了一份皮提亚赛会的获胜名单（参见下文第 8 节）。[101] 他们俩似乎一直保持合作，至少持续到公元前 334 或前 331 年，卡利斯提尼跟随亚历山大一起出征波斯。卡利斯提尼写了一部《希腊史》（History of Greece），讲述了公元前 386 至前 356 年间的希腊历史；他还写了一本关于神圣战争的书和一部《亚历山大事迹录》（Deeds of Alexander）。[102] 但是，我们不确定亚里士多德是否像一些历史学家推测的那样，将一些生物和地理研究委托给这位年轻的亲戚。我们不知道亚里士多德的哲学在多大程度上影响了卡利斯提尼的史学作品，一些人说影响深远（Jacoby 1923, ad loc.; Jaeger 1923, pp. 318 ff.）；也有人说影响甚微（Bosworth 1970）。假如我们拥有卡利斯提尼的全部作品，一定会知道得更多。根据古代资料记载（第欧根尼·拉尔修，5.4；《苏达辞书》"卡利斯提尼"词条），他在作品中支持马其顿的政策，亚里士多德推荐他担任亚历山大远征军的历史学家。[103]

正如吉贡所说（Gigon 1958, p.188），随着卡利斯提尼的受辱、监禁和处决，亚里士多德的朋友们突然发现他们处于当时高层政治的聚光灯下。普鲁塔克（《亚历山大传》52-55）和阿里安（Arrian, 4.10-14）也用大体相同的方式叙述了这些事件。他们把卡利斯提

---

[101] 根据 Diels 1901, p. 75，卡利斯提尼还和亚里士多德合作编辑了一份奥林匹克运动会的获胜者名单，亚里士多德的作品清单中提到了这个名单，但是没有残篇留下来；Jacoby 1901 对 124F55 的评注和 Weil 1960, p. 133 怀疑这一假设是否成立。

[102] 雅各比说漫步学派的图书馆里也有卡利斯提尼的作品（Jacoby 1901, col. 1705）；威尔发现亚里士多德的作品和卡利斯提尼的作品存在许多相似之处（Weil 1960, p. 312）。

[103] 公元前 2 世纪，陶罗米涅姆的一份铭文将卡利斯提尼称为亚历山大的 epistolographos，这个词的意思类似于"秘书"；参见 Prandi 1985, pp. 21-22。很难说这一信息是否符合史实。

尼描绘成一个具有加图（Cato）式性格的人物，厌恶奉承，有点高傲，非常清楚自己高贵的地位。与他完全相反的是德谟克利特派的哲学家阿布德拉的阿那克萨库斯。[104] 他也是亚历山大远征军中的一员，他被描述成善于阿谀奉承的人。除了一些不那么重要的插曲，卡利斯提尼与亚历山大之间的主要冲突在于国王要求希腊人和马其顿人像他的新臣民波斯人那样向他行屈膝礼。带着几分高傲，卡利斯提尼拒绝这一要求，普鲁塔克和阿里安都说他实质上是正确的，但是在拒绝的方式上有些过火。[105] 也有谣言说，他大体支持传统的倾向，反对亚历山大将王权转变为一种东方君主制。许多现代历史学家接受了这一版本（例如 Schwartz 1901, col. 1889）；其他人（例如 Jacoby 1923, ad loc.）则基于普鲁塔克和阿里安的某些说法，认为卡利斯提尼并未真正反对亚历山大的波斯政策，主要的问题在于他们两个人丑陋的人格注定要发生冲突。不论如何，卡利斯提尼参与了一场刺杀国王的阴谋，这场阴谋由国王的侍从、马其顿的一些年轻贵族组织。结果阴谋失败，卡利斯提尼被捕并被杀。关于他的死有各种不同的说法：有人说他被绞死，有人说他被拉去喂了狮子（第欧根尼·拉尔修，5.5），还有人说他死于疾病和狱中的折磨（参见 Prandi 1985 对古代历史学家提供的各种说法的考察）。

---

[104] 阿布德拉的阿那克萨库斯是德谟克利特的追随者，关于他不同的资料有不同的描述。关于卡利斯提尼之死的记载都将他描述成一个彻头彻尾的谄媚者；而其他资料强调他的哲学理性主义，高贵的生活方式，以及面对死亡时的英雄主义。参见第欧根尼·拉尔修，9.58-60；狄奥多罗斯·西库鲁斯，17.112.4-5 以及 Berve 1926, 2:33-35。Diels-Kranz no. 72 收集了部分残篇和证言。他仅存的作品残篇谈到了伟大的学识可能会给那些不会把握时机的人带来伤害。这似乎是对卡利斯提尼故事的恰当评论。

[105] 在后来的传记传统中，关于亚里士多德对卡利斯梯尼性格的担心有多种说法；这些很可能都是基于我们这里讨论的分歧编造出来的（参见 testimonia 28a-h）。

亚里士多德哀悼了他的这个亲戚和同事（第欧根尼·拉尔修，5.5, 39），而特奥弗拉斯托斯则写了一本名为《卡利斯提尼》或《论丧友》(On Bereavement) 的书纪念他，这本书除了标题之外几乎没有任何内容幸存下来（第欧根尼·拉尔修，5.44），但是特奥弗拉斯托斯在其中谈到了命运在人类事务中的重要性，以及它与个人性格的联系（西塞罗：《图斯库伦论辩集》3.21 和 5.25；伪阿弗洛狄希阿斯的亚历山大 [ps.- Alexander of Aphrodisias]：《论灵魂的曼提萨附录》[De anima mantissa] 186.28-31）。这种因为个人性格产生的问题，与历史学家（普鲁塔克、第欧根尼·拉尔修和阿里安）提到的卡利斯提尼的严厉性格一致，在他们看来，卡利斯提尼的命运首先是由他缺乏处事能力决定的。

有人说，在这一事件之后，漫步学派对亚历山大产生了强烈的敌意。[106] 这个传言十分古老，在传统中确实有亚里士多德和亚历山大之间存在摩擦和冲突的痕迹。[107] 有些古代作家（例如普鲁塔克、阿里安、迪欧·卡西乌斯 [Dio Cassius] 以及普林尼）相信安提帕特与亚里士多德合作毒死亚历山大的故事（testimonia 29a-d）；但是其他记载了毒害亚历山大事件的历史学家（例如库尔提

---

[106] 参见 Tarn 1948, 2:131。经常引用的证据是特奥弗拉斯托斯的作品《卡利斯提尼》或《论丧友》（第欧根尼·拉尔修，5.44），以及狄凯阿科斯在《论伊利昂的献祭》(On the Sacrifice at Ilium，引自阿忒纳乌斯，13.603a-b, fr. 83 Mirhady = fr. 23 Wehrli) 中对亚历山大同性恋的批评。但是我已经指出（参见第 54 页），我们对特奥弗拉斯托斯的这一文本知之甚少，而狄凯阿科斯显然很乐于记载反对亚里士多德的立场，他可能就是亚里士多德众多敌人中的一个（关于这个问题，参见第四章注释 22）。对整个问题的讨论参见 Badian 1958 和 Bosworth 1970, pp. 407 ff.。

[107] 据说亚历山大为了激怒亚里士多德，曾经给色诺克拉底和阿那克西美尼（Anaximenes）送过礼物（第欧根尼·拉尔修，5.10-11, 4.18）。这就预设了亚里士多德是色诺克拉底的敌人，但真是如此吗？

乌斯·鲁弗斯 [Curtius Rufus]、狄奥多罗斯·西库鲁斯、伪卡利斯提尼，以及尤里乌斯·瓦莱里乌斯 [Julius Valerius]），并没有提到亚里士多德的参与（参见 Plezia 1948）。卡西乌斯讲述了卡拉卡拉（Caracalla）皇帝的故事（77.7），在卡拉卡拉看来亚历山大是人类历史上最伟大的英雄，他完全相信亚里士多德帮助暗杀了亚历山大，因而从亚历山大里亚驱逐了所有"被称为亚里士多德学派"的哲学家，焚烧了他们的书籍，毁掉了他们的 sussitia，即他们共同用餐以及聚会使用的房间（testimonium 29d）。不过亚里士多德参与谋害亚历山大的故事不大可能是真的。

漫步学派与亚历山大之间有敌意的看法在现代学术界也很普遍。这种假设很难与一个历史学家普遍接受的观点吻合，即漫步学派是马其顿政治在雅典的文化"第五纵队"，我已经表达了我对这一点的保留态度。

8. 重返雅典

"他在第 111 届奥林匹克运动会的第二年 [公元前 335 年] 来到雅典，并在吕克昂讲学 13 年 [公元前 335—前 323 年]"（第欧根尼·拉尔修，5.10）。"腓力去世后，在埃瓦尼图斯（Evaenetus）担任执政官期间 [公元前 335/334 年]，他回到了雅典，在吕克昂教学 12 年"（哈利卡纳索斯的狄奥尼修斯：《致阿玛乌斯的第一封信》5.3）。亚里士多德后半生最重要的事件无疑是他决定回到雅典，并在那里开办一所独立的学园，与柏拉图的学园分开。这可能是他的作品得以保存下来的一个决定性因素。事实上，我们没有任何一位雅典以外的哲学家的全部作品，即便是在雅典的哲学家也没有那么幸运，就连柏拉图学生的作品都没有保存下来。

需要强调的是，亚里士多德决定在柏拉图的城邦雅典开办一所自己的学园（参见 Berti 1977, p. 31）。就算不是为了与之对抗，这至少也表明了一种想要独立的意志。很显然，亚里士多德不想回到阿卡德米学者的团体中。他要建立一个独立的团体，讨论类似阿卡德米学园中的问题，而与伊索克拉底的学校里讨论的问题大不相同。这表现出亚里士多德要树立自己独立思想的意愿，尽管他仍然处于一个部分共享的传统之中，还表现出亚里士多德想要组建自主的讨论团体的渴望，在这里通常的哲学术语，比如理论、哲学、辩证法、智慧以及行动（praxis），将会展现出新的、原创性的意义，不同于老师柏拉图和之前学生的用法。因此，在我看来我们不能接受新柏拉图主义传记作家们的主张，他们认为色诺克拉底和亚里士多德是斯彪西波的继承人，基于普遍的共识，他们在两个地点传承学园的作品，一个在阿卡德米学园，一个在吕克昂学园，只有空间上的不同（参见 Jaeger 1923, pp. 428-430；Gigon 1962, p. 46）。[108]

维拉莫维兹（Wilamowitz 1893）恰当地指出了亚里士多德重返雅典的时期正是一段恢复期，宗教重新开放，被废弃的仪式恢复了它们的殊荣，舰队和军工厂得到修复，整个城邦都在努力恢复正常运转。然而，在严格的政治层面，忒拜沦陷后，亚历山大作为科林斯联盟（the League of Corinth）领袖以及希腊实际领导人的地位已经牢固确立了，而雅典也不得不接受这一局面。认为亚里

---

[108] 根据 Gigon 1962, p. 64，赫米普斯是第一个强调阿卡德米学园与吕克昂学园之间对立关系的人；这一传统后来又出现在第欧根尼·拉尔修那里（5.2），他明确说亚里士多德建立学园是为了与色诺克拉底对抗。

士多德来到雅典时带着明确的目的，即支持亚历山大并作为马其顿宫廷的发言人，这是现代作家的创造，并没有任何古代资料的证实。

杜林走得更远，他指出没有人注意到亚里士多德回到了雅典（Düring 1957, p. 460；Düring 1966, p. 20），当时亚里士多德还是个不怎么知名的哲学家，在雅典并不为人所知。在我看来，这个判断的前一部分似乎是可靠的，可以从相关资料的匮乏中看到这一点，但是我们可以对后一部分提出合理的怀疑。根据杜林的记载（Düring 1966, p. 26），同时代人的大量攻击和论战作品表明，亚里士多德和他的追随者实际上并非默默无闻，反而是相当著名的人物，至少在"哲学家"和文化人的圈子里，即使亚里士多德并未沦为喜剧作家的笑柄，就像他们曾对苏格拉底、柏拉图和其他哲学家做过的那样。亚里士多德似乎没有像苏格拉底和柏拉图那样在他们的公民同胞中声名狼藉；而在文化人中他确实广为人知。

就此而言，相较于伊索克拉底和柏拉图的作品，亚里士多德的作品表现出一种更加宽松的态度，更少关注普通公民如何评价哲学研究（参见 Natali 1987）。而大众的态度也在转变，比起智者和苏格拉底的时代，随着时间的推移，对普通雅典人来说，独立的哲学学园已经成为生活中的事实，而一些年轻人接受哲学教育也让关于哲学的丑闻越来越少。另一方面，亚里士多德的学园在他那个时代不可能过多地介入城邦的政治生活，尽管维拉莫维兹并不这么认为（Wilamowitz 1881, pp. 181-186）。关于亚里士多德逝世后发生了什么，参见本书第三章。

从漫步学派几位领袖的遗嘱（第欧根尼·拉尔修，5.51-57,

5.61-64, 5.69-74），以及一些希腊化作家的作品中，例如卡利斯托斯的安提戈努斯（Antigonus of Carystus；阿忒纳乌斯，12.547d-e 引用了这段话，详细的讨论参见本书第 93—95 页），我们看到漫步学派有着相当复杂的组织。它有一个花园、几所房子、讲课厅、公共聚餐的场所，等等。亚里士多德时代的学园也是如此吗？伯奈斯（Bernays）认为，亚里士多德作为一个外邦人不能在雅典拥有自己的地产，因此他很可能没有留下有自己建筑的学园，[109] 他授课的那些建筑并非他的财产。伯奈斯还注意到，通过漫步学派的德米特里乌斯的努力（他在公元前 316—前 306 年间管理雅典；第欧根尼·拉尔修，5.39），特奥弗拉斯托斯成为漫步学派中第一个有权在雅典拥有地产（*egktêsis*）的人。杜林和布林克相信这一证据足以排除早在亚里士多德时期就存在一个有制度化组织的学园的可能性，他们认为亚里士多德的学园只包括一群致力于哲学研究的朋友，组织结构非常自由，并不正式（参见 Düring 1957, pp. 260, 460；Brink 1940, cols. 905-907）。

尽管如此，包括罗斯、卡夫卡（Kafka）、普莱西特、高蒂尔、耶格尔、克劳斯特在内的许多学者都认为，亚里士多德在雅典没有自己的地产，并不能排除存在一所有组织的学园，他可以租用一些建筑（正如吕科后来做的那样；参见阿忒纳乌斯，12.547d-e；文本参见本书第 93—94 页）。在亚里士多德的文本中，有充分的证据表明，当时有相当复杂的教学活动，与普罗塔哥拉和苏格拉底时代那种典型的边走边讨论的方式大不相同（参见本书第三章）。

---

[109] 策勒相信这一点（Zeller 1897, 1:39）。

亚里士多德第二次在雅典居住期间是否忙于政治事务呢？我们会在下文讨论克劳斯特完全政治化的阐释（第四章第 2 节），但是现在我们应该牢记：一些古代资料泛泛而谈，只是说亚里士多德"造福"（*euergetein*）了这座城邦，没有提供更多细节（《玛西亚那传记》15-22）；而第欧根尼·拉尔修则认为亚里士多德是雅典的大使（5.2），就像色诺克拉底（4.8-9）、梅尼德摩斯（2.140）和阿凯西劳斯（Arcesilaus）（4.39）曾经做过的那样。我们不清楚应该如何评价这些记载，但是一些最重要的学者，例如 Mulvany 1926；Düring 1957, pp. 58, 110, 232-234，认为它们完全不可靠。

与这个问题相关的是如何阐释托勒密（Ptolemy）《亚里士多德传》中的信息，在乌塞比亚的版本中（《亚里士多德传》18, Düring 1957），雅典人通过公民大会颁布的法令授予亚里士多德"外邦客人"（*proxenia*）的荣誉，嘉奖他给城邦做出的贡献，并为此在一根柱子上刻上了铭文。"在这根柱子上的铭文中，他们提到斯塔吉拉的亚里士多德，尼各马可的儿子，很好地服务了城邦：他做了许多好事，为雅典人民提供了大量帮助与善行，特别是为了他们的利益并确保他们得到良好的对待，而与腓力国王调停。因此雅典人想要清楚地表明，他们非常感激由此带来的好处。他们授予他荣誉和赞美，并且要满怀忠诚和荣耀地纪念他。"接着乌塞比亚提到了某位希梅莱欧斯（Himeraios）反对这样表达尊敬，他拆除了刻有铭文的柱子（参见本书第四章第 1.2 节）。[110] 安提帕特为此杀

---

[110] 我们将在下文更清楚地看到，Drerup 1898 通过比较以铭文形式保存下来的类似法令，表明这一阿拉伯语文本一定来自一个非常古老的希腊文资料，只有这样它才能准确地再现真正的雅典法令独特的语言形式；后来的学者都同意这一点。另参见 Chroust 1973a。

了希梅莱欧斯，[111] 后来某位斯特法诺斯（Stephanos）修复了这一铭文，还增加了希梅莱欧斯的罪行。很难说这些全都是乌塞比亚的虚构，包括这些希腊人名。的确有一个叫希梅莱欧斯的历史人物，[112] 但是我们不知道这个斯特法诺斯是谁。在19世纪，鲍姆斯塔克（Baumstark）、斯坦因施耐德（Steinschneider）和德雷洛普（Drerup）为该法令的真实性进行了辩护，而今天人们的观点存在分歧。倾向于支持这一法令真实性的学者主要是吉贡（Gigon 1958, pp. 138-141, 164；Gigon 1962对第59节的评注）和克劳斯特（Chroust 1967a；Chroust 1973, pp.139-141；Chroust 1973a）。克劳斯特设想，公元前338年腓力打败卡罗尼亚（Chaeronea）之后，亚里士多德在腓力面前捍卫雅典人的利益；而杜林（Düring 1957, pp.239-241）反对这一设想。

我们对亚里士多德在雅典从事的除了教学与哲学讨论之外的活动没有任何详细信息。我们有一些关于历史研究的信息，是一项由 *Amphictyons*（安菲克提翁，即德尔斐负责管理致敬阿波罗的

---

[111] 事实上，乌塞比亚的文本使用了安提努斯（Antinoous）这个名字，但学者们认为那是安提帕特的误写。

[112] 这位希梅莱欧斯似乎就是法勒鲁姆的德米特里乌斯的兄弟希梅莱乌斯（Himeraius）；参见上文注释17。他是反对马其顿的民主派，当安提帕特在克兰农战役（Battle of Crannon, 322 BC）中打败了雅典人领导的联盟之后，杀死了他和海帕里德斯（Hyperides），还有马拉松的阿里斯托尼库斯（Aristonicus of Marathon）。据普鲁塔克说（《德摩斯提尼传》28），某位阿基亚斯（Archias），所谓的"流亡者猎手"，可能是一位演员或是拉克里图斯（Lacritus）或者阿那克西美尼的修辞学学生，在埃吉纳岛（Aegina）的埃阿科斯（Aeacus）神庙抓住了躲在那里的这三个人。他把他们带到克里昂交给了安提帕特，他们在那里被处死。参见琉善（Lucian）：《德摩斯提尼赞》（*In Praise of Demosthenes*）58.38；阿里安：《亚历山大其后事件录》（*Events after Alexander*）fr. 9 第13节，弗提乌斯（Photius）引用了这个材料（Codex 92）；《苏达辞书》（"安提帕特罗斯"词条 = fr. 176 of Arrian）。因此在历史上，安提帕特的确杀了希梅莱欧斯，尽管这并不是因为他毁坏了赞美亚里士多德的铭文，这个故事的资料来源看起来对公元前4世纪末的雅典政治了如指掌。

竞赛的官员）"委托"给亚里士多德及其同伴的工作。尽管记载存在缺损，但德尔斐的一处铭文证明了这一信息的可靠性。"神庙的守护者下令：因为尼各马可的儿子，斯塔吉拉的亚里士多德和达摩提慕斯的儿子，奥林托斯的卡利斯提尼在安菲克提翁的要求下 [起草了] 一份关于 [自……时期开] 始在 [皮提亚竞赛] 中获 [胜] 的人 [113] 和那些自一 [开始] 组织这些竞赛者的名单，亚里士多德 [和卡利斯] 提尼应当得到赞 [扬] 和 [加] 冕；这 [些] 钱是为了 [确] 定一份镌刻在 [神] 庙的名单……"（Dittenberger 1915, no. 275 = *testimonium* 43）。这份名单的一些残篇幸存下来（frs. 615-617 Rose 1886 = frs. 410-414 Gigon 1987）。它一定是被刻在石头上保存于神庙中，因为在德尔斐的财务账目上，还留有为此给石匠迪诺马库斯（Dinomachus）支付报酬的记录。根据支付的数目，一些人认为这个铭文包含 21000 个字母。[114] 这表明，亚里士多德在雅典生活期间，他跟城邦之外的人和组织也有联系。这一研究是在他和卡利斯提尼的合作下开展的，因此必然完成于后者跟随亚历山大离开之前（公元前 334 或前 331 年）。但是根据最近的研究（Lewis 1958），石碑是在公元前 327 年制造的，德尔斐账簿上的记录也正是在这一年。

---

[113] 这段铭文十分残破，人们只重构出了部分文本。在这里，学者提出了各种补充：Witoski and Düring 1957 认为这里是 [*t*]*ôn am*[*photera nen*]*ikêkotôn ta Puthia*（皮提亚赛会的获胜者）；Pomtow and Gigon 1987, p. 547 则认为这里是 *tôn ap*[*o Gulida* (?) *nen*]*ikêkotôn ta Puthia*（那些从古里斯 [Gulis] 开始的皮提亚赛会获胜者）。

[114] Dittenberger 1915, no. 252；Pfeiffer 1973, p. 149。在《赫斯奇传记》（*Vita Hesychii*）中的亚里士多德作品目录里，据说亚里士多德在这部作品中 **击败了梅那克慕斯（Menaechmus）**（no. 123, p. 86, Düring 1957），因此一些人认为曾经有一场关于谁能赢得这一研究项目的公共竞争，亚里士多德夺得了第一；参见 Moraux 1951, p. 126 和 Weil 1960, pp. 133 ff.。其他人对这一假设持怀疑态度；参见 Gigon 1987。

许多人说，亚里士多德在雅典居住时期，跟马其顿的摄政王安提帕特交上了朋友。亚里士多德在遗嘱中两次提到安提帕特是遗嘱的主要执行人，这一事实似乎证实了这一点（第欧根尼·拉尔修，5.11, 5.13），除非这仅仅意味着亚里士多德希望通过这种法律上的伪装，将他最后的心愿置于马其顿势力的保护之下。[115]

9. 审判与逃亡

公元前 323 年，亚历山大去世，雅典的反马其顿党派再次强大起来。同年亚里士多德搬去了欧伯亚（Euboea）的卡尔基斯，次年在那里逝世（公元前 322 年 10 月，Düring 1966）。[116]现代历史学家认为这两个事件之间存在某种联系。"**在第 114 届奥林匹克运动会的第三年[公元前 322 年]，他动身前往卡尔基斯，在大约 63 岁的时候因病去世，时值菲洛克利斯（Philocles）担任执政官，同年德摩斯提尼于卡劳里亚（Calauria）去世**"（第欧根尼·拉尔修，5.10）。"**在第 13 年，亚历山大死后，即克菲索多罗斯担任执政官那年[公元前 323/322 年]，他前往卡尔基斯，在那里因病去世，享年 63 岁。这就是那些记录此人生平的人告诉我们的事情**"（哈利卡纳索斯的狄奥尼修斯：《致阿玛乌斯的第一封信》5.3-6.1）。

---

[115] 参见 Wilamowitz 1898。后来的学者拥有许多可以联系到亚里士多德和安提帕特之间友谊的轶事。我们有这位哲学家寄给这位将军的信件残篇（frs. 663-666 Rose 1886 = frs. 8-12 Plezia 1961 = Plezia 1977, pp. 18-21）。而且我们已经看到，普鲁塔克提到根据某位阿格诺忒弥斯（Agnotemis）的说法，亚里士多德与安提帕特合谋毒害了亚历山大（《亚历山大传》77.2）。

[116] 古代作家对亚里士多德晚年生活的描述收录于 Düring 1957, pp. 241-348 = *testimonia* 46a-48d。也可参见 Gigon 1958, pp. 177-181；Gigon 1962, pp. 34, 75-76；Chroust 1973, pp. 145-154, 176-179。

几乎所有的古代作家都称亚里士多德离开雅典是为了避免因不敬神而被判死刑。[117]事实上，由这些指控而来的审判已经开始了，这时距离苏格拉底的死已经过去了超过75年。换句话说，在过去很长一段平静期之中，人们对哲学家的不信任似乎逐渐减少，而指控哲学家不敬神的行为也已经过时（参见 Derenne 1930; Marasco 1976; Dover 1976; Humphreys 1978, p. 213）。但是，不同于普罗塔哥拉、苏格拉底、无神论者特奥多罗斯（Theodorus），[118]以及类似的例子，对亚里士多德的这次审判似乎并非由于哲学家主张的观念，至少没有用这个作为借口，而是由于他的公开行为，并不直接与他的观念相联系。[119]这一定与时代的转变和亚里士多德哲学研究的本质有关。一方面，亚里士多德的研究极其抽象复杂，普通公民根本不会为之感到不安；另一方面，因为理论和体系的原因，亚里士多德的研究总是非常小心地避免走到像那些智者一样过于悖论和荒谬的地步。

不论是古代人还是现代人都认为，不敬神的指控是出于政治动机攻击亚里士多德的借口，但是他们对具体的动机看法不同（参

---

[117] 一些人完全没有提到这一事件，或者他们对此的看法没有传到我们手中，比如德摩卡里斯反对所有哲学家的演讲（参见下文第91—92页）就没有提到它。亚里士多德的同代人吕科说，亚里士多德离开雅典前往卡尔基斯，带着行李和奴隶，没有任何遮掩；参见第欧根尼·拉尔修，5.16 以及阿里斯托克利斯：《论哲学》（fr. 2），引自尤西比乌斯：《福音的准备》15.2.8-9（= testimonia 58i，参见 64c）。另一方面，某位欧梅洛斯（Eumelus）声称，亚里士多德和苏格拉底一样都喝了毒芹，第欧根尼·拉尔修在他献给亚里士多德的诗里采纳了这一杜撰（5.6 和 5.8）；参见 Düring 1957, p. 345 和 Chroust 1973, pp. 176-177。赫西奇乌斯和《苏达辞书》（"亚里士多德"词条）也采纳了欧梅洛斯的故事；参见 Düring 1957, pp. 82, 345。另一方面，亚里士多德绝不会接受苏格拉底那样的死法，我们马上会看到这一点。

[118] 关于后者，参见第欧根尼·拉尔修，2.101 = Demetrius fr. 48 SOD = fr. 43 Wehrli。

[119] 亚里士多德因为他的哲学而被审判是一个非常晚的看法；参见奥利金（Origen）：《驳凯尔苏斯》（Against Celsus）1.380 = Aristotle testimonium 45c；乌塞比亚，10, tr. Düring。

见 Gigon 1958, p. 178）。古代人认为是亚里士多德和赫米亚斯的关系，而现代人则认为是亚里士多德与亚历山大的关系。古代人，包括赫米普斯（引用见下文）[120]、第欧根尼·拉尔修（5.5）、穆巴希尔（Mubashir 20, tr. Düring）以及乌塞比亚（7, tr. Düring），基本上都认为针对亚里士多德的指控是因为他把赫米亚斯当作神一样对待，写作铭文和《赫米亚斯颂》来颂扬他。

根据赫米普斯，阿忒纳乌斯的《博学的宾客》（The Learned Banqueters）中的一个人物否认这是一首颂诗："但是可以肯定的是，非常博学的亚里士多德写给阿塔尼乌斯人赫米亚斯的歌并非颂诗，就像德摩菲鲁斯（Demophilus）记录的欧利米顿（Eurymedon）指控这位哲学家不敬神的起诉书〔这里的文本有破损〕，他不虔敬且令人羞耻地每天都在宴会厅〔sussitia〕中为赫米亚斯唱颂歌。这首歌完全没有颂诗的特征，它的形式是一种特殊的赞歌（skolion），我将从这个文本本身出发让你们清楚地看到这一点。"（15.696a-b）随后是歌词，接着这个人物得出了结论（696e）："我看不出有谁能从这些〔诗句〕中分辨出颂诗的特征，因为作者清楚地承认赫米亚斯已经死了，他说，'为了你可爱的形式，阿塔尼乌斯的子孙放弃了太阳的光辉'。它甚至没有颂诗的合唱歌。"接着是各种不同颂诗的例子，每首都有合唱歌，再后面他引用了《对不敬神指控的辩护》（Defense against the Charge of Impiety），一部假称是亚里士多德创作的作品（696a-697b）。伯扬塞（Boyancé）认为这里说的指控是真实的（Boyancé 1937, pp. 299-310），亚里士多德要求每天都在学园

---

[120] 阿忒纳乌斯把赫米普斯的《亚里士多德传》第一卷（fr. 30 Bollansée = fr. 48 Wehrl）作为他的资料来源（15.696f）。

的用餐时间歌唱一首崇拜赫米亚斯的颂诗。然而吉贡认为这不大可能（Gigon 1958, p.178；Gigon 1962, p. 75），因为如果真是这样，那就意味着亚里士多德在雅典人发现这一荒谬的做法之前整整 15 年的时间里，每天都在纪念赫米亚斯，这期间的大部分时间他都在雅典。

相反，现代人假设对亚里士多德的敌意之所以爆发，是因为他是马其顿政权的支持者。第欧根尼·拉尔修（5.5）主张指控亚里士多德的人是德摩菲鲁斯和祭司（*hierophant*）欧利米顿，[121] 赫米普斯的《亚里士多德传》也是这样记载的（引用见上文）。有些人大胆地认为，因为祭司是厄琉西斯秘仪的最高神职人员，亚里士多德一定攻击过这些秘仪。[122]

我们没有必要想象亚里士多德在夜间仓皇逃离雅典，他离开时似乎带上了他所有的奴隶和家产，但是这当然不排除他受到审判威胁的可能。他前往卡尔基斯，在那里生活了一年，也许还开了一所学园。第欧根尼·拉尔修（10.1）引用了一位名叫赫拉克利德斯·莱姆伯斯（Heraclides Lembus）的晚期漫步学派学者的话，他告诉我们伊壁鸠鲁"**18 岁时来到雅典，当时色诺克拉底在阿卡德米学园教学而亚里士多德在卡尔基斯教学（*diatribousi*）**"（fr. 9 *FHG*；Düring 1957 的证言中没有收录这一段落）。斯特拉波也提到

---

[121] 据克希纳（Kirchner）所说（《阿提卡人物传》[*Prosopographia Attica*]no. 5872），他是欧墨庇德斯（Eumolpides）家族的成员。

[122] 德瑞尼（Derenne）拒绝接受格罗特（Grote）和格兰特（Grant）提出的假设，即这位德摩菲鲁斯就是伊索克拉底的同名门徒。戴维斯认为这位德摩菲鲁斯也是公元前 348 年指控福基翁的人之一，他是城邦议事会的成员，本人也是厄琉西斯的祭司（Davies 1971, p. 498）；他的两项法令被保存了下来。德摩菲鲁斯一直是仇视马其顿的政治家，后来被福基翁的儿子杀死；参见普鲁塔克：《福基翁传》38.2.759b。

了亚里士多德位于卡尔基斯的住所或者学园（*diatribê*）。根据奥鲁斯·格利乌斯（《阿提卡之夜》[*Attic Nights*]13.5）的记载，亚里士多德去世前指定特奥弗拉斯托斯为他的继任者，担任学园的领袖，而非罗德岛的欧德谟（Eudemus of Rhodes）。并不是所有学者都接受这些记载。[123]

从据说是亚里士多德的信件中能找到有关这些事件的一些痕迹。阿伊里安在他的《杂学》（14.1）中提到，据说亚里士多德被剥夺了德尔斐的安菲克提翁给予他的荣誉（参见上文），[124]而亚里士多德本人可能向安提帕特致信如下："关于那些曾经在德尔斐颁给我，如今却被剥夺的东西，我目前的态度是既不是太关注它们，也不是完全不关心它们。"（*testimonium* 67c）一些人将这一报告和不敬神的指控联系起来（Düring 1957, p. 401；Plezia 1961, p. 112；Dittenberger 1915, 对 no. 275 的评注，引用了类似的例子）；公元前324/323 年在德尔斐还出现过暴力反抗马其顿的迹象（Goulet 1989-2012, 1:423）。新柏拉图主义的传记、第欧根尼·拉尔修和其他作家都提到过，据说亚里士多德曾向安提帕特抱怨过他在雅典受到的待遇，他说："在雅典生活很艰难；梨子一颗颗地熟，无花果一个个地结。"这个说法令人费解，似乎是在抗议雅典的公共告密者，即所谓的 sycophants，这个词看起来是从 *sukon*（无花果）隐晦地演变而来。许多资料（新柏拉图主义传记和其他古代作家）还提

---

[123] 杜林不相信卡尔基斯有一所学园，因此拒绝接受古代作家的这些描述（Düring 1957, pp.345-346）；而威尔利相信这一后续故事的历史有效性（Wehrli 1955, 8:78）。

[124] 投票表决通过后又被撤回的法令还有一些其他的例子，例如西库昂的欧弗里翁（Euphorion of Sicyon）颁布的法令（C.I.A. IV.2.231b）。

到,[125]亚里士多德在即将离开雅典时给安提帕特写下了一个非常有趣的玩笑:"我不会让雅典人第二次对哲学犯罪。"他将自己的案子与苏格拉底的联系起来,但做出了与苏格拉底相反的决定。这一事件很好地反映了苏格拉底和亚里士多德性格上的差别,这是意大利谚语 se non è vero, è ben trovato(就算不是真的,也编得非常好)的完美范例。

公元前 322 年,亚里士多德在卡尔基斯去世。古代作家一般认为他死于胃病,但也不乏其他虚构的版本。[126]

10. 来自传统风俗的一个新模式

说到底我们对亚里士多德的生平了解不多,至少比时间上更接近我们的哲学家少得多。但是与其他古代哲学家和诗人,比如荷马、阿那克萨戈拉、德谟克利特、特奥弗拉斯托斯和斯特拉波相比,我们又拥有关于亚里士多德的很多信息,让我们能够对他这个人物做出相对全面和概要性的重构。在我看来,正是在亚里士多德这里,一种不同于以往知识分子的新型知识分子完美地发展起来,并且成为未来许多世纪的重要模式。在这个知识分子的

---

[125] 《玛西亚那传记》42;《拉丁传记》44;乌塞比亚,7, tr. Düring;第欧根尼·拉尔修, 5.9; 阿伊里安:《杂学》3.36 = *testimonium* 44a;埃利亚斯(Elias):《亚里士多德〈范畴篇〉评注》(*Commentary on Aristotle's "Categories"*, ed. Busse) 123.15 ff. = *testimonium* 44c;尤斯塔修斯(Eustathius):《〈奥德赛〉评注》(*Commentary on the Odyssey*) VII.120 = *testimonium* 44d。反对其真实性的看法,参见 Düring 1957, p. 114 和 Plezia 1961, pp. 113-116,后者把这则证据收录为残篇 11。

[126] 《拉丁传记》43;《弗尔伽它传记》19;《玛西亚那传记》41;埃利亚斯:《亚里士多德〈范畴篇〉评注》123.15ff. = *testimonium* 44c;塞涅卡(Seneca):《论闲暇》(*On Leisure*) 8.1 = *testimonium* 44e;奥利金:《驳凯尔苏斯》1.380 = *testimonium* 45c。接受这一故事的人不仅有 Düring 1957, p. 342;还有 Plezia 1961, pp. 113-116(残篇 11)。

形象中，极其新颖的方面与完全传统的方面混合在一起。在这一节里，我想试着描述这些新的要素，因此让我先概述一下亚里士多德**不是**什么样的。[127]

亚里士多德并不是一个像恩培多克勒那样有魅力的人，后者穿着紫袍，头戴金冠（第欧根尼·拉尔修，8.73），也不像犬儒派的梅尼德摩斯和梅尼普斯（Menippus），他们打扮成巫师的样子四处游走，披着黑色的斗篷，帽子上带有黄道十二宫的标志，手里拿着魔杖，他们介于祭司、先知和杂耍骗子之间。[128] 他也不是像智者或者伊索克拉底那样收学费的修辞学教师，[129] 也正是出于这个原因，他缺乏智者的某些特征，例如需要宣传和推销自己，这是那些为了谋生，需要通过炫耀名气和才华来招揽学生的人的典型特征。[130] 我会在下面详细解释，亚里士多德的兴趣似乎集中在

---

[127] 第欧根尼·拉尔修，5.10（= Apollodorus *FGrHist* 244F38），5.16；肯索里努斯（Censorinus）：《降生日》（*De die natali*）14 = *testimonium* 50c；阿伊里安：《杂学》9.23 = *testimonium* 67b；奥鲁斯·格利乌斯，13.5 = *testimonium* 47；瓦勒里乌斯·马克西姆斯（Valerius Maximus），5.6, ext. 5 = *testimonium* 27b。我们提到，欧梅洛斯声称亚里士多德喝了毒芹；《叙利亚传记》（*Vita Syriaca*）II.7 和穆巴希尔的阿拉伯文传记（22-23）称亚里士多德在研究尤里普斯湾（Gulf Euripus）的潮汐现象时去世；关于这一问题，参见 Gigon 1962, pp. 76-77。

[128] 参见第欧根尼·拉尔修，6.102 和《苏达辞书》*phaios* 词条；关于这一点参见 Giannantoni 1990, 4:581-582。

[129] 事实上，伊索克拉底在《泛雅典娜节演讲》（*Panathenaicus*）中告诉我们，即使没有学生的钱他也能过得很舒适。

[130] 柏拉图带着某种贵族式的轻蔑回忆了希庇阿斯天真地夸耀自己在希腊城邦中取得的公共成就（《大希庇阿斯》[*Hippias Major*]282d-e）。即使是伊索克拉底，也在《财产交换》93-94 和 224 中谈到一大批门徒来找他，最远的来自西西里和黑海，许多（被城邦授予官方荣誉的）公民都是他的学生，例如欧诺摩斯（Eunomus）、吕西塞德斯（Lysitheides）、卡里浦斯（Callippus）、奥内托（Onetor）、安提克利斯（Anticles）、菲洛尼德斯（Philonides）、菲洛美罗斯（Philomelus）、卡曼提德斯（Charmantides），他们戴着金冠，还有演说家、历史学家、悲剧诗人和政治家，比如著名的科农（Conon）之子提谟特乌斯（Timotheus）。在亚里士多德这里，我们完全找不到这种东西，尽管他和亚历山大以及马其顿的国王有关系，他也从来不在作品中提及。

研究上，而非教学和对学生的政治训练。

是否收取学费是定义亚里士多德是哪种知识分子的重要问题。所有的古代资料都坚持这一点，尽管并非所有的现代批评家都充分考虑了这一问题。众所周知，收取报酬的不当行为是苏格拉底和一些苏格拉底主义者反对职业智者的主要理由。苏格拉底本人从未收取学费，尽管他并不拒绝来自富裕朋友偶尔提供的帮助。苏格拉底的学生们也或多或少尊重老师的立场。斯菲图斯的埃斯基涅斯（Aeschines of Sphettus）在某些方面是个例外，他离开叙拉古回到雅典之后靠为法庭撰写演讲稿谋生，尽管他并不敢当一个智者（第欧根尼·拉尔修，2.62）。昔兰尼（Cyrene）的阿里斯提普是个真正的例外，他确实收取学费，过着典型的智者式的巡回教师的生活，在希腊和西西里长途旅行。当色诺芬说"**他们[苏格拉底的同伴]中的一些人，从他那里免费得到了一些东西之后，再高价卖给别人**"，或许暗指的就是阿里斯提普（《回忆苏格拉底》[Memoirs of Socrates]1.2.60）。[131]

像苏格拉底一样，柏拉图和他的学生，包括亚里士多德在内，拒绝为他们的课程，或者说传授哲学知识收取报酬，但是这一决定在苏格拉底这里的意义与在柏拉图和亚里士多德那里的意义不同。当苏格拉底决定拒绝受薪教师的角色时，他付出的代价

---

[131] 色诺芬没有在《回忆苏格拉底》1.2.60 提到阿里斯提普收多少钱；据普鲁塔克所说（《论儿童的教育》[On the Education of Children]4f），他收费 1000 德拉克马（drachma）；根据第欧根尼·拉尔修的说法（2.72），是 500 德拉克马；根据阿莱克西斯在他的喜剧《加拉提亚》（Galateia）中所说（引自阿忒纳乌斯，12.544e），他的学费是 1 塔兰特（这些报告被收集在 Aristippus frs. 4. A.3, 5, 7, 9 Giannantoni；另参见 Giannantoni 1990, 4:143-145）。冯·阿尼姆说（von Arnim 1898, pp. 25 ff.），普罗塔戈拉的课程要价 100 个米纳，伊索克拉底一门三到四年的课程售价 1000 德拉克马。伊索克拉底本人在《驳智者》（Against the Sophists）中说，有一些人只要 3-4 个米纳就可以讲授一般的智慧。他指的或许是安提斯梯尼。

是相当悲惨的生活状况,犬儒学派也是这样。冯·阿尼姆(von Arnim 1898, pp. 37 ff.)认为,第欧根尼、梅尼德摩斯、克拉特斯和梅特罗克利斯(Metrocles)成了传播贫穷福音的能手,他们教授哲学不是作为一种职业,而是为了遵守"神的意志",他们体现了最纯粹的苏格拉底式的人格类型。以公元前4世纪通常的道德标准来看,苏格拉底和犬儒派做出的决定带有悖论色彩,违背了普通雅典人的所有价值标准。雅典人总是理所当然地认为,一个穷人,一个不善于管理自己家产的人,一个不关心如何保存或者增加自己财富的人,是无足轻重的。[132]

面对如此普遍的看法,苏格拉底和许多以他为榜样的人的态度既是教诲式的,又是论战式的。他们作为思想家和教师要做的事情,主要建立在直接的讨论、与学生的个人接触、说服和共情之上,他们试图在学生身上带来某种转变,让他们远离普通公民的生活方式。苏格拉底的哲学活动产生了一种特殊的人际关系。相比之下,在亚里士多德对理智生活的看法中,完全没有传教式的热情,没有把人生选择当作一个既关乎狭义的理智工作,也涉及整个人格的"见证"。[133]

事实上,对于柏拉图和亚里士多德这样的人来说,拒绝哲学教育的报酬,从而拒绝把哲学作为谋生手段,具有特殊的意义,可以与苏格拉底进行对照。虽然在某些方面亚里士多德过着与苏格拉底相似的生活,但是他坚决与苏格拉底"献身哲学"的模式划清界限。事实上,柏拉图和亚里士多德都是富人,他们出身名

---

[132] 埃斯基涅斯,1.30 和 1.42;更多的文献参见 Natali 1988a, pp. 24-29, 211-212。

[133] 上文(第63页)提到了这一谚语,据说亚里士多德在因为不虔敬而受到审判时离开了雅典,并说道:"我不会让雅典人第二次对哲学犯罪。"

门，靠自己的财富生活。[134] 他们并不把"哲学"当作谋生手段，也不选择过贫穷的生活，从而去转变他们的邻人。他们选择哲学的生活，是因为他们认为希腊所有足够富有、不需要工作的成年男性公民都要面对一个问题——如何使用他们的闲暇（*scholê*），而哲学生活就是他们给出的一个可能的回答，事实上也是最好的回答。

希腊人的闲暇（*scholê*）不是现代意义上的"空闲时间"，即一个人努力工作后的休息时间，今天的人们可能会打保龄球、散步，或者和朋友小聚，之后再回归自己的社会职业。希腊人的闲暇是人们从必要的义务中脱离出来的时间，在这段时间内我们可以表现个性，表达我们希望赋予生活的意义，它不是去掉了真正重要的事情之后剩下的时间，而是我们生活中最重要的部分，在这个部分我们提出了这样的问题：我们是什么样的人？对于柏拉图和亚里士多德来说，投身哲学也是一种生活（*bios*）选择和生活方式，它能够最好地发挥人的能力。总之，这是一种使人实现幸福的选择。因此，我们可以说柏拉图和亚里士多德与最初的苏格拉底模式渐行渐远。当然，苏格拉底对他们的影响在许多方面依

---

[134] 第欧根尼·拉尔修，3.41-43 列出了柏拉图在遗嘱中提到的土地所有权。亚里士多德的遗嘱中并没有精确地记载他的地产（第欧根尼·拉尔修，5.12-16），但遗产的主人显然非常富有：他给赫庇丽斯留下了 1 塔兰特的白银和三个女奴，加上她已经拥有的一个男奴和一个女奴；当亚里士多德的女儿结婚时，女奴安布拉西丝（Ambracis）不仅可以获得自由，还能得到 500 德拉克马和"她现在拥有"的一个女奴；他给某位塔勒（Thale）留下了 1000 德拉克马和一个女佣，还有"一个她已经拥有的、之前买来的"女佣；他给某位西蒙（Simon）留下一个仆人，或者给他买仆人的钱，加上已经给他的买"另一个仆人"的钱。一旦亚里士多德的女儿结婚，还要释放四个奴隶，这里的提法是概括性的"其他奴隶"，除了十二个已经提到的（这里把塔勒和西蒙也算作奴隶）。遗嘱还提到了位于卡尔基斯的一所带花园的房子，以及位于斯塔吉拉的亚里士多德父亲的房子。后来漫步学派的财富众所周知。

然深远，尤其是在对话和辩证法中，因为柏拉图的对话在某种程度上是制度化的苏格拉底式的讨论，而亚里士多德的著作则保持着一种辩证法的结构，其基础是对专家意见的考察。但正是在这种辩证法的"制度化"过程中，我们看到了哲学家知识分子形象中的发展。

在这些新的前提下，甚至进行对话的方式都改变了。亚里士多德的立场比苏格拉底更"冷漠"、更理性，那些希望通过哲学反思来满足情感需求的人普遍不喜欢亚里士多德的方式。亚里士多德的生活和反思模式将理智、研究以及理性讨论放在第一位，通过比较各种论题和理论立场达到确信。它将纯粹理性的论证，而非情感诉求或道德命令放在首位，[135] 而人的交流则被置于次要的位置。一般来说，哲学研究是在一个有限的同事群体中进行的，理论辩论甚至可以在书里展开，而不必与真人面对面交流（参见本书第三章第 1 节）。

柏拉图的立场与亚里士多德相当接近，除了柏拉图对书写的评价之外，因为对他们两个而言，辩证法和讨论比见证伦理价值更加重要。但是跟老师柏拉图相比，亚里士多德少了许多文化上的人格特征。亚里士多德是一个小城邦的公民，他的一生都作为一个局外人生活在许多不同的地方，不允许他培养起对一个特定城邦的政治生活的真正兴趣，或者让他计划直接干预政治，而阿卡德米学园中的情况则相当不同（最近的概述参见 Isnardi Parente

---

[135] 想想亚里士多德对欧多克苏斯的欣赏，"他的论证（ *logoi* ）之所以令人信服，不是因为论证本身，而是因为他有德性的品格，人们认为他极其节制"（《尼各马可伦理学》X.2.1172b15–16）。看起来欧多克苏斯提供的关于快乐的论证几乎毫无价值，但是他人格的道德力量说服了其他人。对于亚里士多德来说，这当然是不够的。

1988，以及本书第二章第 2 节）。亚里士多德的政治兴趣似乎只能采取间接的形式，比如对城邦的科学反思。然而，这种情况也使他免于就雅典的政治生活进行激烈的论战，而这种论战一直贯穿于柏拉图的作品中。不过亚里士多德在对话《论正义》（*On Justice*，fr. 1 Ross）中提到了一个"**哀悼雅典人的城邦**"的对话者（伪德米特里乌斯：《论演讲》28），但是根据劳伦蒂的看法（Laurenti 1987, pp. 182-186），从少数幸存的残篇来看，这个讨论的主题，似乎是在寻找最适合表达同情的修辞形式，而非评价雅典的政治生活。[136]

回到哲学家做出的人生选择，把一生奉献给哲学的决定在古代文本中经常作为一种个人深思熟虑后的结果，有时近乎信仰的转变（参见 Nock 1933, pp. 129 ff.; Gigon 1946），当然在很多时候实际情况也确实如此。但是传记事实增加了复杂和带有古风的细微差别，使我们能够更好地理解这种处境。在某些情况下，将一生献给哲学的决定似乎是整个家族面对的问题，这些决定构成了一个贵族家庭或者一组家庭的显著特征。[137] 我们必须提醒自己，在这一点上古代贵族的思想和我们现代人大不相同。爱好和利用闲暇的方式，在某种程度上确实是个人选择的问题，但是当个人深陷一个强大且明显具有约束性的家庭背景之中，习俗和家庭传统

---

[136] 罗塞把这一残篇和对话《论快乐》的残篇 1（Ross 编辑）联系起来，阿忒纳乌斯（1.6d）在那里引用了亚里士多德对浪费时间者的贬低，他们把时间花在港口上，和来自远方的水手、杂耍演员这类人待在一起，"**只读过菲洛克塞努斯**（Philoxenus）**的《会饮》**（*Banquet*），**甚至连这本书也没读全**"。但没有任何迹象表明，这个针对某些普通人空虚生活的评论，与亚里士多德对雅典人的判断有什么关系，正如劳伦蒂所说，"避免做毫无价值的猜测是明智的"（Laurenti 1987, p. 855）。

[137] 亚里士多德的对话《论高贵的出身》（*On Noble Birth*）（fr. 3 Laurenti 1987 = fr. 4 Ross = fr. 94 Rose 1886）非常清楚地说明了这一点。

的影响极其重要。有时人们会有这样一种印象，在古代贵族的家庭中，所有男性都子承父业，投身于同样的活动之中。因此在品达那里我们看到埃吉纳岛的阿基梅顿（Alcimedon of Aegina）家族都子承父业从事摔跤活动（《奥林匹克凯歌》[*Olympian*]VIII）；而科林斯的色诺芬（Xenophon）家族传统是获得各种体育竞赛的胜利（《奥林匹克凯歌》XIII）。在阿里斯托芬的《云》中（60-77），雅典的斯特雷普西亚德斯（Strepsiades）的妻子，就来自一个有着爱马传统的家族。

在这种贵族式的语境下，投身文学和哲学，或者投身"智者"的教导和自己的理论反思，都能够成为一个贵族家庭的显著特征。柏拉图通过选取对话的参与者，清楚地显示了他想把自己的家族赞美成最有学识的家族之一，最接近苏格拉底的家族之一，[138] 最能够吸收苏格拉底教导的家族之一。就像他在《卡尔米德》中说的那样（154d-155a）。苏格拉底叙述了他和克里提亚斯的讨论，后者是柏拉图的舅舅，也是柏拉图另一个舅舅卡尔米德的堂兄。

"以赫拉克勒斯的名义！"我说，"你说这个人 [卡尔米德] 是多么让人无法抗拒啊，只要他身上再多一点点东西。"

——"什么？"克里提亚斯问。

——"如果他的灵魂，"我回答道，"有好的本质（*eu pephykos*）。它如果遵守理性，克里提亚斯，他应该是这样一种人，因为他属于你的家族（*oikias*）。

---

[138] 色诺芬在一点上保持了沉默，在柏拉图的整个家族中，他只提到了柏拉图的哥哥格劳孔，把他描述成一个野心勃勃却平庸无能的人（《回忆苏格拉底》3.6）。

——"是啊,"他说,"他在这些方面也很高贵(kalos kai agathos[字面意思"既美又好"])。"

——"既然这样,"我说,"我们何不在考察可见部分之前揭下他那部分的装饰检查一下呢?我想,他已经完全到了愿意谈话的年龄了。"

——"确实如此,"克里提亚斯说,"因为他实际上是一个哲学家(philosophos[即爱智者]),而且在别人和他自己看来,也像一个诗人。"

——"那个优良的品质,我亲爱的克里提亚斯,"我说,"在你的家族中可以追溯到很久以前,从你们和梭伦的亲缘关系(syngeneias)开始。"

当然,这些纽带并不是约束性的,但是我们已经看到,亚里士多德进入阿卡德米学园或许就是因为普罗克塞努斯与柏拉图之间的友谊。而且,在亚里士多德的后代中,哲学也成了一种家族事业,在这位老师和他最亲密的学生之间建立起了友情和亲情的纽带。我们也可以在其他情境中看到类似的关系,第欧根尼·拉尔修讲到了整个家庭,一位父亲和两个儿子,都受到犬儒学派的第欧根尼的影响,从而投身哲学(6.75-76),另一个犬儒派家庭是克拉特斯的家族,他的妻子希帕奇娅(Hipparchia)、兄弟梅特罗克利斯(6.96-98 和 5.94;另参见 frs. 5.H.19-26 [克拉特斯],5.I[希帕奇娅],5.L[梅特罗克利斯],Giannantoni 1990)。另一方面,我们在下文考察特奥弗拉斯托斯的遗嘱时将会详细看到,在亚里士多德学派的哲学团体中最自然的成员关系是家庭成员以及老师的亲属。[139] 柏拉图的学园也是如此,斯彪西波就继承了学园领袖的位置。当然这只是一个整体趋势,哲学家的亲戚并非全都跟随他研

---

[139] 另参见 Laurenti 1987, p. 768。

究哲学，跟随哲学家研究哲学的人也不都是他的亲属和密友，只是因为与其他人相比，对于哲学家圈内的某些成员来说选择这种生活方式来得更简单，也更自然，比如和一个来自以养猎犬为传统的家族的成员相比。

因此，柏拉图和亚里士多德研究哲学是为了他们自己的乐趣，故而遵循的是他们本人的独特传统，而不是出于专业性的或者竞争性的考虑。衡量他们成功的标准也和我们的大不相同。亚里士多德在他的两部伦理学著作中多次提到这一点，比如当他强调理论生活与幸福之间的联系时，以及当他称颂阿那克萨戈拉选择的生活方式时。建立一所学园，将一群学生和同伴聚集在自己身边，把自己的生命和所有理智能量都奉献给推动理论上的进步，在柏拉图和亚里士多德这里，所有这些都应当被看作是为自己富裕的贵族生活赋予意义的方式，而非社会角色的选择、一种职业，或者韦伯意义上的"天职"。

然而人们常说，亚里士多德的生活类似于如今大学教师的生活，偶尔我们会看到这位古代最伟大的哲学家的个人故事被描述成一位年长同事的职业生涯。我们读到，亚里士多德在阿卡德米学园中开设了修辞学"课程"（作为一名带薪助手而非"教授"），《格吕卢斯》是他的博士论文。我们做这样的比较是有风险的，尽管并非完全错误。我们不能忽视一些重要的差异。亚里士多德的授课内容缺少教授或大学教师的某些鲜明特征：他没有在一种制度化的环境中工作，他不是国家甚至不是任何公立或私立研究机构的雇员，他的行动也不是为了提升自己或者拥有某个"职业"。许多语文学家和现代批评家所做的某些重构会有这样的暗示，他们无意中把自己的经验和概念框架投射到这位古代学者身上，他显然和我们有相似之处，却又截然不同。[140] 在一定程度上，即使是亚里士多德重返雅典并建立自己的学园，也肯定不是出于任何"职业发展"的目的，就像今天的学者在付出极大的努力并成功进入一个著名的学术中心那样。

这种新的文化模式无疑是由柏拉图的阿卡德米学园带来的，但是亚里士多德是它最完美、最重要的成果，因为他的理论发展达到了极其深入的程度，他也意识到要发展出一种人生模式的理论并将其付诸实践，在这种模式中，幸福在于赋予理智活动相比其他活动更高的地位，因为只有理智活动才是最完美地属人的活动。从这个意义上来说，如今人们经常低估亚里士多德教导的重要性，或者说过分强调其中某些极端的和带有悖论色彩的方面，结果损害了真正重要的方面。[141] 在我看来，真正重要的因素是他对这一模式的发展，以及开辟了一条不同于前人的理解什么是"研究哲学"的道路。同时，他把这种理智生活的模式建立在一系列伦理的、人类学的论证以及关于人性的总体观念上，这种观念构成了一个连贯又复杂的理论系统，这个系统在很长一段时间内都是欧洲理智意识的基础。

---

[140] 关于这些差异，另参见本书第三章第 2 节。

[141] Vegetti 1979, pp. 84-96, 142-147 和 Cambiano 1983, pp. 15-19。维盖蒂和坎比亚诺的贡献具有重要意义，因为他们允许我们超越纯粹赞颂式的人格描述（比如 Düring 1954；Düring 1957, pp. 349-352, 366-372；Plezia 1961b；Weil 1965），用恰当的方式来看待这个问题，即在希腊文化史的这个阶段出现了一种新型知识分子。但是在我看来，他们对亚里士多德的阐释也存在一些局限，他们对亚里士多德代表的知识分子模式做出了多少有些负面的判断，在一定程度上把它当作一种有缺陷的人格特征。

第二章　亚里士多德学园的制度

1. 亚里士多德理论生活的三个条件

在《尼各马可伦理学》中，亚里士多德并没有以一种精确、明白的方式说清楚 *theôria*（理论或沉思）的内容到底是直接沉思神，还是科学研究，抑或是两者的结合——其中关于神的知识是研究更广泛的"存在"的一部分。[1] 然而，他非常清晰地表明了让这种活动得以可能的外部条件，《欧德谟伦理学》和《尼各马可伦理学》在过理论/沉思生活（*bios theôretikos*）需要多少外在好的问题上是一致的。在《欧德谟伦理学》中（VIII.3.1249a21-b25），亚里士多德提出了一个标准（*horos*），去选择那些"**依据自然很好但是不值得称赞**"的东西（这个表达用来指外在的好）。[2] 这些好要指向一个目的（*telos*），亚里士多德批评了他定义为"政治状态"（*hexis politikê*）的态度，即把这些好当作行动和德性的目标，这是斯巴达人的典型态度。亚里士多德认为，好生活不是获取外在好的手段；相反，外在好是实现好生活的手段。

---

[1] 关于这一主题，参见 Gauthier 1959, 2:848-866；Düring 1966, pp. 529-534；Hardie 1968, p. 349；Eriksen 1976, pp. 81-92。

[2] 参见《尼各马可伦理学》I.8.1098b26 和 1099a32；Dirlmeier 1962, p. 49；Monan 1968, pp. 126 ff.；von Fragstein 1974, pp. 380-381。

《欧德谟伦理学》VIII.3 给出了外在好的清单:"**荣誉、财富、身体的德性、好运和权力**（*timê kai ploutos kai sômatos aretai kai eutychiai kai dynameis*）"（1248b28-29，1249b16-18），但是亚里士多德在寻找的显然是这些好的一个适度的量，位于极端之间正确的"中道"。[3] 为了确定这种正确的中道，我们必须考虑事物的本质。然而，我们要从相反的极端开始，一直回溯到正确的中道。这样，我们就从对我们来说最可知的东西，过渡到了就其本身而言最可知的东西，因为每个人都知道如何辨别明显的过度，然而中道本身可能包括了一定的范围（参见《论生成与毁灭》II.7.334b26-30；《尼各马可伦理学》II.9），精确地找到这个范围并不容易。事实上我们需要的不是抽象地在事物本身之中确定绝对意义上或一般意义上的中道；相反，我们必须确定具体的中道，考虑具体的情况和个体，即"相对于我们的中道"（*meson pros hêmas*）。[4]

如果外在的好阻碍了实现它们被据以选择的目的，它们就是不好的。对于哲学生活来说，有必要达到适度的、与目的相称的繁荣，足以保证什么都不缺乏。[5] 这样一来，关于外在好的中道理论就能与哲学活动需要的精神、物质条件和谐一致。正如特雷西（T. Tracy）表明的那样，理论沉思这种人类最高的行为需要一种节制的状态、灵魂的平静、身体功能和欲求的平衡，以及最重要的，对快乐和痛苦这些基本情感的正确管理。不仅是灵

---

[3] 参见 Dirlmeier 1962, p. 501；von Fragstein 1974, p. 389。财富上的中道也是建立一个组织良好的城邦所需要的；参见《政治学》IV.11。

[4] 换句话说，需要决定的事情与"相对于我们的中道"有关（《尼各马可伦理学》II.2.1109a30-32）；关于这一主题的文献很多，价值各不相同；关于我在这一问题上的立场，参见 Natali 1988 和 1989。

[5] 参见 Eriksen 1976, p. 100。

魂的高级功能，植物性的和感官性的功能也都应该以最好的状态运转，这样人才能够自由地进行科学研究。人们应当避免拥有超出中道的情感和欲求。但是由于内在平衡并不独立于外在环境（*periechon*），因此我们可以看到两种中间状态，一种是外部的，另一种是内部的，它们都是必要的，并且相互依存，因为灵魂上的平衡和宁静也依赖对外在好的适当组织。[6]

关于这个问题，《尼各马可伦理学》和《欧德谟伦理学》中所说的相差无几。亚里士多德在这里也想要证明理论生活的优越性，因此他关注的是，与其他幸福的生活相比，理论生活如何提供了更大程度的自足。但是想要实现自足，一个人必须首先不匮乏并拥有适度的财富（《尼各马可伦理学》X.7.1177a28-34，X.8.1178b33-35）。我们可以说，比起政治生活，理论生活更加自足，因为政治家要想活得好就必须拥有财富、尊重和权力（*dynasteias*，X.7.1177b13），而且他行动的效果受到他人的影响。在这一点上两部作品没有区别，亚里士多德只是把之前说过的话又重复了一遍：政治家没有足够的平静来思考，而他寻找的是与高贵（*to kalon*）相关的外在好的标准（X.7.1177b17）。因为政治家行动的结果必定有很多不确定性，他自然会担心偶然的结果，也就会处在"无闲暇"（*ascholia*）的状态中，不止是外在的，他灵魂内在的平衡也会被搅扰（X.7.1177b2-4, b17–18, 1178a9-22）。

哲学家的中道在于不受外在繁荣（*ektos chorêgia*，1178a24-25）的过多困扰，不担心自己是否拥有很多依赖运气的好。尽管

---

[6] Tracy 1969, pp. 277-283（以及整个第四章）。亚里士多德式的圣人有着和柏拉图在《理想国》（VI.500c9）中描绘的哲学家一样的有序的（*kosmios*）品质。

如此，这并不意味着他会像犬儒学派那样完全拒绝它们。为了自身的平静，哲学家应当避免拥有过多的好（1178b3–5），不过他确实需要健康、食物以及一切生活中不可缺少的东西（1178b33–35）。但是为了说服他的对话者，促使他们接受这些观念，接下来亚里士多德诉诸梭伦和他的适度学说（metriotês），[7] 证明他的思想也符合传统观点（1179a9-13）。事实上，亚里士多德认为适度（metrion）构成了"数量"这个范畴中的好（I.6.1096a25-26）。亚里士多德把免于匮乏和闲暇当作重要的价值，也将它们当作选择一个人要投身的生活方式的标准，这样做是在将理论生活的理想与希腊流行道德中那些广为人知的倾向联系起来，从而超越柏拉图式的哲学与常识的对立。[8]

这就是亚里士多德提出的理论生活的第一个必要条件：拥有适度的好，不受困于匮乏。这也构成了理论生活的第二个必要条件，即闲暇。闲暇不是幸福生活的一个组成部分，而是幸福生活的必要条件。幸福的组成部分和必要条件是不同的，因为在亚里士多德看来"组成部分"包含了一些并非"必要条件"的特征。"拥有健康状态不可或缺的东西和处于健康状态，这两者是不同的，很多情况下都是如此，因此过好生活和拥有好生活不可或缺的东西也不一样"（《欧德谟伦理学》I.2.1214b14-17；另参见《政治学》VII.8.1328a21-26，VII.9.1329a34-39）。必要条件之所以不是组成部分，是因为目的与手段之间存在差别（《政治学》VII.8.1328a28-33）。必要条件与幸福的组成部分之间的关系，就像

---

[7] 参见希罗多德，1.30-32。

[8] 参见 Adkins 1960, pp. 414 ff., 486 ff.; Solmsen 1964; Dover 1974, pp. 233-234; Adkins 1978; Humphreys 1978, pp. 562-563。

石匠的工具与完工的房子一样，前者不是幸福的部分，但它们对于幸福的实现来说不可或缺。而且，一个人离幸福（eudaimonia）的顶峰，即理论生活越近，闲暇就越不可或缺。在最高级的幸福中，在整个宇宙的"不动的推动者"的观念中，亚里士多德明确将理论沉思与闲暇联系在一起，把完全免于外在条件的限制当作最好的精神生活的基础。[9] 人类无法实现这种程度的无所匮乏，但即使在人类世界，从需求和必需品中获得部分解放也是可能的。亚里士多德在《形而上学》开篇以埃及祭司为例论证了这一点。在埃及，发展纯粹理论思考的必要条件是，祭司阶层从生存必需中解放出来，获得了舒适的生活。[10] 亚里士多德认为，从另一个角度来看，闲暇也是思考的必要条件，它区分了哲学反思和智者的论辩，在智者的论辩中，辩论者是为了获胜，受到了自持己见的驱使。相反，要找到真理，需要的是平静的反思。[11]

理论沉思的第三个条件在某种程度上是前两者的平衡。前面两个条件都包含了某种威胁，即把哲学家的生活推离中道，走向过度的独处，走向一种局外人的生活，就像阿那克萨戈拉在雅典过的那种生活。[12] 哲学家也需要朋友。在《欧德谟伦理学》中（VIII.3.1249b18），朋友被列为一种外在的好，因此我们可以认为这里包括了对哲学没有兴趣的普通朋友，[13] 但是在《尼各马可伦理学》中（X.7.1177a34），亚里士多德提到了"合作者"（synergous），

---

[9] 参见《形而上学》XII.7.1072b14-26，1073a11。

[10] 《形而上学》I.1.981b23-25。

[11] 《辩谬篇》18.177a7-8；比较《辩谬篇》7.169a36-b2。关于这一主题的整体讨论，参见 Mikkola 1958。

[12] 参见《政治学》VII.2.1324a15-17, 28；《欧德谟伦理学》I.4.1215b6-14, 1216a11-14。

[13] 参见 Adkins 1978, p. 305。

所以这里有一个疑问：亚里士多德是否在研究哲学的最佳条件中仅仅包括辩证讨论和研究中的合作者，就像柏拉图式的哲学进路所要求的那样；[14] 还是说来上课的学生和没那么活跃的听众也可以被算在内。[15] 然而，应当指出的是，相较于前两个条件，第三个条件对于反思活动来讲并不是绝对必需的，哲学家即使独自一人也可以很活跃，而朋友只是让他的情况更好。

《欧德谟伦理学》VII.12 也考察了自足和友爱之间的关系，在这里亚里士多德反对那种认为最幸福的人因为实现了自足就不需要朋友的理论。事实上，和精心选择的朋友共享构成我们生活目标的活动，既和他们一起享受身体上的快乐，又和他们一起从事艺术（theôria mousikês）和哲学讨论（philosophia）（1245a21-22）。进行合作（synergein），并共享构成幸福的活动，即共同研究（syntheôrein）、共同愉悦（syneuôcheisthai），会增加快乐（1245b4-5）。他唯一告诫我们要记住的是，在这个层面分享生活，只能限于一个较小的群体，因为聚集一大群有共同感受（synaisthêsis）的人非常困难，而且一旦聚集起一大群人经常会让人不知所措（1245b23-25）。

为了弄清楚亚里士多德所说的 synergoi（合作者）是什么意思，我们可以看看他提到学生和谈话者的文本。在《尼各马可伦理学》IX.1.1164b2-3，他显然是在谈论学生，他们和老师之间的关系，类似于和诸神或父母之间的关系，这是一种包含优越性的友爱（philia kath'hyperochên，VIII.7.1158b11-12），双方并不平等。[16] 相反，在

---

[14]　参见 Eriksen 1976, p. 104。

[15]　参见 Gauthier 1959, ad loc。

[16]　《尼各马可伦理学》X.7.1178b25；参见 Dirlmeier 1956, p. 358。

IX.12.1172a1-8 中，他谈到了由一些希望和朋友分享活动的人组成的共同体，他们聚在一起，追求对他们来说真正的人生选择。呼应伊索克拉底的一段话，亚里士多德提到了希腊非政治性的社会生活的主要形式，在会饮（*symposia*）中喝酒、在竞技场训练、狩猎，[17] 他还创造了一个新词来表示理论生活：*symphilosophein*（共同从事哲学），我们在后面还会看到这个词。

和学生们不同，《尼各马可伦理学》IX.12 描述的共同体中有完全意义上的友爱，这里描述的关系看起来也比老师与学生的关系更符合《尼各马可伦理学》X.7 的描述。在这群完全的朋友中间，没有纯粹的正义（*dikaiosynê*）关系，那是不完满的共同体里面的关系，[18] 这也是我们会在下文详细讨论的问题。

现在我们可以说，根据亚里士多德给出的三个条件，一个智慧者的生活并不是有所缺乏的生活，远低于人类能力的充分发展；相反，它被描述为人类个体功能的充分展开。亚里士多德试图向其他人推荐他和朋友们选择的这种生活，捍卫柏拉图的阿卡德米学园中（即便不是更早形成的）好生活的观念，这一点并不奇怪。《尼各马可伦理学》的结尾明显具有劝勉的性质，这一点已经得到了广泛和充分的关注。[19] 我认为，亚里士多德在这里想要讨论一种生活的综合选择，而不是幸福生活的一个特殊部分，[20]

---

[17]　参见 Dirlmeier 1956, p. 561；伊索克拉底：《战神山议事会演讲》（*Areopagiticus*）45 和《泛雅典娜节演讲》27。

[18]　《尼各马可伦理学》VIII.1.1155a26-28，IX.1.1164a8 ff.（特别是 29-30）；另参见 Dirlmeier 1956, p. 590。

[19]　Eriksen 1976, pp. 81-89；更多整体的讨论参见 Gomperz 1906, 4:441；Adkins 1960, p. 488；Hutchinson and Johnson (forthcoming)。

[20]　Gauthier 1959, 2:860-866 这样认为；对这一问题更广泛的讨论参见 Natali 1989, ch. 6。

这样的建议在生活安逸的雅典人中间会取得一定的成功，但也必然是有限的成功。[21]

2. 沉思生活的组织：哲学学园的本质和组织

我们的目的并非评价亚里士多德主张的可接受性，或者这个主张与他的其他学说之间是否一致，而是考察这些价值和生活的实际建议，是否会产生一种哲学生活的特殊组织。我们感兴趣的是，利用雅典传统中已经存在的制度，哲学是否可以为自己创造一个根据它对人及其功能（ergon）的看法组织起来的自主的领域。

对雅典各个哲学学园的标准重构在很久以前就提出了，从19世纪末开始就一直主导着这一领域的研究。尽管在这之前也有一些先例，但这一重构很大程度上要归功于维拉莫维兹（Wilamowitz 1881），他提出了关于这些机构的"二分观点"（bipartite vision）。[22] 维拉莫维兹的基本假设是，所有的古代组织都有某种宗教性质，雅典法律认为它们是带有宗教性的组织，赋予它们法人的地位，维拉莫维兹区分了这些哲学团体的内外两个方面。从外部法律的角度来看，它们是崇拜缪斯的宗教组织（thiasoi）；从内部组织来看，这些学园（特别是阿卡德米学园和吕克昂学园）

---

[21] 在批判柏拉图关于好生活观念时，伊索克拉底表达了一种人们广泛接受的看法；参见伊索克拉底：《财产交换》285。德摩卡里斯在他的演讲《驳菲洛》（Against Philo）中说苏格拉底出身贫寒，不能成为将军（阿忒纳乌斯，5.215c 和 187d = Demochares LXII, fr. 3 Sauppe）。

[22] 参见 Wilamowitz 1881, pp. 181 ff., 263 ff.。维拉莫维兹把这四所主要的哲学学园都考虑在内，而我只考虑亚里士多德学园。关于柏拉图学园，情况有所不同并且更加复杂；参见 Boyancé 1937; Cherniss 1945; Isnardi Parente 1980; Isnardi Parente 1986。

是现代大学的前身。在学园内部，有团队进行科学研究，收集科学资料，建立自然历史博物馆，有初高级"教授"开展研究和教学工作，包括大型公共课程以及小型研讨会，教授需要为之准备笔记，使用讲堂，并根据听众水平的高低来调整课程的难度。然而，据我所知，至今还没有人认为这些学园像现代大学一样进行考试并颁发学位。[23]

早在1901年，贡珀兹（T. Gomperz）就批评了这一重构，他认为维拉莫维兹描述的宗教组织（thiasoi）中的典型要素，例如缪斯雕像和崇拜活动，也是其他机构的特征，比如竞技场和男孩的学校，因此这些要素不足以把哲学学园当作宗教组织看待。然而，其他所有学者都接受了维拉莫维兹的论题，例如，波兰德在他对希腊机构历史的研究中认为，维拉莫维兹对哲学学园的研究是决定性的（Poland 1909）。但是后来对这一图景的怀疑逐渐浮现，维拉莫维兹的重构在许多方面都遭到了攻击。一些人主张宗教组织不只是一种法律上的虚设，伯扬塞就认为我们应当严肃对待哲学学园神秘性和宗教性的方面（Boyancé 1937, pp. 261 ff.），这些学园的成员对崇拜缪斯有很深的情感。[24]另一方面，车尼斯（Cherniss

---

[23] 维拉莫维兹主要依据的是 Foucart 1863 和伯奈斯的讲稿（后来发表于 Bernays 1881 中）（Wilamowitz 1881, pp. 182, 263）。然而整个重构背后的观念早已由兰布洛索提出（Lumbroso 1873, p. 268）。后来达雷斯特也采取了这一立场（Dareste 1882, 1906, 3:117-134）。1887年，狄尔斯试图将维拉莫维兹的重构扩展到前苏格拉底哲学家周围的团体中，但是没有成功。另一方面，Usener 1884 取得了成功；参见 Usener 1907, pp. 69-102 重新发表的文章。后续讨论参见 Isnardi Parente 1974；Lynch 1972, p. 109。

[24] 伯扬塞尤其关注柏拉图学园的组织，在他的作品中用大量的篇幅讨论这一问题（Boyancé 1937, pp. 249-297），他的阐释或许还基于这样的事实，即在柏拉图的哲学中，有些主题可能会导致哲学家形象的"英雄化"。但是他对亚里士多德学园的观点就没那么有说服力了（也比对阿卡德米学园的讨论简略得多，参见 pp. 310-322）。由于前面所说的原因，在漫步学派的伦理学中很难找到一个类似于柏拉图的提升哲学家形象的理论基础。（转下页）

1945, pp.72-73）严厉批评将古代哲学学园的活动与现代大学进行比较，所有致力于研究现代大学起源的中世纪历史学家也持类似的立场，他们认为古典语文学家想要在柏拉图和亚里士多德的雅典学园中辨认出中世纪研究型大学（*universitas studiorum*）的模型是一种怪癖。[25]

这之后，高查克（Gottschalk）、林奇（Lynch）和威尔利再次拿出了贡珀兹对维拉莫维兹的批评。高查克在维拉莫维兹的著作中指出了一系列历史错误和矛盾之处，由此得出结论，他的著作不应当再被当作权威。他主张，我们不能接受古代哲学学园都是宗教组织（*thiasoi*），是处理公共财产的机构，而学园领袖则是地产的唯一所有者。[26] 林奇用了整整一章来批评维拉莫维兹，表明这位德国语文学家的论证非常薄弱，在很多地方自相矛盾。他特别指出，没有任何古代资料用过 *thiasoi* 这个词来指那些哲学学园，即使是在哲学家们的遗嘱中也没有用过，而经常用的"闲暇"（*scholê*）或者"课程"（*diatribê*）之类的词汇都是与教育而非宗教相关的，而且哲学家通常都被认为是没有宗教信仰的。当亚里士多德谈到 *thiasoi*（宗教组织）和 *eranoi*（协会）的时候，他也没有说过自己是其中的一员。[27] 而根据林奇所说（他同意贡珀兹的观点），哲学学园之中或者附近有缪斯的圣所并不能证明整个学园就

（接上页）至于吕克昂学园，伯扬塞主要提供了两个论证：特奥弗拉斯托斯的遗嘱中提到的 *mouseion*（缪斯的圣所），以及据卡利斯托斯的安提戈努斯所说（阿忒纳乌斯，12.547f），吕克昂学园的第三任领袖吕科被授予 *epimelêtês tôn Mousôn*（缪斯圣所的看护人）的头衔。我们将会在这一章的3、4节讨论这两点。

[25]　参见 Haskins 1957, p. 33。

[26]　参见 Gottschalk 1972, pp. 320, 329。

[27]　参见 Lynch 1972, pp. 105-134。

是一个崇拜缪斯的团体，因为在基础学校和其他团体中也能找到缪斯的圣所（*mouseia*）以及诸神的雕像。[28] 接着他重复了贡珀兹的批评，认为维拉莫维兹这一观点的前提，即把哲学学园建立为宗教组织（*thiasoi*）是为了获得"法人"的地位，是不可接受的，因为在古希腊"法人"的概念还没有出现。[29] 像贡珀兹一样，林奇也主张对苏尼翁（Sounion）的索福克勒斯的审判并不能证明这些协会具有宗教性质，后者于公元前 307/306 年因主张对"智者"的集会实施国家控制而被判有罪。这一讨论后来在书评和研究文集中继续展开。威尔利（Wehrli 1976）用新的论证支持林奇，特别是他发现在特奥弗拉斯托斯的遗嘱中，哲学家们被邀请来共同管理亚里士多德留下的地产，而特奥弗拉斯托斯使用的表达是"把它当成圣所一样共同拥有它"（*hôs an hieron koinêi kektêmenois*）。根据威尔利的看法，这表明特奥弗拉斯托斯留下的财产并不是真正的神庙。我认为这个观察很有说服力，我将在下文补充其他类似的观察。

另一方面，最近也有一些学者开始为维拉莫维兹的观点辩护，如伊斯娜蒂·帕伦特（Isnardi Parente 1986），她对 1970 年之后的讨论做了完整的综述。尽管林奇的论题几乎大获全胜，她却发现维拉莫维兹的立场仍然可以得到某种辩护，但是她强调的是后来哲学团体假扮为崇拜缪斯的宗教组织，从而求得一种合法的变通。在她看来（Isnardi Parente 1981, pp. 141-150），这只可能发生在色诺克拉底接替斯彪西波之后，一个非雅典人成为了雅典学园

---

[28] 关于这一问题，另参见 Poland 1909, pp. 206-207；在为年轻人准备 *ephêbia*（成人仪式）的雅典学校和锡拉岛（Thera）的埃庇科塔斯（Epiketas）聚集地，也有缪斯的圣所。

[29] Laum 1914 也表达了同一观点。

领袖。她提出了一种假说，认为哲学家试图以这种方式给予他们的学园一种公众认可的形式和法律上的保障，他们还可以借此表达一种特殊的精神性。[30] 很难确定地说这是如何进行的，维拉莫维兹的重构在很大程度上仍然是一种假设。至于第二点，我认为漫步学派的精神不同于柏拉图学园的精神。

即使我们接受林奇对维拉莫维兹的批评，我依然感到困惑的是，林奇决心表明哲学学园首先是"教育机构"；换句话说（如果我的理解没错），这是他们在城邦中带着教育青年的目的自由建立起来的机构。在林奇的重构中，即便城邦对这些学园的建立没有任何直接的兴趣，至少带着善意看待它们，让它们能够使用例如竞技场这样的公共空间来进行教学活动，以此换取这些活动带来的声望。这样一来，漫步学派的学园得以在混合的区域建立起来，一部分是公共的，一部分是私人的。[31] 我们确实有不少关于哲学学园开展教学活动的证据。亚里士多德的遗嘱（第欧根尼·拉尔修，5.14）提到了一个名叫米尔梅克斯（Myrmex）的男孩："**尼加诺将会负责男孩米尔梅克斯，用一种配得上我们的方式把他[带回到]自己的人民那里，连同我们从他那里接受的财物**。"

显然，这个米尔梅克斯是一个加入亚里士多德在雅典或卡尔基斯的学园的青年，就像此前亚里士多德来到雅典加入柏拉图的

---

[30]　据菲洛科鲁斯记载（*FGrHist* 328F224），据说斯彪西波"**后来掌管了缪斯的圣所**"（菲洛德穆斯：《阿卡德米学派哲学家索引》col. 6.28 ff. = Aristotle *testimonium* 3）。伊斯娜蒂·帕伦特注意到这里 *Museion* 指的是学园，而非圣所（Isnardi Parente 1988, p. 112），她用这一点为维拉莫维兹的假设辩护。然而，这与学园在色诺克拉底时期才成为一个宗教团体的说法矛盾；而且，根据 Liddell-Scott 1940，那时 *mouseion* 这个词已经有了更一般化的意义，即"音乐或诗歌的家园"。另参见亚里士多德：《修辞学》III.3.1406a25。

[31]　Lynch 1972, p. 100；相反的观点参见 Wehrli 1976, p. 132。

学园一样。之后因为老师去世,米尔梅克斯就被送回家中,亚里士多德可能没有预见到在他身后学园的活动还会持续下去。第欧根尼·拉尔修在《吕科传》(*Life of Lyco*,5.65)中说吕科非常善于教育青年,他又在《芝诺传》(*Life of Zeno*,7.10-11)中抄录了雅典人颁布的一项神圣的法令,表彰斯多亚学派的建立者芝诺在教育青年时展现出的才能:"基提翁的芝诺(姆那西斯[Mnaseas]之子)作为哲学家(kata philosophian)在城邦里生活了多年,在其他方面也一直是一个好人,他鼓励青年加入研究德性和节制的团体(sustasis),并督促他们做最好的事情,他终其一生为所有人提供了一个与他的课程相一致的人生典范。人民下令(愿命运保佑)赞扬基提翁的芝诺(姆那西斯之子),依法根据他的德性和节制以一顶金冠为他加冕,并以公费在凯拉美克斯(Ceramicus)[的墓地]为他建造一所坟墓。"要在纪念牌上花一笔适当的钱:"这样每个人都能看到雅典人给予好人荣誉,无论是活着的还是死去的。"哲学家们致力于教育青年,就像普罗塔哥拉时代以来所有的智者所做的那样。这一点毫无疑问,问题在于确定教育青年是不是哲学家们的主要活动,还是说哲学学园的建立首先是为了履行另外的,不同于教育青年或者崇拜缪斯的功能。

在我看来,对亚里士多德伦理学著作的阅读可以澄清这一点,因为漫步学派的建立不能与它诞生的理论背景相分离。相反,它是把这位老师的观念付诸实践的尝试。当然,在亚里士多德的著作中并不缺乏关于如何授课、教学与研究的关系,以及不同类型的听课人群的内容,也有一些段落提到了亚里士多德和学生的关系(关于这个问题的更多讨论参见本书第三章第 3 节)。但是就我们所知,这主要是针对那些已经在理论生活之路上取得了不小的进展,并立志追求哲学生活的学生们,就像门德的安提莫埃鲁斯那样,柏拉图带着笑意告诉我们,他"**是普罗塔哥拉最著名的学生,正在学习这门技艺,因为他也要成为一名智者**"(《普罗塔哥拉》315a)。即使在亚里士多德的学园中有这样的年轻人,他也没有在作品中提到有哪个年轻人来这里主要是为了接受"高等教育"。这位哲学家的核心活动并非普罗塔哥拉所说的传授知识(*didaskalia*)。普罗塔哥拉作为一个外邦人往来于希腊各个城邦,他所做的是说服"**最优秀的年轻人放弃与其他人在一起,不论对方是熟人还是陌生人,老人还是年轻人,而是跟他在一起,因为这样他们能变得更好**"(《普罗塔哥拉》316c)。而亚里士多德所做的是追求理论生活。[32]

亚里士多德的核心活动也不是像柏拉图学园那样训练城邦的统治者(根据某些阐释柏拉图学园正是致力于此)。亚里士多德关注的核心是理论沉思(*theôria*),即培养人的最高功能。在他的《辩谬篇》2中,亚里士多德清楚地对比了用《前分析篇》(*Prior Analytics*)中描述的那种证明三段论开展的教学活动,与更加哲学性的活动,例如辩证法和"实验"(*peirastikê*),即考查那些专家接受的前提会带来什么结果。根据林奇的假设,亚里士多德的理论生活理想,一种致力于哲学讨论与理论研究的生活,即使在乍看起来最适合它的场所(亚里士多德学园)也没有实现。我们应

---

[32] 冯·阿尼姆最完美地澄清了这个问题(von Arnim 1898, pp. 64-65):对于阿卡德米学园和漫步学园来说,在那些对哲学有一点兴趣的年轻人投身实践生活之前给他们一些哲学教育只是偶然的目的,即使亚里士多德和柏拉图是最适合这项任务的人。他认为(pp. 84-85),这两所学校在很久以后才普遍关注年轻人的教育,在吕科的时代学园把大部分精力放在修辞学上。

该认识到，这种理想不是一种可行的生活计划，即使只是为了少数人；它毋宁是一种纯粹的乌托邦式的愿景。然而，在得出这样的结论之前，我们需要更仔细地研究一下这个问题。

3. 理论沉思的组织：哲学学园与常设机构

如果我们转向那些研究希腊这一阶段的常设机构的历史学家，除了很多有争议的问题之外，我们还是可以看到他们在一系列事实和判断上存在共识，这种共识对于希望明白哲学思想如何具体发展，以及哲学家信奉的价值观如何在学园内付诸实践的哲学史学家们很有帮助。[33]

建立"基金会"（foundations，如果用现代词汇来说的话）的传统早在公元前6世纪（如果不是更早）的希腊就已经广泛存在了。它是个人财产的一部分，可能是地产或者一笔钱，作为遗产持续使用。这笔遗产旨在确保长期追求（eis aei）某个目标，这对于捐赠人来说尤其重要。然而事实上，这些"基金会"通常都延续不了几代人。[34]那些捐赠人通常会禁止它被误用，从遗产中产生的收入被用来实现指定的目标。第一批基金会带有某种宗教特征，

---

[33] 这里指的是 Ziebarth 1902, cols. 39-42；Ziebarth 1909；Laum 1914（对这一问题最广泛的研究）；Bruck 1926 从希腊文化中"法人"概念历史发展的角度考查了"永久基金会"的问题（相反，劳姆 [Laum] 认为这一概念属于外来文化）；Ziebarth 1940, cols. 1236-1240（它给出了各种修正，并为劳姆勾勒的图景增添了有趣的思考）。与这些问题相关的死者崇拜，参见 Nilsson 1960, 2:107-113；关于一些重要的铭文和"永久体育官"这一名称，参见 Robert 1960；Robert 1967（我们将在下文具体讨论）。最新的概述参见 Veyne 1976, pp. 241-244, *L'evergetisme funéraire*（永久的葬礼）一节。对于我们的讨论来说，主要的资料是第欧根尼·拉尔修（5.11-16，51-57，61-64，69-74）保存下来的漫步学派领袖的遗嘱，关于这些遗嘱有大量参考文献，包括 Bruns 1880；Hug 1887；Chroust 1967（重印于 Chroust 1973, pp. 183-220）。

[34] Laum 1914, 1:221-222。

例如，我们知道尼西阿斯（Nicias）在德洛斯（Delos）建立了一个基金会。普鲁塔克告诉我们，尼西阿斯"**献出了他花 10000 个德拉克马购买的一大片土地，从中产生的收入将会被德洛斯同盟用在献祭宴会上，请诸神赐福尼西阿斯**"（《尼西阿斯传》3.7.525b）。另一个基金会是色诺芬在靠近奥林匹亚的斯基鲁斯（Scillus）建立的，他本人告诉我们（《远征记》[*Anabasis*]）："**色诺芬获得了一块土地，把它献给女神[阿尔忒弥斯]**"（5.3.7）。"**他用这些神圣的钱财建造了一座圣坛，又建了一座神庙，从那以后，他将拿出土地中十分之一的时令产物来祭祀女神。[斯基鲁斯的]所有公民和临近地区的男女都参加了这一节日**"（5.3.9）。"在这个神圣的地方有草地和布满树木的山峦，以便放养猪、羊、牛、马，这样那些载着人们来到这个节日的牲畜也可以得到很好的喂养。神庙周围是一片小树林，栽种的树木结出可食用的水果。这座神庙像是以弗所那座大神庙的缩小版，而女神的塑像，虽然是用松木制作的，看起来却和以弗所的那座一样金光闪闪。神庙后面立着一块牌子，上面刻着：'这块土地献给阿尔忒弥斯。拥有它并持有土地产出的人每年要献出十分之一来祭祀。他要用剩余的部分供神庙维持。如果有人做不到这一点，女神会看到'"（5.3.11-13）。

后来，人们出于各种各样的目的建立了不同的基金会：维修和维护城邦的城墙、为公民提供食物、负责崇拜诸神的事务，给体育官（gymnasiarch）或者其他公共官员提供相关费用（在这里捐赠者被任命为终身官员，例如"永久体育官"，而这一官职的实际执行者只被当作监督官，*epimelêtês*），[35] 还有基金会专门为那些想

---

[35] 参见 Robert 1960；Robert 1967。

要在摔跤之前抹油的年轻人支付油费。[36] 通常建立基金会是为了纪念捐赠者（eis mnêmên），追忆他对荣誉的渴望（philodoxia）。[37]

其中特别重要的是教育基金会，在这些基金会里捐赠者不仅承担年轻人的教育费用、建造和维护竞技场的费用、支付教师薪水，还规定了教学中必须遵守的规则。创始人们通常被安葬在基金会附近，享受近似英雄的崇拜。[38] 其他基金会也有相应的葬礼功能，确保创始人的葬礼仪式得以延续。[39] 受委托来举行葬礼仪式的成员通常是捐赠者的家族成员。

漫步学派的制度结构起源于这种类型的捐赠，与刚才描述的教育和葬礼基金会非常相似。但是，与林奇的主张相反，遗赠的目的并非保证年轻人的教育。第欧根尼·拉尔修保存的哲学家的遗嘱可以证实这一点。众所周知，亚里士多德的遗嘱中并没有关于学园的任何指示，亚里士多德作为一个外邦人不能在雅典拥有属于自己的地产，并留给学生（而伊壁鸠鲁可以），他在卡尔基斯似乎也没有这么做。

另一方面，在德米特里乌斯的帮助下，特奥弗拉斯托斯能够在雅典购买一座花园，我们可以在这位哲学家的遗嘱中清晰地看到他在雅典拥有地产，用它建立了一个我们上文描述过的那种基金会。遗赠的主要内容是一座花园，这一定是一个 peripatos（漫步场）和几所房子。我们并不完全清楚这个 peripatos 是什么，这

---

[36] 参见《吕科传》，出自第欧根尼·拉尔修，5.71 和 Laum 1914, 1:88-89。这是小亚细亚而非希腊的典型传统，做出这种遗赠的吕科实际上是特罗德人。

[37] 参见 Laum 1914, 1:41-42 和 Ziebarth 1909, pp. 2-9。

[38] Ziebarth 1909, pp. 65-66, 81, 91-94, 100 特别研究了这些机构。

[39] 关于这些基金会和家族之间的关系，参见 Laum 1914, 1:41-43；Bruck 1926, pp. 175-266；Nilsson 1960, 2:109-111；Veyne 1976, p. 244。

个词的意思是"漫步场所"或者"散步的地方",可以是一个柱廊,也可以是一条绿树成荫的步道。[40] 在这个遗嘱中,还有关于重建缪斯圣所的内容。特奥弗拉斯托斯要求重建圣所和祭坛,还要把一些丢失的雕像放到或者放回到适当的地方,包括亚里士多德和他儿子尼各马可的雕像(后者还未完成),[41] 还要修复一些带有世界地图的嵌板。最后一项规定表明,圣所和学园的教学活动之间有某种联系,这种联系能够证明,保持对缪斯的崇拜是哲学学园的活动之一。我不想排除这种可能性,也不想否认哲学家特别关心对缪斯的崇拜。我的侧重点有所不同,我要强调的是,建立哲学学园的主要目的不是崇拜缪斯,而是实现理论生活的理想。

我们还应该指出,缪斯的圣所是否构成遗赠的一部分并不确定,特奥弗拉斯托斯在遗嘱一个部分的最后说到重建缪斯圣所(第欧根尼·拉尔修,5.52),仿佛他说完了一件事情之后,准备转移到下一个话题:"**那么,关于圣所和祭品,就这样安排吧。**"接下来,特奥弗拉斯托斯把他在斯塔吉拉拥有的一小块地产赠送给卡里努斯(参见本书第一章第 2 节),把他的全部藏书赠送给内雷乌斯,之后他才开始处理花园、房子以及将要使用它们的哲学家团体。[42]

---

[40] 例如可参见 Wycherley 1978, p. 227 和 Gottschalk 1972, p. 335。有这样一个 *peripatos* 很常见,并非亚里士多德学园的典型特征;参见 Poland 1909, p. 469, 以及本书第三章第 4 节。

[41] 这证实了我之前提到的老师、老师的家人和学生之间的关系,这种关系有时是私人性质的。

[42] 高查克的观察并不足以否定两个遗赠之间的区别(1976, p. 71);他指出,在第欧根尼·拉尔修记载的特奥弗拉斯托斯遗嘱中(5.54),他说某位住在花园中的彭庞罗斯(Pompylus),应该去关照特奥弗拉斯托斯对神殿、纪念碑、花园和漫步场(*peripatos*)的安排。一个人要关照以上的部署,并不意味着这些安排彼此之间没有不同、不涉及不同的对象。

让我们来考察一下这段文本（第欧根尼·拉尔修，5.51-53）。特奥弗拉斯托斯指示，由他的受托人希帕库斯支配的资金必须"首先用于完成缪斯圣所（Museion）和女神［雕像的工作］，即使有别的事情耽误了，也要为它们提供更加美丽的装饰。接着，要把亚里士多德的雕像放在圣所里，和圣所中的剩余祭品放在一起。随后，要在缪斯圣所旁边建一个小的走廊，不能比以前的差。要在走廊的低处放置一些带有世界地图（gês periodoi）的图片（pinakas）。还要修建祭坛，这样才会完美又高雅。我还希望能够完成相同大小的尼各马可的雕像；雕像的费用由普拉克西特勒斯（Praxiteles）负责，[43] 但是其余的费用要从这些资金里出，把它竖立在这份遗嘱规定的其他执行人看起来最合适的地方。那么，关于圣所和祭品，就这样安排吧。但是我把我在斯塔吉拉拥有的小部分财产赠给卡里努斯，我所有的藏书赠给内雷乌斯，我还要把花园和漫步场（peripatos）以及花园附近的所有房子永久赠送给我的朋友们，即以下指定的那些想要在这些地方一起度过闲暇并一起从事哲学的人（syscholazein kai symphilosophein），因为不可能让每个人都永远住在这里，只要他们不分割这一财产也不以任何方式将它据为己有，把它当作圣所一样共同拥有（hôs... hieron），[44] 像对待朋友和家人一样以正确、适当的方式对待彼此。让希帕库斯、内雷乌斯、斯特拉托、卡里努斯、德摩提慕斯、德玛拉托斯、卡利斯提尼、梅兰特斯、潘克利翁和尼西普斯组成这个团体。"

---

[43] 他是老普拉克西特勒斯的后代；参见 Davies 1971, ad loc。

[44] 如前所述，据威尔利所说，hôs hieron（作为圣所）这一表述排除了这里讨论的财产就是特奥弗拉斯之前说过的 hieron（圣所）。

这个"基金会"的财产包括一个花园、一个漫步场和几所房子。这些财产被留给一个十人团体，就像葬礼基金会一样。[45] 这十个人以友谊为纽带与特奥弗拉斯托斯联系在一起。在遗嘱中，他清楚地表达了遗赠的目的，这一财产被遗赠"**给我的朋友们[……]那些想要一起度过闲暇**[46]**并一起从事哲学的人**"。特奥弗拉斯托斯使用的"一起从事哲学"（*symphilosophein*）十分重要。我们之前看到，这是亚里士多德在《尼各马可伦理学》中发明的一个词，描述了一种和朋友一起度过闲暇的方式，人们享受自由，抛开赖以为生的职业，不同于一些传统的追求，例如狩猎、去竞技场或者沉迷于宴饮（《尼各马可伦理学》IX.12.1172a1-8）。[47]

这个基金会的明显目的是确保哲学家拥有适度的财产，不受困于匮乏，我们在前面看到这是能够平静地从事哲学活动的必要条件之一。事实上，整个建筑群只留给了那些能够继续生活在花园里的人，因为特奥弗拉斯托斯说（5.53），"**不可能让每个人都永远住在这里**"。在说明了这个目的之后是一系列禁令，比如不能出售这块土地和建筑，不能把它们当作私人财产使用，而要按照捐

---

[45]　参见 Laum 1914, 1:139, 141, 143；相反观点参见 Bruck 1926, pp. 256 ff.。

[46]　我认为这里使用的 *suscholazein*，严格说来并不意味着共同进行研究（Gigante 的观点）或研究文学（Hicks 的观点），仅指待在一起（Apelt 的观点）。关于这一问题，Gigante1976；Cambiano 1977；Capasso 1980（Gigante 的学生，为他的翻译辩护）之间有过讨论。

[47]　后来，在伊壁鸠鲁的遗嘱中又出现了 *symphilosophein* 这个词（第欧根尼·拉尔修，10.16）：伊壁鸠鲁把他的花园赠送给了雅典人阿米诺马库斯（Amynomachus）和提摩克拉底（Timocrates），并要求他们将其向米蒂利尼的赫马库斯（Hermarchus）和所有想要和他一起从事哲学的人开放，还有那些赫马库斯指定的继承人。伊壁鸠鲁确立了赫马库斯的优越地位，这让他成为了学园的"领袖"，并委托他选择继承人（*diadochoi*）。遗赠还有一个额外的规定，就是要遵循伊壁鸠鲁的学说；把学园送给"那些追随我们哲学理念的人"（*apo hemôn philosophountes*）。这些特征表明伊壁鸠鲁学派的学园带有很强的教条主义色彩，比起漫步学派的学园结构更加严格。

赠者设立的目标来持有它们，把它当作圣所共同使用。和其他捐赠者一样，特奥弗拉斯托斯要求把自己葬在花园里，并修建一座纪念碑，修建的资金由他本人提供。[48] 接着他规定了团体成员中的友谊，要求成员之间的关系基本平等，吩咐团体成员"**像对待朋友和家人一样以正确、适当的方式对待彼此**"（5.53）。花园和房屋的共享正是基于他们之间共同的友爱（philia）和亲属关系。

那些从法律角度研究这种所有权的人认识到，[49] 哲学学园里的共有财产更多地基于成员之间的好意，而不是法律规范，这种关系主要依赖自然的友爱（philia），就像亚里士多德在《尼各马可伦理学》中描述的那样（VIII.9.1159b25 ff. 和 VIII.11.1161a25-30）。这种情况类似于一群兄弟在父亲死后，决定不分割遗产而是继续共同拥有它，这种共有财产在古代相当常见，根据比斯卡迪（Biscardi）的说法，一直持续到拜占庭时期。

将理论生活的理想付诸实践的努力以这种方式展开，特奥弗拉斯托斯想要确保它的外部条件。学园的目标是将哲学当作一种人生选择，而非教育年轻人去从事城邦分配给他们的任务，或者在政治生活中获得成功，就像在智者时期那样。尽管如此，这并没有排除下面两种可能性：一是后来的哲学家也教导大众；二是只有上面提到的那最初的十个人可以进入花园。根据一份资料（第欧根尼·拉尔修，5.37），特奥弗拉斯托斯拥有大量听众，超过两千人，尽管这个数字受到了现代学者的质疑。

特奥弗拉斯托斯遗赠学园的这十个人之间一定存在长期的友

---

[48] 可以对比 Veyne 1976, pp. 233 ff. 中描述的类似情况。
[49] 参见 Biscardi 1955, pp. 105-143。

谊和亲密关系，这种关系比如今大学里同一个院系的教授之间的关系更加亲密。在他们中间，有六个人也是特奥弗拉斯托斯遗嘱的执行人，因此他们和特奥弗拉斯托斯之间也有友谊和信任。[50] 他们中的一个，内雷乌斯，是斯凯普西斯的克里斯库斯的儿子，克里斯库斯曾在赫米亚斯的宫廷中陪伴亚里士多德，因此他和特奥弗拉斯托斯的友谊或许可以追溯到后者成为亚里士多德的学生时。特奥弗拉斯托斯给内雷乌斯留下了一笔特殊的遗产，即他的个人藏书，但他并没有打算以此确立内雷乌斯在众人之中的优越地位，[51] 他只是希望在这里继续从事哲学的人之一。关于这份遗赠的礼物，特奥弗拉斯托斯绝非意在剥夺学园的藏书，里面或许还包括亚里士多德的著作。然而，这个遗赠是关于亚里士多德著作的传说的来源，在斯特拉波（13.1.54）和普鲁塔克（《苏拉传》[Life of Sulla]26）中写到，亚里士多德的著作在斯特拉波的时期消失在了某个地下室中，这导致漫步学派失去了老师的权威观点，也使得亚里士多德著作的再次出版更加珍贵，先是提兰尼翁（Tyrannion）的版本，后来是罗德岛的安德罗尼库斯的版本。我们稍后还会回到这个问题（第102—104页）。

这十个人中的另外两个，梅兰特斯和潘克利翁，是特奥弗拉斯托斯的继承人，因此是他的近亲，可能是儿子或者孙子，因为

---

[50] 参见 Bruck 1926, p. 266。

[51] 与此相反的是冯·阿尼姆的观点（von Arnim 1928, pp. 101-107），他认为通过这一举动，特奥弗拉斯托斯含蓄地决定任命内雷乌斯为漫步学派的领袖。高查克反对这一观点（Gottschalk 1972, p. 336）。事实上，不论是在特奥弗拉斯托斯的遗嘱中还是在斯特拉托的遗嘱中（第欧根尼·拉尔修，5.62），我们都能清楚地看到，藏书和学园是两个不同的遗赠内容，在 kataleipô ... tên diatribên ... kataleipô ... ta biblia（将学园赠给……将图书赠给……）这段文本中被清楚地加以区分。

梅兰特斯也是特奥弗拉斯托斯父亲的名字。[52] 这份名单中提到的德玛拉托斯或许是亚里士多德的外孙（参见本书第一章第 3 节）。而希帕库斯是特奥弗拉斯托斯在雅典的财产管理人。皮媞亚的儿子，亚里士多德的外孙小亚里士多德，作为第十一名成员，当他达到适当的年龄时，可以添加到名单中。因此，最初的十人团体似乎是这样组成的：六位遗产执行人（其中有一位是他年轻时就交好的朋友）、两位近亲、一位遗产受托人，以及一位漫步学派哲学创始人的外孙。这个团体的组成一点也不随意，哲学生活几乎就像是一桩家族事务，局限在一个小圈子里，亲属关系、朋友关系、商业关系和文化关系在其中交织融合。

也有一些线索表明在卡利斯提尼和特奥弗拉斯托斯、特奥弗拉斯托斯和德米特里乌斯、德米特里乌斯和特奥弗拉斯托斯之后继任学园领袖的斯特拉托（在遗嘱中被列为遗嘱执行人）之间都存在着亲密的友谊。之后的机构中也能找到同样的联系：陶尔米纳（Taormina 1989, pp. 24-25）和索拉布吉（Sorabji 1990, p. 8）这样描述在雅典和亚历山大里亚管理哲学学园的古代学者们的家族关系：扬布里科（Iamblichus）的学生不只有索帕特一世（Sopater I），还有他的两个儿子，索帕特二世和希梅莱乌斯（Himeraius），以及希梅莱乌斯的儿子扬布里科二世，而雅典的普鲁塔克则是扬布里科二世的学生。亚历山大里亚的希梅莱乌斯娶了叙利亚努斯的一个亲戚，后者本来要嫁给普罗克洛斯，他们的儿子就是阿莫尼乌斯（Ammonius）。

---

[52] 参见 Wilamowitz 1881, p. 265 和 Bruck 1926, p. 258。

如上所述，关于这个团体究竟是某种崇拜缪斯的宗教（维拉莫维兹的观点），还是更加关注对死者的崇拜（伯扬塞），究竟是一种英雄崇拜还是一种葬礼崇拜，已经有了许多的讨论。[53] 也有一些学者认为二者可以并行，历史上也有一些类似的例子（参见埃庇科塔斯的"基金会"；《希腊铭文》[Inscriptiones Graecae] XII/3, no. 330）。[54] 我们看到，还有一些人认为，在亚里士多德时代，学园每天都要举行仪式纪念阿塔尼乌斯的赫米亚斯。[55] 但是，这些都无法削弱学园建立的根本目的终究还是在"**放松和学术研究**"中享受闲暇这一事实，我们会在下一节引用卡利斯托斯的安提戈努斯的一段文本说明这一点（第 93—95 页）。

4. 后续事件

我们知道特奥弗拉斯托斯非常善于教学，根据第欧根尼·拉尔修所说（5.37），有两千名学生参加了他的课程。这个数字可能指的是特奥弗拉斯托斯学生的总数，而非同时听课的人数。尽管如此成功，[56] 他的地位也并非坚不可摧，"甚至有一段时间他也不得不和其他哲学家一起被流放，那时安菲克利德斯（Amphiclides）的儿子索福克勒斯提出了一项法律，禁止任何哲学家掌管学园（scholê），

---

[53] Usener 1884, p. 76 持第一种观点；Nilsson 1960, 2:109 持第二种观点。
[54] 参见 Laum 1914, 1:88-89；Biscardi 1955, pp. 108-110；Veyne 1976, pp. 243-244。
[55] 参见 Bruns 1880, pp. 36-41。
[56] 第欧根尼·拉尔修（5.37）也回忆了一个可能是由民主派人士阿格诺尼德（Agnonides）针对特奥弗拉斯托斯的不虔敬的指控，据说特奥弗拉斯托斯很轻易地为自己辩护成功。关于这件事我们知之甚少；参见 Derenne 1930, pp. 198 ff.；Boyancé 1937, pp. 310 ff.。

除非有议事会和公民大会的法令，否则将处以死刑。但是次年，当菲洛（Philo）以非法提案的罪名处罚了索福克勒斯之后，他们很快又回来了。雅典人废除了这项法律，对索福克勒斯处以5塔兰特的罚金，投票召回哲学家们，让特奥弗拉斯托斯也能回来正常生活"（第欧根尼·拉尔修，5.38）。尤利乌斯·波鲁克斯（Julius Pollux）的《人名大全》（*Onomasticon*, 9.42）提供了一份类似的报告："也有一项反对哲学家的阿提卡法律，由苏尼翁人安菲克利德斯的儿子索福克勒斯推动制定，他在其中针对哲学家做出了某些指控，并提出任何智者都不能建立学校。"

这一事件发生在公元前307—前306年，所有的作者都把它与漫步学派的德米特里乌斯政权的陨落联系在一起。德米特里乌斯竭力支持哲学学园，帮助色诺克拉底和特奥弗拉斯托斯（参见第一章第3节）。事实上，苏尼翁的索福克勒斯提出的这一法令针对所有学园，正如同一时代的喜剧诗人阿莱克西斯（Alexis）大约创作于公元前306年冬天的戏剧《马术师》（*The Horseman*）中的一段充满论战意味的话中显示的那样。这段话预设了索福克勒斯的法令正在生效中。阿忒纳乌斯作品中的一个人物提到了这段话（13.610d-f）："既然你们这些哲学家痛恨文学，那么我不应该痛恨你们吗？你们不仅被吕西马库斯国王（King Lysimachus）宣布逐出他的王国，正如[珀加蒙]的卡利斯提乌斯（Carystius）在他的《历史记录》（*Historical Notes*）中说的那样，雅典人也这么做了。无论如何，阿莱克西斯在《马术师》中说：'那么这就是阿卡德米学园，这就是色诺克拉底？愿神祝福德米特里乌斯和立法者，因为他们把那些将所谓言辞的力量传递给我们青年的人从阿提卡揪出来丢进了地狱。'一个名叫索福克勒斯的人[在公民大会中]通过了一项决议，把所有的哲学家都逐出了阿提卡，在德摩斯提尼的表弟[57]德摩卡里斯发表了为索福克勒斯的决议辩护的演讲之后，亚里士多德的学生菲洛写了一篇反对他的演讲。"这段文本给我们提供了关于这一问题相当精确的论述，它补全并确证了第欧根尼·拉尔修的记载：一边是民主派的成员，比如演说家德摩卡里斯和这位索福克勒斯；另一边是漫步学派的成员，比如菲洛，正如维拉莫维兹指出的[Wilamowitz 1881, pp. 263 ff.]，他一定是雅典公民，因为他能够公开为学园辩护。特奥弗拉斯托斯的讲话显然是在德摩卡里斯之前，因为后者以他为跳板获得了一些认同（阿伊里安：《杂学》8.12）。

德摩卡里斯为索福克勒斯法令辩护的演讲，我们有一些残篇，其中最重要的部分已经在本书第一章第 2 节，第 6 页引用过了。幸存至今的文本表明德摩卡里斯的演讲很大程度上基于政治论证。阿里斯托克利斯在他的《论哲学》中写道，德摩卡里斯"**不仅说了亚里士多德的坏话，还说了其他人的坏话**"（尤西比乌斯，15.2.6 = *testimonium* 58g），从阿忒纳乌斯那里（5.215c）我们了解到，他质疑接受哲学教育的人是否适合作为军事领袖，他还中伤苏格拉底，[58]宣称"**没有人能用香薄荷[一种香草]枝做成长矛，就像没有人能让苏格拉底成为好将军。**"[59]接着他讲述了亚里士多德背叛祖国，而柏拉图的学生们千方百计要把自己变成城邦里的僭主。对哲学家的其他指控，比如当年处死苏格拉底的不虔敬，

---

[57] 实际是侄子。

[58] 在柏拉图的《申辩》29e，《卡尔米德》153b 和《会饮》220e 中，柏拉图坚称苏格拉底非常英勇，这一定是雅典人议论和闲谈的话题。

[59] 阿忒纳乌斯，5.215c-216a（另参见 187d）= fr. 3 Baiter-Sauppe = *testimonium* 1.C.39, Giannantoni 1990（详细讨论了苏格拉底的能力）。

似乎不再被人们提及，辩论主要在政治问题上展开。只有为了取悦大众的阿莱克西斯，提到了古老的反对智者的论证："**言辞的力量**"，据说哲学家就是靠它吸引青年，把他们变得拒不服从、难以掌控。[60]但是哲学家们打赢了这场官司，我们不知道他们用了什么论证。学园又重新开放了。

在特奥弗拉斯托斯去世后的某个时刻，花园的受赠团体选举斯特拉托成为他们的领袖，而斯特拉托在他的遗嘱中把学园留给了吕科。对此有很多讨论，[61]但它似乎是规则的一个例外，事实上，斯特拉托试图为他采取的措施寻找借口，宣称团体内的其他成员要么年事已高，要么事务繁多（第欧根尼·拉尔修，5.62）。即便如此，他还是劝告其他哲学家与吕科合作。特奥弗拉斯托斯也把那些因为太忙而无法一直住在花园中的人排除在外（5.53）。吕科把特奥弗拉斯托斯和斯特拉托的模式混合起来，把这所学园赠送给了另一个由十名学生组成的团体，但要求他们从其中选举出一名领袖（5.70）。在那之后发生的事情就不为人知了，但是在这个十人团体中，有一个年轻人已经跟着吕科生活了多年，被他当成儿子看待，名字也和他一样。这个叫吕科的儿子和他的兄弟阿斯提那克斯（Astynax）都是他们的父亲吕科的财产受托人（令人困惑的是，吕科有一个孙子也叫吕科）。根据传统记载，这个团体里的另一个成员，开俄斯的阿里斯通（Ariston of Ceos），接替吕科（父）成为漫步学派的领袖。但是我们并不确定这所学园是否

---

[60] 根据梅内克（Meineke）和埃德蒙兹（Edmonds）的假设，阿莱克西斯作品中的讲话者一定是个老人，他对那些败坏了他儿子，让他变得桀骜不驯的哲学家们感到愤怒。

[61] Gottschalk 1972, pp. 30-33 收集了一系列观点。学园领袖产生程序上的差异并不是很奇怪。法学家们将这一特点与公元6世纪和10世纪的修道院中发生的情况进行比较，当时修道院的院长可以由前任提名，也可以由选举产生；参见 Steinweter 1931, pp. 405-407。

幸存到了公元前 1 世纪。[62] 在特奥弗拉斯托斯继任者的遗嘱中，他们都没有像特奥弗拉斯托斯那样对遗产做完整的描述，吕科只是告诉继任者继续开放学园，监督其中的活动，并继续推进（第欧根尼·拉尔修，5.70）。

卡利斯托斯的安提戈努斯为我们提供了关于吕科时代学园后期发展的描述，这个描述带有论战性质。在阿忒纳乌斯引用的一段文本中（12.547d-548b），安提戈努斯告诉我们，当吕科"成为漫步学派的领袖之后，经常奢靡和虚荣地招待朋友，除了表演者、银器和纺织品外，对宴饮、服务人员和厨师的安排也过分奢靡，导致许多想要加入学园（*diatribê*）的人受到惊吓而退缩，就像人们在加入一个充斥着公共服务与税收义务的不良政府前也会十分谨慎。因为他们要负责漫步学园 30 天的日常运营（确保辩论者行为得体）。接着，在这个月的月末和下个月的月初，从每个辩论者那里收取 9 欧宝（*obol*），他们不仅需要为那些贡献了钱财的人[提供晚餐]，还有吕科邀请的人，外加那些出席学园（*scholê*）行政会议的老人，这样一来收上来的钱甚至不足以支付香水和花环。他们不仅是缪斯圣所的管理者，自己也要献祭。

"这一切显然与论证（*logos*）和哲学（*philosophia*）毫无关系，却更适合一种奢侈、富裕的生活。虽然有一些无力支付的人得以免除这一义务，因为他们的财富有限又平常，但是这种习俗仍然是完全不合时宜的。显然，柏拉图和斯彪西波的追随者组织这些集会的目的，并不是为了让那些聚在一起的人享受宴饮直到天明，或是喝

---

[62] 有关学园在公元前 1 世纪关闭的观点，参见 Lynch 1972, pp. 154 ff., 192-207；对这一问题的重新思考参见 Natali 1996（英译本 2000, pp. 206–207 = 英译本 2003, pp. 55-56）。

得酩酊大醉，而是为了展示他们对神的崇拜，和在文化追求上的共同旨趣，最重要的是，为了进行放松与学术研究（*philologia*）。现在，所有的这些在他们的继任者眼里都让位于华美的服饰和刚才描述过的奢靡，我也没有把其他人当作例外。吕科是如此爱慕虚荣，他在城邦最高档的地方，康农（Conon）的家里占用了一间有二十张睡椅的房间，它很适合他的宴会。吕科也是一个技术娴熟的球员。"

很难想象，安提戈努斯这段关于吕科时期漫步学派的描述，也适用于亚里士多德时期，甚至特奥弗拉斯托斯时期的学园。事实上，这一文本的主题是谴责某种"变化"和"衰落"。维拉莫维兹在这段文本中找到了学园具有宗教特征的确凿证据（Wilamowitz 1881, pp. 194-197），它设置了一个监督学生良好行为的监督员职位（*archên...epi tês eukosmias*），他也要照管敬拜缪斯的仪式。[63] 维拉莫维兹认为这段文本中的 *presbuteroi*（老人），区分了团体中的年轻学生和更高级的成员，后者就是之前的学园领袖在遗嘱中提到的那些继任者。但是安提戈努斯的文本可能只是宽泛地指那些出席学园行政会议的年长学生（*tous epimelôs synantôntas tôn presbuterôn eis tên scholên*）。[64] 而这段文本中出现的"缪斯圣所管理者"这一官职，是能为维拉莫维兹的论点辩护的最有力的证据。

---

[63] 根据维拉莫维兹的文本（Wilamowitz 1881, pp. 194 ff.），此处为 *tôn Mousôn epimelêtên genesthai*（设置缪斯仪式的监督员）。林奇和伊斯娜蒂·帕伦特认为，这一表述并不是指吕科本人，而是像维拉莫维兹和高查克理解的那样，指的是这里描述的月度圣礼的主持人。

[64] 即使是在特奥弗拉斯托斯的遗嘱他为哲学家建立基金会的部分（第欧根尼·拉尔修，5.52-53），我们也找不到 *presbuteroi*（老人）和 *neaniskoi*（年轻人）之间的确切区别（维拉莫维兹使用的是后一个词，但是它并没有出现在文本中）；在这一段落里，他只说亚里士多德的外孙（与他同名）可以加入这个团体，年长的成员应该好好照顾他。在我看来，这是对那个具体人的安排，而非建立两种门徒的类别，以他们在知识上的程度来区分彼此。

事实是，当特奥弗拉斯托斯在遗嘱中建立起漫步学园的"基金会"时，他并没有在遗赠的目的中包括对缪斯的崇拜，而仅有对理论生活的追求，他把构成共同财产的那些物品定义为某种类似于圣所（hieron）的东西，而不是严格意义上的圣所或神庙。在阿忒纳乌斯引用的这一段落末尾，当安提戈努斯谈到"**柏拉图和斯彪西波的追随者**"建立这些学园的目的时，他确实提到了某种宗教因素，但主要还是强调享受适合哲学家和智慧者的闲暇。在我看来，这才是漫步学派建立的根本目的。

第三章　亚里士多德学园的内部组织

1. 藏书

我们找不到关于亚里士多德时期学园组织与活动的外部证据。喜剧诗人们乐于取笑出身显赫的雅典公民柏拉图，但是对外邦人亚里士多德毫无兴趣，演说家也是如此（除了我们已经看到的德摩卡里斯）。对于这位哲学家和他的圈子，我们没有像对苏格拉底和柏拉图那样的漫画式描绘。因此亚里士多德的著作几乎成了我们理解这一时期漫步学园如何组织教学活动和哲学讨论的唯一信息来源。

亚里士多德著作中的科学和哲学研究，不像苏格拉底的纯粹概念分析那样，可以在随便哪个竞技场的门廊下一边散步一边即兴进行。亚里士多德得出的结论显然基于广泛的研究（*historia*），需要对证据（*phainomena*，或现象）进行复杂而系统的梳理，还需要对书面资料做适当的运用。我们先从第三点开始。

从他第一次在雅典居住开始，亚里士多德就在柏拉图的学生中显得与众不同，因为比起公开讨论他更喜欢自己阅读。我们在第一章（第 20 页）中提到，有记载对比了亚里士多德独自阅读的习惯与阿卡德米学园共同讨论的习俗（参见第 20 页注释 38）。在

第一章注释 136 中，亚里士多德提到那些"只读过菲洛克塞努斯的《会饮》，甚至连这本书也没读全"的人时讽刺的语气。我们不确定新柏拉图主义的传记中记载的这段轶事是不是确有其事，一些人接受它，例如杜林（Düring 1957, p. 108）和维盖蒂（Vegetti 1979, pp. 58-59），也有人拒绝接受，例如吉贡（Gigon 1962, pp. 40-43）。但是在希腊化时期的轶事集里确实有一个传统认为，亚里士多德是一个狂热的书籍收藏家。第欧根尼·拉尔修（4.5）告诉我们"**法沃里努斯（Favorinus）也在他的《回忆》（*Memorabilia*）第二卷中说亚里士多德花了 3 个塔兰特购买斯彪西波的书籍**"（*testimonium* 42c）。奥鲁斯·格里乌斯（3.17）也给出了相似的记载："据说亚里士多德在斯彪西波死后，花了 3 个塔兰特买了他的一些书籍，这笔钱换算成我们的货币是 72000 塞斯特斯。"（*testimonium* 42b）

亚里士多德在《论题篇》中，确实提到了使用成文作品的事情。他在这部作品中说 *endoxa*，即作为辩证法论证起点的有声望的意见，既可以从口头传统中找到，也可以从智慧者和专家的书面记录中获得。在《论题篇》I.14.105b12-18，他给出了这样的计划："一定要从这些书面资料中挑选，为每一个问题单独列出清单，比如'生命'，或者'好'，或者说一切好的东西，从它是什么开始，记下他们每个人的观点，例如恩培多克勒说身体中有四种元素，因为人们可能会写下某个名人的意见。"在这里我们第一次看到为后来的学述传统奠基的原则（参见 Zadro 1974, p. 343），例如阿伊提乌斯（Aëtius）的《观点》（*Placita*，参见 Diels 1879），它按照主题列出了哲学家们的不同观点，这种方式通常可以追溯到特奥弗拉斯托斯的《自然哲学家的观点》（*Opinions of the Natural Philosophers*）。我们经常看到有人拿亚里士多德的"哲学"史和特奥弗拉斯托斯的"学述"史做对比。但是这两种进路其实有同一个源头,只是代表了进行同一研究的不同层次。亚里士多德的辩证法,试图通过讨论和比较包括以前哲学家的书籍中的著名意见来解决疑难(aporiai),在这个意义上他认为收集文本和不同作者的思想是有用的,也是可以在理论上得到辩护的,因为辩证法的分析可以在这些材料的基础上展开。他在《论天》的一段著名的文本中谈到了这一点(I.10.279b4-12):"在定义了这些词语之后,我们接下来要说的是,它是不被生成的还是被生成的,是不可毁灭的还是可以毁灭的。我们首先要分析其他人的看法,因为对一种理论的证明就是相反理论的疑难。同时,那些曾经听过有争议的论证的人也会更容易相信我们要说的,用缺席审判的方式获得表面的胜利不适合我们,因为令人满意地判断真相的人应该是仲裁者(arbitrators),而非争议的任何一方。"

至于亚里士多德收集谚语,我们在上文提到过(第一章第4节,第25—26页)。他认为人们普遍接受的意见通常都有某种真理的内核,通过哲学研究可以使它恢复并得到澄清。在这个语境下,智慧者和专家的看法尤其值得注意,也应当被收集起来。在《尼各马可伦理学》中,讨论幸福由什么组成的不同意见时(I.8.1098b27-29),亚里士多德写道:"其中一些意见已经有很多人在过去说过了,另一些由少数有声望的人说过,我们有理由相信这两种意见不可能在所有的方面都错了,相反,它们在某些方面应该是正确的,甚至在大多数方面是正确的。"出于这些理论原因,建立一所小型的"哲学图书馆"就很适合亚里士多德辩证法的观念和方法,比柏拉图的阿卡德米学园更加适合。古代资料中也说亚里士多德是因为可观的藏书而著名的人物之一。

关于什么是好的，什么是坏的，最重要也最值得讨论的观点之一是老师柏拉图的观点。亚里士多德的许多思想都和柏拉图有着直接的联系，不仅与"未成文学说"（亚里士多德是主要的见证者之一）有关，也和我们拥有的柏拉图对话有关。另一方面，亚里士多德几乎从未直接引用过柏拉图的对话，却喜欢引用前苏格拉底作家的话，他也因此成为我们了解这些古代思想残篇的主要资料之一。比如在《论感觉》(*On Sense Perception*, 2.437b11 ff.)中，亚里士多德讨论了恩培多克勒关于视觉是火的观点，柏拉图在《蒂迈欧》中也接受了这个观点。亚里士多德很简短地概括了柏拉图的立场并迅速予以驳斥，却抄了恩培多克勒的一长段文本（fr. 84 Diels-Kranz）。要了解这一点，我们只能认为，听这段论述的人了解或者读过柏拉图的《蒂迈欧》，但是并不直接了解恩培多克勒，于是老师需要向听众介绍这个不那么容易获得的文本。同样的情况也出现在《论呼吸》(*On Respiration*, 472b6 ff., 473b ff.)和其他作品中。

也有一些令人好奇的段落，比如《论生成与毁灭》中的一段话（II.1.329a13-16），在这里亚里士多德提到了柏拉图"接受者"（Receptacle）的概念，明确提到了《蒂迈欧》："《蒂迈欧》中所写**的一点也不清晰，因为他没有清楚地阐述'接受者'是否与元素分离，他说到之前被称为元素的东西的基底时也没有用到它。**"文本继续总结了《蒂迈欧》的主要立场，以便展示它的不一致性。我们能从中了解到什么呢？车尼斯对这种表达方式感到惊讶（Cherniss 1945, pp. 84-85），假如亚里士多德从柏拉图创作《蒂迈欧》直到老师去世一直都是他的学生，他怎么会一直有这种疑惑呢？"难道他从来都没有请老师解释一下吗？还是说他问了却没有得到答案？"

在我看来，答案可能很简单。亚里士多德很可能是在对一群热爱哲学的听众讲话，他们已经熟悉了柏拉图的对话，因此他没有放慢节奏引用柏拉图的原话，而仅仅提到了其中的要点，并给出了一系列对相关文本的批评。如果亚里士多德的理论是在对柏拉图进行批判性的回应中发展出来的，并且应当参考柏拉图的对话进行阐释，那么熟悉这些对话可能是参加亚里士多德学园活动的必备条件之一。这当然不是一个制度上的必备条件，而是要加入讨论必须达到的知识条件。他提到柏拉图"未成文学说"的不同方式也值得注意，亚里士多德通常迅速、粗略地提到某部对话，就像对待著名作品一样，却细致阐述他对未成文学说的解释，这些很可能是听众不熟悉的。

那些研究亚里士多德学园发展的学者注意到，柏拉图对话的理论影响在亚里士多德去世后还在持续（参见 Wehrli 1959, 10:95-98）。漫步学派的成员，比如斯特拉托，以批评柏拉图的对话，而非亚里士多德的作品，来阐发其理论。阅读和评注柏拉图对话的习惯贯穿了整个古代亚里士多德主义的历史。比如索利的克里尔库斯（Clearchus of Soli），他是亚里士多德的亲传弟子，却醉心于研究魔法和神秘的主题，他就评注过《理想国》和《蒂迈欧》，它们也是亚里士多德本人最常引用的柏拉图著作（Bonitz 1870, cols. 598a ff.）。因此我们有理由大胆地说，亚里士多德学园的部分活动就是阅读、评论，以及批判性地讨论柏拉图的著作。

亚里士多德的《问题集》（*Problems*）中有一些有趣的文本，可能与学园的活动相关。在几个讨论学术研究（*philologia*）的段落中，亚里士多德提出了可能会在投身理论生活的朋友圈子中出现的两个问题，即阅读文本和共同讨论。第一个问题是，"对于一些人来说，当他们开始阅读时，即便他们不想，睡眠也会突然来袭；而对于另一些想要睡觉的人来说，拿起书却让他们保持清醒"（XVIII.1.916b1-3）。[1] 答案是，这是由于人的不同气质，忧郁或其他类型。另一个问题是，"为什么争论（*hoi eristikoi logoi*）有助于训练（*gymnastikoi*）？"（XVIII.2.916b20）。答案是，考虑到一个人要么会赢要么会输，这样就可以引导他不放弃争论，而是继续或者一次次地重新开始。这个例子很好地说明了希腊人所谓的"竞争心理"，以及他们对那些明显能够分出胜负的竞赛的热爱。出于同样的原因，在这些争论中人们也不可能长时间进行毫无结果的讨论（XVIII.8.917b4-8）。

现在我们简要地回到亚里士多德图书馆的故事，莫罗（Moraux 1973, pp. 3-33）以一种堪称典范的方式，带着批判性的平衡讲述了这些故事。我们已经说过亚里士多德是最早收集书籍并建立图书馆的人之一，也看到了阅读和成文作品在亚里士多德的辩证法中有多么重要。正如阿忒纳乌斯告诉我们的（1.3a），亚里士多德和诗人欧里庇德斯（Euripides）都以藏书出名（关于欧里庇德斯参见阿里斯托芬的《蛙》943），还有其他人，例如某位拉伦西斯（Larensis），他"**拥有这么多古希腊书籍，超过了所有那些因为拥有大量藏书而被赞美的人，包括萨摩斯的波利克拉底（Polycrates of Samos），雅典僭主庇西斯特拉图斯（Pisistratus）[……] 诗人欧里庇德斯，**[2] **哲学家亚里士多德〈和特奥弗拉斯托斯〉以及保管了**

---

[1] 这段话似乎表明书需要默读，就像我们今天所做的一样，但人们常说古人总是出声朗读。

[2] 阿里斯托芬取笑了他的藏书癖；参见《蛙》943。

最后这两人藏书的内雷乌斯。他说，我们的托勒密国王，姓菲拉德尔浦斯（Philadelphus），从内雷乌斯那里买下了所有书，并把他在雅典和罗德岛买到的那些书都转移到他美丽的首都亚历山大里亚"（testimonium 42d）。阿忒纳乌斯的这段话告诉我们亚里士多德的藏书首先传给了特奥弗拉斯托斯，之后又传给了内雷乌斯，[3] 然后从内雷乌斯手中来到了亚历山大里亚图书馆，这一收藏想必不只包括这位哲学家当年拥有的书籍，还有我们如今拥有的亚里士多德本人的哲学著作。托勒密王朝对这些书的兴趣，通常被解释为源自漫步学派与埃及国王们的紧密联系，古代资料告诉我们德米特里乌斯参与创建了这个伟大的图书馆，[4] 斯特拉托则负责教育托勒密·菲拉德尔浦斯（第欧根尼·拉尔修，5.58）。

关于亚里士多德的藏书中有哪些作品，或者阿忒纳乌斯提到的亚里士多德的作品，我们有一些进一步的信息。我们在第欧根尼·拉尔修（5.22-28；参见 Düring 1957, pp. 29-56）、被归于米利都的赫西奇乌斯的《梅纳吉传记》（公元 6 世纪；参见 Düring 1957, pp. 82-89），以及乌塞比亚的阿拉伯传记（Düring 1957, pp. 221-231）中，都看到了亚里士多德作品的目录。乌塞比亚的目录给出

---

[3] 参见特奥弗拉斯托斯的遗嘱（第欧根尼·拉尔修，5.52；参见本书第二章第 3 节）。漫步学派学者十分关注他们藏书的命运；斯特拉托把他的藏书留给了吕科（第欧根尼·拉尔修，5.62），而吕科把他本人发表的作品留给了他的奴隶卡里斯（Chares），把未发表的作品留给了哲学家卡里努斯，"以获得一个精确的版本"（第欧根尼·拉尔修，5.73）。

[4] 关于德米特里乌斯和亚历山大里亚图书馆，参见 frs. 38-40 SOD = frs. 63-65 Wehrli。【2012 年版后记：乌塞比亚对阿尔法拉比（Al-Farabi）的《论哲学的表象》（On the Appearance of Philosophy）的引用也证实了亚历山大里亚图书馆的确拥有亚里士多德作品的抄本："罗马皇帝奥古斯都打败了她［克利奥帕特拉］，将她处死并取而代之。当他的地位稳固之后，他检查了图书馆和书籍的制作（日期），并在那里发现了亚里士多德作品的抄本，都是在他和特奥弗拉斯托斯的时代写就的。"（= Theophrastus fr. 41 FHSG）】

了亚里士多德的作品在安德罗尼库斯（公园前 1 世纪）编辑之前的情况，安德罗尼库斯编辑的版本大体上就是亚里士多德的作品流传到我们手中的样子。而前两个目录反映了更早的情况，必定是在公元前 3 世纪末编辑的，要么是在亚历山大里亚的图书馆中（根据杜林和其他人的观点），要么是在漫步学派之中。

这表明在雅典或者亚历山大里亚，或者在这两个地方都保存着亚里士多德在学园里开设的课程和讲座的抄本。除了这个，我们也有其他记载显示，在公元前 4 世纪希腊世界的不同地方都出现了亚里士多德的著作。在罗德岛，欧德谟似乎有一份《形而上学》的抄本（fr. 3 Wehrli）和一份《物理学》的抄本（fr. 6 Wehrli）。他很有可能还有一份后来以他的名字命名的作品，即《欧德谟伦理学》的抄本，或许还有《分析篇》的抄本（参见 Berti 1982, pp. 16 ff.）。菲洛德穆斯在一部名称不详的作品中（*P.Herc.* 1005，fr. 111），引用了伊壁鸠鲁的一封信，他在信中请一位朋友寄给他亚里士多德的"**《分析篇》与《论自然》**"。

但是随着时间的推移，对亚里士多德作品的阅读越来越少。例如，我们有充分的理由怀疑斯多亚学派的创始人是否直接读过他的著作，尽管这一问题还没有完全解决。[5] 当罗马时代的作家试图解释亚里士多德学园为何偏离了老师的关注时，他们认为这是因为亚里士多德的著作已经遗失了。由此产生了一个传说，认为亚里士多德哲学影响力的削弱是因为偶然事件，而不是因为希腊化时代哲学家们的理论兴趣发生了转移。斯特拉波（13.1.54）和普

---

[5] 关于亚里士多德和斯多亚学派的关系，Sandbach 1985 中有大量的讨论；关于希腊化时期亚里士多德生物学作品的传播，参见 Düring 1950，他主张阿忒纳乌斯对亚里士多德生物学作品的引用，反映了这些作品在安德罗尼库斯之前的状况。

鲁塔克引用了这个传说。斯特拉波在谈到斯凯普西斯城时指出，出生在这里的人有埃拉斯托斯、克里斯库斯，以及他的儿子内雷乌斯，他是亚里士多德和特奥弗拉斯托斯的学生，并"**继承了特奥弗拉斯托斯的藏书，其中包括亚里士多德的藏书**"。斯特拉波说"**亚里士多德将他的藏书留给了特奥弗拉斯托斯，同时也把学园留给了他，而据我们所知，他**[特奥弗拉斯托斯]**是第一个收藏书籍并教导埃及国王如何建立图书馆的人**。"在这几行文字中，斯特拉波使用了很多不可靠的报告。从亚里士多德的遗嘱中我们可以得出结论，他并没有把学园或者图书馆留给特奥弗拉斯托斯。而且，特奥弗拉斯托斯也不是第一个收藏书籍的人，我们在上文看到，在他之前至少还有欧里庇德斯。此外，特奥弗拉斯托斯也没有指导过亚历山大里亚图书馆的创建，这座图书馆是在他死后根据德米特里乌斯的建议建立的。

斯特拉波接着写道，内雷乌斯"将它[藏书]带到了斯凯普西斯，将它遗赠给了他的亲戚们，一群普通人，他们甚至没有仔细保管这些书就将它们束之高阁。但是，当他们听说阿塔利德的国王们（他们的城邦臣服于他们）热心地收集书籍，以便在珀加蒙建立图书馆时，他们把书藏在了地下的沟里。很久以后，潮湿和虫子损坏了这些书，他们的后代把亚里士多德和特奥弗拉斯托斯的书籍高价卖给了泰俄斯的阿佩利孔（Apellicon of Teos）。阿佩利孔不是哲学家，而是爱书者，因此为了修复那些被损坏的部分，他让人重新抄写了全部文本，拙劣地补全了缺损，出版了错误百出的版本。整个事件的结果就是特奥弗拉斯托斯之后的漫步学派成员事实上完全没有[创始人的]著作，除了少数几本，大多数都是公开[出版]的书籍，因此他们无法以一种系统的方式研究哲学，只能谈论[修辞学的]论题"

(斯特拉波，13.1.54）。普鲁塔克在他的《苏拉传》26 中告诉我们在公元前 84 年，苏拉在比雷埃夫斯港停留，抢走了很多东西，其中就有阿佩利孔的藏书，包括了亚里士多德和特奥弗拉斯托斯的所有著作。接着，他把这些书带回罗马，并让语法学家提兰尼翁抄写它们。随后，罗德岛的安德罗尼库斯出版了它们，并制作了目录。普鲁塔克也提到，古代漫步学派的成员对他们老师的著作不甚了解，他还指责了藏匿书籍的内雷乌斯的后代。

斯特拉波和普鲁塔克说斯特拉托之后的漫步学派不熟悉亚里士多德的思想，这个判断从历史上讲是准确的，也得到了许多现代历史学家的认同。但是整个故事的很多细节都令人费解，而且我们没有任何理由认为亚里士多德的作品就这么凭空消失了，直到西塞罗的时代才再次出现。然而，就我们的目的而言，这些问题终究是次要的。重要的是漫步学派看起来一直对成文作品有着浓厚的兴趣，不管是对他们老师的作品还是其他人的作品。在漫步学派成员的遗嘱中，我们能明显看到他们特别关注个人藏书和个人作品的命运（参见 Gottschalk 1972, p. 319），正如在第欧根尼·拉尔修作品中所保存的他们作品的清单和大量其他迹象表明的那样。

2. 收集和阐释信息的方法

关于亚里士多德收集和阐释信息的方法，学者们有过热烈的讨论，但是大部分都集中在年代问题上，与亚里士多德思想的"发展"有关。学者们好奇亚里士多德的那些资料收集工作，是在他返回雅典之前的旅行期间，还是完全或者大致发生在他返回雅典之后（参见第一章第 6 节）。学者们讨论这个问题时总会特地说到亚里士多德对生物学资料的收集工作，因为就其他资料来说，我们无法排除这样一种可能性，即亚里士多德从他还是柏拉图的学生时就已经开始收集资料了，之后也一直在学生的帮助下继续这项工作。第二个问题特别有趣，因为人们认为他对所谓"经验数据"的关注标志着他脱离柏拉图主义，开始了他思想中"经验主义"的阶段。现在，已经没有人继续用这些词汇来讨论这个问题了，所有人都同意，无论是在亚里士多德的漫步学园中，还是在阿卡德米学园中，对现实不同方面的研究都不会与他们对第一原理的研究相矛盾。

看起来我们可以确定，柏拉图学园就已经在收集广泛、多样的经验数据了。我们在上文中看到（第一章第 4 节，第 25—26 页），亚里士多德还是柏拉图的学生时，就已经收集了许多谚语和流行的说法。特奥弗拉斯托斯本人告诉我们，尽管柏拉图**"把大部分研究都放在第一哲学上，他也关注证据，并且研究自然"**（辛普里丘 [Simplicius]：《亚里士多德〈物理学〉评注》[Commentary on Aristotle's Physics]26.9-15）。这个说法似乎与柏拉图通常的说法相悖，相比用纯粹数学、抽象的方式研究天体（这是柏拉图一直推崇的），他经常贬低对天体的经验观察（《理想国》VII.529c, 530b；《蒂迈欧》68b）。但是柏拉图也承认在生成变化的世界里考察理性原理非常重要（《蒂迈欧》29a-c）。从这一点来看，他的立场与亚里士多德在《动物的部分》I.5 中的立场相去不远（参见下文，第 111—112 页）。[6]

---

[6] 对此争论比较平衡评价，以及对柏拉图作为科学家价值的客观判断，参见 Lloyd 1968；Lloyd 1970, pp. 65-78。

在阿卡德米学园中，在变化的世界里研究理性原理的观念以一种特殊的方式得到了发展。例如，我们知道斯彪西波创作了一部题为《相似者》（*Homoia*）或《论相似之物》（*Peri ta homoia pragmateia*）的著作。在其中他收集了自然研究方面的资料，并用二分法组织那些资料。人们认为这部著作意在提供一些信息，以便在更加理论性的作品中做进一步的研究（参见 Isnardi Parente 1980, pp. 214-215, 377 ff.；Tarán 1981, pp. 65-68, 256）。这种"百科全书式的著作"和更加"理论化的著作"之间的关系也可以在亚里士多德的作品中找到。比如在《动物研究》和其他生物学著作中就存在着这种关系。我们很快会再次讨论这个问题。

但是"数据"指的是什么呢？在亚里士多德的作品中，真的存在与我们相似的"经验数据"概念吗？还是说我们有可能在他的不同作品中区分出不同类型的事实？在亚里士多德的词汇中，没有一个与我们的科学术语"数据"（data）完全对应，即事实性的信息，特别是来自测量、记录、分类和处理的信息。在亚里士多德的词汇中，最接近的就是 *phainomenon*。根据波尼兹所说（Bonitz 1870），它也有两层含义，一个是 *res sensu manifesta*（对感觉显现的事物）；另一个是 *animi cogitatio*（灵魂中的思想），后一种含义基本上与 *endoxon*（有声望的意见）一致。下面这段文本体现了第一种含义："**生产性知识的目的**（*to telos*）**是产品**（*to ergon*），**而自然科学知识的目的严格说来总是感觉的证据**（*to phainomenon . . . kata tên aisthêsin*）。"（《论天》III.7.306a16-17）而接下来的这段文本体现了第二种含义：一个命题是辨证的而非演绎的，如果它提出了"**显而易见和有声望的意见**（*tou phainomenou kai endoxou*），正如我们在《论题篇》中所说的那样"（《前分析篇》

I.1.24b10–12）。在一段同时用到了两种含义的文本中，亚里士多德批评了原子论者，指责他们废除了"许多有声望的意见和感觉证据（*polla tôn endoxôn kai tôn phainomenôn kata tên aisthêsin*）"（《论天》III.4.303a22-23）。

phainomenon 这个词具有模糊性，是因为对亚里士多德来说，这两种含义并不像现代读者认为的那么判然有别。[7] 现代读者受到笛卡尔的影响，他在《论正确进行推理和在科学中寻求真理的方法》（*Discourse on the Method for Conducting One's Reason Well and for Seeking Truth in the Sciences*[常简称为《论方法》]）的第二部分中，将"绝不把任何我没有清楚理解的东西接受为真的"确立为这一方法的第一准则（p. 18 Adam/Tannery）。亚里士多德认为，那些由研究者亲自观测并确证的东西和那些由值得信赖的人证实了的东西都是"数据"。他在《论天》中写道："**看起来，不仅是这个论证为证据（*ta phainomena*）提供了支持，那些显然的东西（*ta phainomena*）也为这个论证提供了支持。因为每个人都有某些关于神的看法，每个人也都认为最高的位置属于神。**"（I.3.270b4-7）在这一段落中，第一次出现的 *phainomena* 非常接近我们的同源词"现象"，即"经验证据"；而第二次出现则清楚地指向共同和普遍持有的观点，即对所有人来说都很显然的观点。

漫步学派成员收集的事实反映了这个相当宽泛的"数据"概念。在《气象学》中（I.13.350a14-18），亚里士多德说"**最大的河流似乎源自最大的山脉。那些研究大地地图（*tas tês gês periodous*）**

---

[7]　关于这一点，欧文有一篇经典的论文（Owen 1961，1986 年重印，pp. 83-103）；另参见 Berti 1966, pp. 61-88；Berti 1972, pp. 109-133；Nussbaum 1986, pp. 240-258。

的人很清楚这一点，因为在那些作者并非亲眼所见的情况下，它们是被相应的发现者记录下的。"这里的 gês periodos 指"对大地的描述"或者"大地的地图"（参见 Liddell-Scott, periodos III），这个表达再次出现在亚里士多德的《政治学》中，"一些写作了对大地的描述（gês periodoi）的人"记录了对上利比亚的观察（II.3.1262a18-19）。他在《修辞学》中推荐演说家研究地理著作和历史著作（I.4.1360a33-37），因为"对大地的描述（gês periodoi）有助于立法（因为我们可以通过它们了解不同民族的法律与习俗），而那些讨论人类行为的研究有益于政治思虑。"我们会在下面看到，这个表述还可以用来指游记、地理论述，甚至是地图。比亚里士多德更像"科学家"的特奥弗拉斯托斯，在一本气象学著作中一开篇就提到了从他人那里收集信息（《论天气的标志》1）。[8] "我们已经在下文尽可能多地记录了雨、风、风暴和好天气的标志，我们自己提供了一些，还有一些来自其他值得信赖的人。"许多批评家指责亚里士多德使用二手信息，比如布尔吉（Bourgey 1955, p. 11）。如果这种指责是说用如今的标准来看亚里士多德的方法是粗鄙的、科学上不可靠的，那么这种指责就是错误的。亚里士多德的同时代人对于用原因和原理给出科学解释，应该收集什么样的重要信息有着完全不同的看法。

这些数据如何编目呢？在亚里士多德的时代，并没有字母顺序，至少没人用过这种顺序，人们根据内容的相似性来进行组

---

[8] 抄本中将《论天气的标志》归为亚里士多德的作品，但是现代学者都不接受这一点，并由此产生了对其地位的疑问。从现有的形式判断，它不可能是特奥弗拉斯托斯的作品，但它的内容却又很像出自特奥弗拉斯托斯之手（fr. 194 *FHSG*；Regenbogen 1940, cols. 1412-1413）。对这一问题的最新看法是将它当作特奥弗拉斯的《论天气的标志》的删节版（原始的完整版已经遗失），这个删节版保留了数据却去掉了对原因的讨论（Sider and Brunschön 2007, pp. 40-43）。

织。例如，《形而上学》第五卷所谓的"哲学辞典"描述了专家们使用一系列哲学术语的方式，它们并非按照字母顺序编排，而是按内容进行分组：首先是与原因概念相关的术语（第1—5章）；接着是那些表达了亚里士多德称之为"第一哲学"的关键概念的术语（第6—8章）；再接下来是那些与同一性相关的术语（第9—11章），等等（参见 Reale 1968, p. 83）。与此相似，收集了阿卡德米学园里最常使用的一系列哲学术语定义的伪柏拉图作品《定义》(Definitions)，也是按照主题分组的：伦理学、政治学、辩证法、修辞学（参见 Rossitto 1984, pp. 30-31）。

那些包含了收集来的事实的作品，通常一开始就给出了整理事实的标准，以便帮助那些可能需要查找特定信息的人。在《论题篇》中，亚里士多德根据四种谓词的划分组织了不同论证的主题（第二、三卷：偶性；第四卷：属；第五卷：性质；第六、七卷：定义）。它们又被归入一系列子类，就像第一卷中描述的那样（I.10；参见 Zadro 1974, pp. 40 ff.）。在《动物研究》中，亚里士多德按照这本书开头设定的标准组织材料，他对各种动物的描述，根据它们的生活方式、行为、性情以及部分进行划分（I.1.487a11）。亚里士多德在这里使用的划分方法，展示了他与阿卡德米学园中所做的概念区分或 *diairesis*（划分法）的联系。[9] 而

---

[9] 参见 Krämer 1968; Lanza and Vegetti 1971, pp. 88 ff., 102 ff.; Pellegrin 1982。最近的学者在19世纪的生物学家（如 Pochet 1884-1885）对亚里士多德分类法的批评基础上，强调这一工作并非简单的信息收集，而是对柏拉图的辩证法，如 *diairesis*（划分法）的使用。这样就使得这一文本成为了成熟的科学研究，事实之中贯穿了理论，是原因研究必不可少的一部分。有些人将这项研究与后来的生物学作品进行了对比；例如，"《动物研究》已经非常独立了，它本身的科学结构不需要任何完善"（Lanza and Vegetti 1971, p. 86）。但是其他人认为这部作品是《动物的部分》和《动物的生殖》的后续，例如佩莱格林就认为在"三部伟大的生物学著作之间存在分工."（Pellegrin 1982, p. 172）。我不想贸然介入这场辩论，虽然在我看来，（转下页）

特奥弗拉斯托斯的《植物研究》也是以相似的方式组织起来的，根据一系列非常类似的区分：构成部分、性质、繁衍，以及生活方式（1.1.1）。[10]现代学者，如斯坦梅兹（Steinmetz 1964, pp.7 ff.）和雷根博根（Regenbogen 1970, cols. 1470-1471）强调了特奥弗拉斯托斯的作品中源自柏拉图主义的概念模式。

另一方面，伪亚里士多德的《家政学》（公元前4世纪末）的第二卷并不是根据概念区分组织事实，而是大体上以一种时间顺序陈述了城邦、君主和军事指挥官需要资金时借以筹款的策略（参见 van Groningen 1933, p. 35）。事实上，作者说他在收集对前人行为的研究（historia）结果（II.1.1346a25-29）。[11]如果皮提亚赛会的获胜者名单（本书第一章第8节）和亚里士多德其他类似的作品以不同的方式排序，反而会显得很奇怪。

有一种传统观点认为阿卡德米学园致力于纯粹概念性的抽象反思，而漫步学园则致力于现代意义上的经验科学研究。[12]实际的情况一定更加微妙，它们的区别也一定没有那么清晰。在亚里

（接上页）亚里士多德的明确说法更支持佩莱格林的观点（例如《动物的部分》II.1.646a8）。我的立场是：亚里士多德和特奥弗拉斯托斯的研究（historiai）是最接近漫步学园的数据收集和研究活动的作品。在我看来，认为这些事实是以更加简单的方式，例如以某种索引的方式分组，接着根据划分法以一种更理论化的方式组织，然后再以更加理论化的方式在关于原因的作品中加以研究，这种想法毫无用处。比较简单的设想是，从个人观察、专家和可靠人士的论述、荷马和其他诗人的作品中获得的事实，被直接插入这些研究（historiai）中，以便随后进行重新加工。

[10] 关于这两部作品结构上的相似性，参见 Wörle 1985, pp. 3 ff.。

[11] 把亚里士多德在《政治学》I.11.1259a3-5 中的建议"**我们一定要收集（sullegein）那些零散的关于一些人如何幸运地赚钱的说法**"付诸实践。

[12] 这种阐释的典型案例参见 Oncken 1870, pp. 4-12；昂肯强调亚里士多德是医生的儿子，因此他必定从家庭中学了解剖学和科学方法，他是第一个把这种科学方法应用到希腊知识体系中的人。他是归纳法和经验观察法之父。在这个意义上，他既没有老师也没有学生。故而，他的立场与阿卡德米学园中的那种纯粹的理念沉思相对。

士多德的学园中 *diairesis*（划分法）至少作为一种组织事实的模式一直持续使用，虽然亚里士多德的划分法修正了柏拉图过于严格的二分法模式(《动物的部分》I.2-3）；它被认为是一种解释方法(《前分析篇》I.31;《后分析篇》II.5)，并因此受到了亚里士多德（《动物的部分》I.3.643a27 ff.)和特奥弗拉斯托斯（《植物研究》1.3-4；参见 Wörle 1985, pp. 98 ff.）的批评。这样看来，这一时期阿卡德米和漫步学园之间的区别并不在于研究兴趣和研究对象不同，而在于对研究数据做不同种类的阐释。

亚里士多德对这些证据的阐释，以及他对原因的判断，都在公开课程中呈现给了他的学生，他会读出他的著作(*logoi*)。我们拥有的亚里士多德的作品，除了一些值得注意的例外（例如《动物研究》和《雅典政制》，大多已经遗失的公开发表的对话，以及我们只拥有少量残篇的其他一些作品），事实上都是他作为老师读出来的。耶格尔清楚地表明（Jaeger 1912, pp. 131-148)，这些课程多少有些像现代的讲座课程，读出这些文字就相当于公开发表。耶格尔认为，亚里士多德学园的课程和柏拉图在《巴门尼德》开篇（127b-d）描述的芝诺的课程差不多。芝诺和巴门尼德曾经来雅典参加泛雅典娜节，"**他们和皮索多鲁斯**（Pythodorus）**一起住在城墙外的凯拉米库斯**（Ceramicus）**家，苏格拉底和许多跟着他的人一起去了那儿，因为他们想要听听芝诺的著作。这也是他们第一次把他们请到雅典，苏格拉底那时还非常年轻。于是芝诺本人向我们朗读了他的作品，巴门尼德在房子外，当他快要读完的时候，皮索多鲁斯从外面走了进来，巴门尼德和亚里士多德（三十僭主之一）和他在一起，他们只听到了最后一点，不过皮索多鲁斯之前已经听过了。苏格拉底听了，要求芝诺再读一遍第一卷的第一个论题。芝诺读完，他说：'芝诺，这是什么意思？'"。

这次课程是在一个私人住宅里，面对一群随机组成的听众进行的。但是类似的课程也可以在公共场所进行。比如伊索克拉底告诉我们（《泛雅典娜节演讲》18-19），一群知识分子在吕克昂运动场组织了一次公共朗读。"三四个智者，这群人会突然出现在任何地方，宣称自己通晓一切，他们坐在吕克昂，进行了一场关于诗人，特别是赫西俄德和荷马诗歌的谈话，谈话内容只是背诵他们的诗篇和回忆前人说过的精妙绝伦的事物。课程（*diatribê*）结束后，他们得到了旁观者的赞赏，其中最大胆的一个人试图诽谤我，说我鄙视这些东西且摒弃了所有的哲学（*philosophia*）和其他人的教育（*paideia*），还说除了参加我课程（*diatribê*）的人之外，其他人说的都是废话。"

我们在伊索克拉底的演讲中看到（《泛雅典娜节演讲》200），雅典各个学校的运作方式大致相同，在这篇演讲中他让我们看到学校里的工作："我和三四个一直跟随我上课（*syndiatribein*）的年轻人一起修订（*epênôrthoun*）了我那篇演讲稿朗读过的书面版本。重温它的时候，我们觉得这篇演讲很好，似乎只需要一个结尾，于是我想把它送到我的一个朋友那里，他曾经在寡头政制中工作，并赞美斯巴达人，我这样做是因为如果我们忽略了演讲中的一些错误，他也许会发现并向我们指出。"

伊索克拉底这里提到的"修订"是在学生面前朗读作品，我们也许可以假定，亚里士多德或多或少也用这种方式朗读自己的讲稿（*logoi*）。事实上，在第欧根尼·拉尔修（5.37）引用的特奥弗拉斯托斯致艾雷苏斯的法尼阿斯（Phanias of Eresus）的信中也提到了类似的情况。在出版其作品的校对阶段（*peri tou deiktêriou*），他说道："在这封信中：'它不仅不是一个节日聚会（*panêguris*），甚至也不是一个人们希望的简单的委员会（*synedrion*），朗读带来了修订（*epanorthôseis*），这一代人不再允许推迟和忽视一切事物。'在这封信中他使用了'闲暇的'（*scholastikos*）一词。"这段话非常令人费解，也引发了各式各样的翻译，[13]但是在我看来，这个不完整的句子表明，特奥弗拉斯托斯遵从与伊索克拉底相同的程序：学园领袖召集最重要的学生，向他们朗读之前写作的文本，以便在向更多听众发表前寻求修正和改善的建议。类似的例子也出现在新柏拉图主义学园里。在评注被归于赫米亚斯的《斐德罗》（*Phaedrus*）时，普拉切特注意到了一段论述，提到了叙利亚努斯和学生普罗克洛斯（Proclus）之间各种各样的学术讨论（Prächter 1909, p. 39）。

这就是古代文本中所说的一切。信息非常零碎，也不总是直接关于哲学学园。事实上，它们分别描述了在私人住宅中举办的朗读，在竞技场中的朗读，修辞学校中的活动，以及成熟的哲学学园中的活动。然而，不同学校里的许多习俗可能多少有些相似，我们至少可以根据这些信息大致了解学校里的情况。

我们说过，亚里士多德学园的一个典型特征就是收集和解释物理世界最多样的现象。我们不能说这是漫步学派特有的，因为在柏拉图主义者中似乎也有类似的情况，比如上文提到的斯彪西

---

[13] 对这封信的阐释，参见 Gigante 1962, pp. 515-516；Sollenberger 1985, pp. 12, 45-46。
【2012 版后记：根据最近448布那版的希腊文本，特奥弗拉斯托斯说的是 *tou deiktêriou*，这个词非常罕见（并不是所有抄本中都有），意思是"校对阶段"或者"展厅"。在其他版本的第欧根尼·拉尔修著作中，例如洛布古典丛书和牛津古典文本，编辑在这里都选择了其他抄本中的 *dikastêriou*（法官室），却没有在校勘记中记录 *deiktêriou*。一种推测性的修订也值得考虑，比如阿佩尔特（Apelt）建议的 *didaktêriou*（教室）。】

波。当然，在亚里士多德这里我们才找到了对这一观点明确而著名的理论阐述。在《动物的部分》I.5.644b22 ff. 中，亚里士多德在所有可感的实体，或者说"自然存在的实体"中区分出了永恒的实体，例如恒星（感觉几乎无法提供对它们进行研究的前提），和可以毁灭的实体。对于后者我们可以了解更多，因为它们就在我们中间（*dia to syntrophon*）。根据亚里士多德所说，关于恒星和永恒的可感实体的原理的知识更加高贵，也更令人快乐（*dia tên timiotêra...hêdion*），虽然它更加有限。相反，可以毁灭的实体能产生极其大量的知识（*epistêmês hyperochê*，645a2）。在这两种情况下，问题在于要在可感实体的世界中找到与永恒或"神圣者"相对应的目的（参见 645a24-31）。耶格尔认为（Jaeger 1923, pp. 337-340），我们在这些段落中看不到对纯粹经验研究的赞美。[14] 但是亚里士多德特别关注我们从研究自然世界中获得的快乐（644b34-35），这一特征将他的思想和其他哲学家区分开来。亚里士多德说，即使是那些看起来并不漂亮的生物，研究起来也令人快乐："因为即使是在那些对于感觉观察来说毫无吸引力的生物身上，类似匠人的自然也会给那些能够找到原因，并天生擅长哲学的人带来巨大的快乐。"（645a7-10）这一点很重要，对自然实体的科学研究本身并不是目的，也不是有助于人类社会的活动，它是某种终极目的，因为它是实现"哲学生活"的方式，是实现亚里士多德式的幸福的一种方式，即致力于理智活动的生活。

这让我们再一次面对亚里士多德和我们的文化之间的差异。尽管今天的科学家也会从自己的研究中获得快乐，并把所有可能

---

[14] 关于《动物的部分》I. 5 的阐释，参见 Kullmann 1974, pp. 79-85。

的时间都用在研究上，但是如果要求他们去论证这种人生选择，他们不会仅仅提到从这些活动中获得的快乐与幸福，他们会觉得相比科学的客观发展和人类的进步，这些过于主观且微不足道，不足以成为理由。因此，亚里士多德称赞研究生物和可感实体的理由，与现代科学概念并没有那么接近；反而表明了一位希腊哲学家，甚至是亚里士多德式的"科学家"，与现代研究者之间的历史差距有多大。后者会认为前者的理由自私且庸俗，而前者则会认为后者带有奴性，配不上一个自由人。亚里士多德说："**第一个发现感觉之外的任何技艺的人，会受到其他人的赞赏，不仅因为这些发现中有一些有用的东西，还因为与他人相比，他更智慧、更杰出。但是随着越来越多的技艺被发现，有些指向生活必需品，其他则是为了闲暇（** *diagôgê* **），**[15] **人们总是认为这类事物的发现者更加智慧，因为他们的知识并没有瞄准有用的东西。**"（《形而上学》I.1.981b13-20）

3. 教学支持与研究工具

有些人认为，因为法律上的原因，亚里士多德不能在雅典拥有房产或土地，他只能和那些所谓的"智者"一样局限在公共运动场授课（参见 Düring 1957, pp. 459 ff.）。但是其他人认为这是不可能的（例如 Gigon 1958, p. 164；Chroust 1972a, pp. 310-318）。从亚里士多德的作品中，我们可以看到，他的教学活动需要一些简单的科学工具，因此这些活动必定不同于柏拉图与色诺芬在对话

---

[15] 关于 *diagôgê* 的多重含义，参见 Bonitz 1870，他引用的文本关注思想性闲暇活动的价值。

中描述的那种苏格拉底式的自由讨论。重构漫步学派研究和教学的"实践性"方面，最保险的做法是从亚里士多德的文本开始，在其中搜寻一些他如何开展工作的说明，他需要首先描述现实多方面的复杂性，然后再对此给出理性的解释（另参见 Dirlmeier 1962a）。

亚里士多德在他的课程中使用了表格和图表。他在《论题篇》中推荐使用图表（I.14.105b12-5），这段文本我们已经在上文部分引用过。"一定要从这些书面资料中挑选，为每一个问题单独列出清单，比如'生命'或者'好'，或者说一切好东西，从它是什么开始。"因此，不论是阿卡德米学园还是漫步学园，一定都有图表汇集了不同哲学家关于辩论主题的主要观点。

在《尼各马可伦理学》中（II.7.1107a32-33），亚里士多德提到一个列出了相反的恶性与德性的图表。这个图表没有保存下来，但是我们有《欧德谟伦理学》中平行段落里提到的另一个（II.3.1220b36-1221a15）。"为了举例，让我们从图表中依次研究它们：

易怒	无血性	温和
鲁莽	怯懦	勇敢
无耻	羞怯	知羞耻
放纵	无感觉	节制
嫉妒	无名字	义愤
唯利是图	遭受损失	正义
挥霍	吝啬	慷慨
自夸	自贬	真诚
奉迎	敌意	友好

（续表）

谄媚	顽固	尊严
软弱	僵化	坚强
虚荣	谦卑	豪迈
奢侈	小气	大方
狂妄	天真	明智

这些情感和类似的东西都出现在灵魂中，它们被称为过度或不及。"亚里士多德后来还提醒听众，"我们在表格里也把鲁莽和怯懦区分为相反的东西"（III.1.1228a28-29）。

在《解释篇》（13.22a22-31）中，我们看到了另一个图表："在下面这个图表中考察一下我们讨论的内容"：

能够是	不能是
可能是	不可能是
并非不可能是	不可能是
不必然是	必然不是
能够不是	不可能不是
可能不是	不可能不是
并非不可能不是	不可能不是
不必然不是	必然是

每个人都要能够看到这样的图表，所以它们是写在墙上或者贴在墙上的。因此课程需要一个固定的空间和房间，而不是像普罗塔哥拉教学时那样来回走动。

在亚里士多德使用字母来指代某个东西时，文本也暗示他使用了图画和图表。我们只提两个例子。第一个来自亚里士多德在《尼各马可伦理学》V.5.1133a5-12 中对交换正义的分析："使这种交换成比例的是对角线的连接，例如，A 是建筑者，B 是鞋匠，C 是房子，D 是鞋子：

建筑者要从鞋匠那里得到后者的产品，也把自己的产品给鞋匠。如果一开始就有比例上的平等，然后有交换，就会像我们所说的那样。"第二个例子来自亚里士多德对彩虹看起来是圆弧形的解释（《气象学》III.4.375b9-12）："外层的彩虹是 B[线]，里面首要的彩虹是 A；至于颜色，C 是红色，D 是绿色，E 是紫色，黄色则出现在 F[点]上。"

生物学课程需要解剖图，《动物的部分》好几次提到了它们。"必然有什么从[胃里]依次接收它[食物]……在《解剖学》和《自然研究》[=《动物研究》] III.3-4 中都能观察到这些[血管]"（《动物的部分》II.3.650a28-32）；"在《解剖学》和《动物研究》中能观察到不同血管分布的细节"（《动物的部分》III.6.668b28-30）；"一定要在《动物研究》[IV.4] 和《解剖学》中观察它们每一个[不同软体动物的消化器官]的方式，因为有些东西可以通过论证更好地阐明，而另一些则通过目测来考察"（《动物的部分》IV.5.679b37-680a3，III.14.674b16-17，IV.13.696b15-16）；"心脏相对于鳃的位置可以在《解剖学》中观察到，《[动物]研究》中会详细观察"(《论呼吸》16.478a34-b1，478a26-28)。在《动物的生殖》里也可以看到类似的段落："这些可以在《解剖学》和《[动物]研究》中的图像里观察到。"(《动物的生殖》II.7.746a14-15，719a10，740a23，753b18，758a25)最后这句话清楚地表明，亚里士多德为他的学生准备好了可供参考的作品，即我们知道的《动物研究》，其中附有解剖图（参见 Dirlmeier 1962a, pp. 20-22）。在《动物研究》中，亚里士多德提到了解剖图，例如"刚才所说的事情也可以在这幅图中看到"（III.1.510a29-30，I.17.497a32，III.1.511a11-14，IV.1.525a7-9，IV.4.529b18-19，IV.4.530a30-31，VI.10.565a2-13，VI.11.566a13-15）。

最后，《气象学》经常提到地图、天球模型和星图。"[黄道带]的圆和其中的恒星可以在图中看到。至于所谓的'散'星，不可能把它们同样放在球上[即天球模型]，因为它们没有永恒固定的位置。但是那些仰望天空的人可以清楚地看到它们"（I.8.346a31-35）；"在大地上有两部分是可以居住的：一个是靠近我们的上极附近，另一个在另一个极点，南极的附近。它们的形状像一个鼓，因为如果你从大地的中心开始画出两个圆锥体，一个基于热带圈，另一个基于极地圈[字面意义："永远可见的圈"]，使它们的顶点在大地的中心；同样地，在较低的极点，另外两个圆锥构成了大地的部分"（II.5.362a32-b5）；"这就是为什么如今大地的地图（tas periodous tês gês）绘制的方式非常荒谬，可居住的大地被画成圆形，根据证据（phainomena）和论证，这是不可能的"（II.5.362b12–15）；"现在让我们解释它们[即风]的位置……人们需要从图表[= 风向图]中观察到其位置的原因。接下来，为了让它更清晰，可以画出（gegraptai）

地平线的圆形，这就是为什么它也是圆的"（II.6.363a21-28）。我们之前看到，tas periodous tês gês 这个短语有双重含义：一个是航行记或游记，另一个是它们附带的纲要或图画。《气象学》II.5.362b12 显然指的是天球图。特奥弗拉斯托斯写下遗嘱时（参见上文第 85 页），吕克昂学园中有绘制了地图的石板。

所有这些可视教具的使用（有声望意见的清单、表格、图表、地图、风象图和解剖图），清楚地展示了一种相当制度化的教学活动。普鲁塔克（《老人应该成为政治家吗？》[Should Old Men Be Politicians?]26.796c-d）引用了狄凯阿科斯的观点，他是亚里士多德的学生之一，相比老师支持理论生活，他主张政治生活具有优越性，他批评了哲学学园的发展，认为它们摒弃了苏格拉底式的自由哲学，而倾向于一种更加"科学"化的研究，很少关心哲学性的"劝导"。"就像狄凯阿科斯说的，那些在门廊里走来走去的人才是所谓的'漫步者'，而非那些走到乡下或者去探望朋友的人。从事政治就像从事哲学，无论如何，苏格拉底做哲学时，并没有坐在板凳或者宝座上，也没有规定上课或者与同伴'漫步'的固定时间。但是即便是和他们在一起，比如一起喝酒、一次参加军事行动、一起在市场上消磨时间，以及最终戴上镣铐、喝下毒药的时候，苏格拉底仍然在从事哲学"（testimonium 69a）。普鲁塔克的这段话看起来并非来自狄凯阿科斯本人，有些人甚至认为这里只有对"漫步"含义的区分来自亚里士多德的这位学生。但是这里的论战与我们从亚里士多德文本中推论出的教学方法高度一致，而且在这段文本中我们可以看到一位沉浸在传统智慧中的哲学家所做的抗议（参见 Wehrli 1944, 1:50-51），反对学园的"科学"发展，亚里士多德将理论生活定义为最高的幸福，让这种"科学"倾向得以可能。

4. 漫步中的教学

古代资料把亚里士多德的学园称为"吕克昂"或者"佩里帕托斯"（*Peripatos*，或漫步）。第一个名字表示在某个运动场的集会，这个地方是演说家莱科古斯为了纪念潘迪翁（Pandion）的儿子英雄吕科斯（Lycos）而让人建造的（鲍萨尼阿斯 [Pausanias]：《希腊志》[*Description of Greece*]1.19.3）。莱科古斯"**在吕克昂建造了一所运动场，种上了树木……他列出了所有管理条款的清单，并把它镌刻在他建造的运动场对面的柱子上，供任何愿意的人观看**"（普鲁塔克：《十演说家》VII.841c-d，843f）。据柏拉图所说，吕克昂有一间更衣室和一个有顶的走廊（《欧绪德谟》272e, 273a）。苏格拉底常常在那儿待上一整天（《会饮》223d）。我们在前一节中（第110页）看到，知识分子喜欢聚集在吕克昂。"批评家"赫拉克利德斯的《希腊志》（*Description of Greece*，公元前3世纪）中，提到了三个运动场：阿卡德米、吕克昂和库诺萨格斯（Kunosarges）："它们都树木繁茂，绿草如茵。那里有各种节日；各类哲学家带来灵魂的娱乐与消遣，各种学派，以及常见的壮观景象。"（fr. 1 Müller）

我们看到，亚里士多德的教学并不是那种能够完全在户外环境中以即兴方式进行的。开展教学活动的地点很有可能不是吕克昂里的公共运动场，有些人（比如 Gigon 1962, p. 64）认为亚里士多德和他的学生们可能会在吕克昂附近的房间里会面，而这就是学园名称的起源。

"佩里帕托斯"（*peripatos*）这个名字的意思是"漫步场"或者"可以散步的地方"，比如餐后的散步（《欧德谟伦理学》I.2.1214b23-24；参见 Bonitz 1870, *peripatos* 词条）。我们已经看到在特奥弗拉斯托斯的遗嘱中提到，建立这所学园的遗赠包括一个花园，一个佩里帕托斯和几所房子。我们并不清楚这个佩里帕托斯究竟是什么；它可能是一个柱廊，也可能是一条枝叶繁茂的步道。这个词后来用来表示"哲学学园"的课程，在前面引用的狄凯阿科斯的段落中，它就是在这个意义上使用的，他玩味了 peripatos 这个词的模糊性，将更常见的意思和更专门的意思进行了对比。同样，在前面引用过的阿里斯托克利斯关于亚里士多德在阿卡德米学园学习的段落中（第 20—21 页），他也用 peripatos 来表示柏拉图的学园。菲洛德穆斯用这个词来描述埃拉斯托斯、克里斯库斯和亚里士多德在阿索斯开办的学园（参见第 41 页）。在吕科的遗嘱中，他用 peripatos 来描述学园的建筑，或者学园本身（第欧根尼·拉尔修，5.70）。

119 　　我们不清楚亚里士多德的学生之所以被称为"漫步学派"是不是因为他们的学园有一个佩里帕托斯，就像普鲁塔克的《驳克罗特斯》(*Against Colotes*, 14.1115a) 和西塞罗的《论演说家》(3.28, 3.109) 中说的那样，还是因为这位老师喜欢边走边谈，就像许多古代故事说的那样（第欧根尼·拉尔修，5.2-3；参见 *testimonia* 68-71 Düring 1957, pp. 404-411）。现代学者更加偏爱第一种假设（例如 Busse 1893, pp. 835-84；Wilamowitz 1881, p. 267；Brink 1940, cols. 899-904，他讨论了这个词的悠久历史）。但是在漫步时进行教学是一种古老的传统。在柏拉图的《普罗塔哥拉》中（315b），苏格拉底描述了普罗塔哥拉的一群学生跟在他后面，就像现代医院里主任医师和他的同事及助手那样，柏拉图认为这看上去非常有趣，因为"**他们非常小心地不要走到普罗塔哥拉前面；当他转身的时候，他们也跟着他转过身来，那些听众就会在他的两边分成一个相当漂**

亮的队形，在他身后排成圆形转弯，这非常美妙。"柏拉图本人也喜欢边漫步边讨论，同时代的喜剧作家因此取笑他，显然他们没有把柏拉图和智者区分开来。阿莱克西斯的《梅洛皮斯》(*Meropis*)中有一个人物把散步和柏拉图联系起来："你来得正是时候！我正绞尽脑汁（*aporoumenê*），像柏拉图那样走来走去，但是我没有想出聪明的计划，只是累坏了双腿！"（第欧根尼·拉尔修，3.26）。阿莱克西斯还用同样的方式描绘了梅尼德摩斯，他有时边走边教，有时站着教（2.130）；还有波勒蒙（Polemon），他辩论的时候从来不会坐着（4.19）。这个问题不是很重要，唯一值得注意的是，这类事情没有在伊索克拉底的学校得到证实，这种习惯似乎是哲学家的特征。

第四章 亚里士多德传记研究：从策勒到当代

1. 亚里士多德传记的资料

对亚里士多德传记的现代重构，依靠的是各种现存的资料和证言，例如亚里士多德的作品（特别是遗失作品的残篇和现存作品的文本，他的遗嘱、诗歌和信件）、官方文件、古代亚里士多德的传记，以及古代作家的证言。在这一章中，我们首先根据学者们的目前观点，看看有哪些资料，它们的可靠性如何。这一节的大部分内容来自杜林（Düring 1957），我研究了直到1990年的资料，对杜林的权威著作提供的资料做了一些更新，并对一些相对边缘问题的阐释做了修正（关于更多近期出版的学术研究，参见我的后记）。接下来，在第2节中，我会着眼于亚里士多德传记研究史的不同阶段，大致描述在过去百余年里，这位哲学家的形象在不同的历史时期和不同的文化环境下如何变化。

1.1 亚里士多德的文本

1.1A 遗失作品的残篇与现存作品的文本

我们不可能从这些文本中收集到多少传记材料。亚里士多德似乎遵循了伊奥尼亚的科学传统，很少在作品中谈到自己。我们没有像柏拉图的《第七封信》那样的资料。因此，很难通过阅读亚里士多德的著作获得有关他生平外部事件的信息，除了极少数的几个例外。例如，可以肯定地说，他和塞浦路斯的特米松（Themison of Cyprus）之间有某种联系，他把《劝勉》[1]献给后者，而《尼各马可伦理学》（I.6.1096a11-13）中的一段话证实了他和柏拉图之间的友谊，关于这段友谊有一个宏大的传统（尽管另一个同样宏大的传统持相反的观点，混淆了学说争论和个人不睦）。然而就写作目的而言，这一信息并不带有自传性质，就像亚里士多德的同代人对他的看法一样，他们通常也对他持批判态度，但是这些批评也不是严肃的传记材料。我们会看到，从 20 世纪 20 年代开始，人们开始分析亚里士多德的哲学作品以重构这位哲学家"思想发展"的不同阶段，从而间接地重构他的生平。

1.1B 亚里士多德的遗嘱

如今学者们对亚里士多德遗嘱的真实性已不再有任何怀疑，关于这一点参见第三章第 3 节。关于它有两个不同的版本，第欧根尼·拉尔修（5.11-16）中的希腊文版本与阿尔纳迪姆（al-Nadim）、阿尔奇福提（al-Qifti）和乌塞比亚的阿拉伯文版本（关于这些作者，参见下文 1.3 节）。古代亚里士多德传记的编者，杜林（Düring 1957, pp. 238-241）、[2] 普莱奇亚（Plezia 1961, pp.67-70;[3] Plezia 1977,

---

[1] 一个类似的例子是伊索克拉底和塞浦路斯的尼科克利斯（Nicocles）之间的关系。研究伊索克拉底的学者，如马修和布雷蒙，声称尼科克利斯来到雅典，成为伊索克拉底的学生（Mathieu and Brémond 1942a, 2:92）；欧肯（Eucken 1983, p. 212）也接受了这一主张。从他的作品中我们可以看出，伊索克拉底收到了来自尼科克利斯的昂贵礼物（《财产交换》40）。然而，在亚里士多德和特米松这里，我们没有任何类似的报告。

[2] Düring 1957 提供了各种英文翻译的比较。

[3] Plezia 1961 在校勘中记录了希腊文的版本，以及翻译成拉丁文的主要阿拉伯文本中的不同读法。

pp. 35-42，和一些相关的证言[4]）、克劳斯特（Chroust 1967；Chroust 1973, pp.183-120）、[5] 吉贡（Gigon 1987, pp.21a-b, 37b-38b）出版了这些版本。

1.1C 亚里士多德的诗作

亚里士多德的诗作包括以下五部。

《赫米亚斯颂诗》：第欧根尼·拉尔修，5.7；阿忒纳乌斯，15.696c-e；迪迪慕斯·卡尔森特鲁斯的《论德摩斯提尼》6.19-36 中都引用过。[6] 第欧根尼·拉尔修、阿忒纳乌斯、迪迪慕斯的文本，以及 Rose 1886 fr. 675；Ross 1955 fr.4；Plezia 1977, pp.4-5；[7] Gigon 1987, p. 20a 中都收录了这首诗。

《献给赫米亚斯的诗》：第欧根尼·拉尔修，5.8；迪迪慕斯，6.39-43；《帕拉蒂尼选集》（*Palatine Anthology*）7.107 中引用过。第欧根尼·拉尔修、迪迪慕斯、《帕拉蒂尼选集》的文本，以及 Rose 1886, fr. 674；Ross 1955, fr.3；Plezia 1977, pp. 5；Gigon 1987, p. 20b 中都收录了这首诗。

《致欧德谟的哀歌》：奥林匹奥多罗斯（Olympiodorus）的《柏拉图〈高尔吉亚〉评注》（*Commentary on Plato's Gorgias*）41.9（Norvin 编辑）引用了这首诗的一部分。《希腊抒情诗选集》（*Anthologia lyrica graeca*）（pp.115 ff.）；[8] Rose 1886, fr. 673；

---

[4] 克劳斯特提供了两个文本的完整翻译，将它们分成两栏平行排列（Chroust 1973, pp. 185-189）。

[5] 这些证言基本上就是古代亚里士多德传记中遗嘱文本的合辑，加上阿忒纳乌斯，13.589c（Hermippus fr. 26 Bollansée = fr. 46 Wehrli）。

[6] Diels-Schubart 1904；Pearson-Stephens 1983；最新的版本是 Harding 2006。

[7] Plezia 1977, pp. 1-3 也出版了相关的证言。

[8] Diehl-Beutler 1925；Diehl-Beutler 1949（第三版）。

Ross 1955, fr. 2；Plezia 1977, pp. 5-6 中都收录了这首诗。

在第欧根尼·拉尔修, 5.27 中的亚里士多德作品目录里, 有两首诗的开篇保存了下来（标题 146 和 147）; Rose 1886, frs. 671, 672；Plezia 1977, p. 6；Gigon 1987, p. 24b 中有收录。这两首诗一首是献给某位不知道名字的神的六音步颂诗; 另一首则是献给阿尔忒弥斯的哀歌。

1.1D. 亚里士多德的信件

Rose 1886, frs. 651-670 收录了亚里士多德的信件; Plezia 1961 和 Plezia 1977, pp.7-33 再次出版了它们和一些相关的证言。它们对于重构亚里士多德生平的效用自然依赖对其真实性的判断, 这是一个非常复杂的问题。策勒建议谨慎地使用它们（Zeller 1897, 1:53-54); 维拉莫维兹则认为这些信件很有可能是真实的, 是为了捍卫亚里士多德免受敌人诽谤而出版的（Wilamowitz 1881, 151n15; Wilamowitz 1893, 1:339n39）。另一方面, 尽管苏塞米尔承认可能有真实的亚里士多德信件, 漫步派学者也有可能将它们编辑出版, 但他还是怀疑我们现有的这些信件是否可以用来重构亚里士多德的生平（Susemihl 1891-1892, 2:579-581), 但是他愿意接受残篇 658（Rose）的真实性（普鲁塔克:《亚历山大: 运气抑或德性？》I.6.329b = fr. 6a Plezia 1977 = fr. 7 Plezia 1961), 这其中包括了著名的给亚历山大的建议: "**像领导者一样对待希腊人, 像主人一样对待外国人, 把前者当作亲朋好友一样照顾, 把后者当作动植物一样对待。**"（也有学者认为, 这一证据出自亚里士多德论殖民地的作品《亚历山大》; 参见上文第 45—46 页。）在 20 世纪, 布林克（Brink 1940, col. 913）回归了维拉莫维兹的观点; 普莱奇亚（Plezia 1951, pp. 77-85）支持所有信件的真实性, 并在 1961 年和 1973 年编辑出版了它们；Moraux 1951, pp. 133-143 也多少支持它们的真实性。Jaeger 1923, pp. 5, 259n2 和 Düring 1968, cols. 163-165 接受对这些信件的有限使用，杜林还对此做了极佳的概述，他认为至少致安提帕特的信是真实的，其他的不是（参见 Düring 1957, pp. 235, 286, 392, 433-434）。

然而，关于致亚历山大大帝的信件，Pearson 1954 正确地指出，要确定我们仅有少量残篇的几封信的真实性几乎是不可能的。吉贡（Gigon 1958, pp. 177, 186；Gigon 1961, pp. 18-20；Gigon 1962, p. 14；Gigon 1987, pp. 3b, 215a- b）强烈质疑这些信件的真实性（另参见 Berti 1977, p. 14），他认为现存完整的那些致亚历山大的信件肯定是伪造的（几乎所有人都同意这一点），而其他那些我们通过零星的引用得知的，也很值得怀疑。事实上，在吉贡 1987 年出版的亚里士多德残篇和证言中，[9] 甚至没有专门的章节来讨论书信。在所有这些书信资料中，吉贡只出版了少量残篇，它们也许并非来自这些信件，还有一些是古代亚里士多德传记中包含的信件残篇（frs. 8, 9, 11, 107, 108；testimonia 3, 5, 10, 16, 23）。至于其他信件的残篇，吉贡认为它们都需要根据确定为真的作品来确证。吉贡的标准当然是最理想的，但是很难实现，因为正如维拉莫维兹提醒我们的（Wilamowitz 1881, p.151），柏拉图和伊壁鸠鲁的信件都带有学说性质，而如果亚里士多德的信件是真的，它们就构成了这位哲学家私人通信的一部分。克劳斯特也质疑这些信

---

[9] 他认为，我们能够从书信中得到的亚里士多德形象，与我们从真实的残篇和现存的著作中看到的亚里士多德形象几乎毫无关系。此外，他还认为，从伊壁鸠鲁开始，我们才能够肯定有真正意义上的私人通信，这些通信之所以能够保留下来，首先是因为友谊在伊壁鸠鲁的系统中十分重要；其次，伊壁鸠鲁还委托他的朋友公开发表这些书信。

件的真实性（Chroust 1973, p. xxv），参见下文 1.4 节。

利珀特（Lippert 1891）曾出版过一封亚里士多德致亚历山大大帝的信，说到对希腊人和波斯人政策。尼森（Nissen 1892）认为这封信是真实的，但许多人认为它是伪造的。这封信由比埃劳斯基和普莱奇亚（Bielawski and Plezia 1970, pp. 161-166）再版，他们为它的真实性做了辩护（参见 Plezia 1961, pp. 50-63, 131-151）。如果这封信确系真作，这将为我们了解亚里士多德和亚历山大大帝之间的关系做出重大贡献。但是上面提到的波兰学者的观点并没有被广泛接受。还是这封信，斯特恩（Stern 1968）从新的阿拉伯文抄本中摘录了一些段落来补充利珀特版，但是他并没有编辑出一个决定性的版本，也没有得出确切的结论，他只是没有排除这封信的真实性。索尔蒂（Sordi 1984）和普兰蒂（Prandi 1984）比较了这段文本与普鲁塔克记载的建议残篇（参见上文第 45 页），也支持这封信的真实性；普鲁塔克的记载可能来自《致亚历山大的信》，或者是一部题为《亚历山大》的作品。但是当我们比较这封信的内容和《政治学》中的理论时，依旧存在许多疑问。尽管这个文本与《政治学》和《尼各马可伦理学》有许多相似之处，它的基本观点却与亚里士多德的论述完全不同。中心问题不再是城邦，而是一个全球性的国家，城邦被一个政治上更加优越的实体征服和吞并。但是这一观点从未出现在我们已知的亚里士多德作品中，就像蒂莱特论证的那样（Thillet 1972, pp. 541-542）。维斯（Wes 1972）也反对这封信的真实性，还有冯·弗里兹（von Fritz 1972），他重构了这段历史的要点，认为这部作品是纯粹的仿作，作者熟悉亚里士多德的著作，特地利用了已经遗失的作品《论王权》和《论殖民地》。最近劳伦蒂对这个问题做了完整的讨论（Laurenti

1987, pp. 942-948），他与冯·弗里兹的看法大体一致。从来没有人怀疑过亚历山大大帝致亚里士多德的信件的真实性，关于这些信件，参见 Pearson 1954；Merkelbach 1954；Boer 1973。

1.2 官方文件

现存的官方文件有三份。

（1）最重要的文件是1898年在德尔斐发现的提到亚里士多德和卡利斯提尼的铭文，在 Homolle 1898 上发表（参见上文第60页）。这个文本已经得到了多次修订，收录在 Dittenberger 1915³, no. 275；Düring 1957, p. 339 = testimonium 43（还有对相关文献的讨论）以及 FGrHist 124T23 中。关于它的日期问题，参见上文第60页。

（2）以弗所的一个铭文，在 Heberdey 1920 中发表，记载了授予"**尼加诺，斯塔吉拉人亚里士多德的儿子**"外邦客人（proxenia）的身份。参见 Düring1957, p. 270 = testimonium 13 b，及上文第一章第 3 节。

（3）据说雅典城邦授予亚里士多德荣誉的法令，它被刻在一根柱子上，乌塞比亚对托勒密的《亚里士多德传》的阿拉伯文译本中提到了这一法令（参见下文 1.3 节）。乌塞比亚还说，某位希梅莱欧斯推倒了刻有铭文的柱子。安提帕特为此杀了他，后来某位斯特法诺斯恢复了铭文，他在铭文上又添加了希梅莱欧斯所犯的罪行（参见第一章第 8 节，第 59 页）。乌塞比亚不大可能虚构整个故事，包括这些希腊人名。关于这一文本，德雷洛普（Drerup 1898）通过比较以铭文形式保存下来的类似法令，表明这一阿拉伯语文本背后一定有一个非常古老的希腊文资料来源，只有这样它才能准确地再现雅典法令独特的语言形式。杜林认为这是一个希腊化时期的伪作（Düring 1957, pp. 232-236），在他看来，鉴于我们掌握的关于亚里士多德在雅典生活期间的其他信息，雅典人不太可能用这种法令来授予亚里士多德荣誉。但即使如此，这些信息似乎也来自一个很好的资料来源，因为它清楚地说明了，在雅典存在反对亚里士多德的舆论。吉贡认为它一定出自赫米普斯的《亚里士多德传》（Gigon 1987, p. 7a）。

1.3 古代亚里士多德传记

关于希腊传记的一般性研究，可以参考利奥（Leo 1901）和米施（Misch 1907）的经典著作，以及迪勒（Dihle 1956）、莫米格利亚诺（Momigliano 1971）和吉贡（Gigon 1965）的最新研究。关于亚里士多德，维拉莫维兹（Wilamowitz 1881）、威尔利（Wehrli 1959）[10]和赫胥黎（Huxley 1964）做出了最重要的贡献；关于希腊传记整体背景下的亚里士多德传记传统，可以参见杜林（Düring 1957, pp. 459-476）、高蒂尔（Gauthier 1970，第二版导论）和莫米格利亚诺（Momigliano 1971, pp. 69-10,113-130）的研究。希腊传记传统只是在某个相当晚的阶段，才把哲学家的生活当作主题。但是在这种论述中，我们很难找到任何现代意义上的"历史兴趣"，也很难找到将哲学家置于他所处的时代和文化中的意图。正如斯坦纳（Steiner 1988）所哀叹的（参见上文第1页），在这些传记中，盛行的是对奇闻轶事的兴趣，对博闻广志的好奇，对人格和他人反应的重构；当缺乏材料的时候，他们随时准备进行虚构。

---

[10] Natali 1981, pp. 69-96 中有 Wehrli 1959 相关部分的意大利文翻译。

比如，倾向于毕达哥拉斯学派的漫步学派成员克里尔库斯在他的《论睡眠》（*On Sleep*）中讲述了一段他的老师亚里士多德和一个希腊化的犹太人之间的对话，这个犹太人告诉他一些关于奇迹的故事，让他转向一个不那么理性的立场（fr. 6 Wehrli）。耶格尔认为这个故事是真实的（Jaeger 1938a），把它看作亚里士多德在阿索斯拥有一所成熟的、有组织的学园的证据，但这一观点并没有被学者们广泛接受。

在某个时期，亚里士多德的学园内部编纂了一部完整的亚里士多德传记。根据传统的记载，希俄斯的阿里斯通在吕科之后担任学园的领袖，关于他是否真的编纂了《亚里士多德传》，有很多讨论。我们已经看到，这个看法其实值得怀疑（参见 Lynch 1972）。威尔利认为他确实编辑了（Wehrli 1952, 6:65），他还收集了他的《哲学家传》（*Lives of the Philosophers*）中的一些残篇（frs. 28-32），全部来自第欧根尼·拉尔修。威尔利主张，漫步学派领袖的传记只记载到阿里斯通的前任吕科，这表明第欧根尼·拉尔修的作品很大程度上基于阿里斯通的《哲学家传》中关于漫步学派的章节。[11] 没有人怀疑"漫步学派"的赫米普斯，一位生活在公元前 2 世纪的亚历山大里亚语法学家，几乎是阿里斯通的同代人，编纂了[12]一部很有可能主要是赞美性的亚里士多德传记。[13]

---

[11] 用这种方式，威尔利采纳了许多学者那里的传统观点；比如参见 Gercke 1896；Moraux 1951, p. 244（附参考书目）；Moraux 1955；Düring 1956, p. 13；Düring 1957, pp. 346, 464；Gigon 1958, p. 149, no. 5（有一些怀疑）。然而，这个假设也遭到了批评，参见 Plezia 1951a, p. 272；Plezia 1961a, pp. 246-247；Gauthier 1959（导论，p. 6）；Düring 1968, col. 163。

[12] 赫米普斯引用了亚里士多德的遗嘱，可能来自阿里斯通收集的关于漫步学派领袖的资料汇编；参见 Aristotle *testimonium* 12c。

[13] 相反，有些人认为赫米普斯出于对趣闻轶事的热爱，也收集了对亚里士多德有敌意的报告和杜撰；参见 Foucart 1909 和 Wormell 1935。

人们怀疑这部作品是否具有学术价值,[14] 尽管它肯定给人留下了深刻的印象,因为它展示了广博的知识,"研究"了很多非凡的故事和奇闻轶事,这在当时非常典型。人们通常认为,这部作品一定是出于某种"博学的娱乐"目的写就的,不论这个模糊的表述意味着什么;也许我们称之为"虚构性传记"更好。这些特点在赫米普斯的所有后来人那里都有,特别是第欧根尼·拉尔修。[15] 参见 Plezia 1951a;Düring 1957, pp. 57-61, 263, 269, 278-279, 313, 346, 352, 406, 464-467;Chroust 1964。威尔利的《亚里士多德学派》(*Die Schule des Aristoteles*)的附录 1(Wehrli 1974)里收录了赫米普斯的残篇集,后来 Bollansée 1999 的完整版本取代了它。

(1)第欧根尼·拉尔修(5.1-35)的《亚里士多德传》在任何完整版的第欧根尼·拉尔修著作中都有,在这些版本中,我们可以特别提及 Cobet 1850;Long 1964,以及最新的 Marcovich 1999。同时,我们还应当根据《亚里士多德传》的单独考订版进行考察,其中 Buhle 1791 和 Bywater 1879 仅仅具有历史价值;最权威的版本是 Düring 1957, pp.29-56 和 Gigon 1987, *testimonium* 1;另参见 Schwartz 1905;Moraux 1949, 1951, 1951a, 1955;Gigon 1958;Gigante 1962(导论);Chroust 1965a。Moraux 1986 全面讨论了有关这一文本的学术研究和它带来的问题,他对这部传记的

---

[14] Plezia 1951a 似乎愿意信任赫米普斯,把他作为第欧根尼·拉尔修、迪迪慕斯和阿忒纳乌斯的主要资料来源。

[15] 就算按照某些人的说法,第欧根尼·拉尔修更加依赖阿里斯通,而非赫米普斯,他的这两个资料来源也都是晚期漫步学派的成员,Berti 1962, pp. 125-126 正确地看到了这一点。【2012 年版后记:关于赫米普斯,参见 Plezia 1951a;Düring 1957, pp. 57-61, 263, 269, 278-279, 313, 346, 352, 406, 464–467;Chroust 1964。赫米普斯的残篇如今收录于 Bollansée 1999,有很多评注。】

价值做了简要的评价:"在第欧根尼·拉尔修那里,最好的与最坏的比邻而居","最好的部分的"包括亚里士多德的生平年表(来自阿波罗多洛斯),很多真实的古代文献(例如亚里士多德的遗嘱),以及亚里士多德作品的古代清单,而'最坏的'部分则是随处可见的幻想出来的细节。这个传记的一个重要特征就是力求没有偏颇,不管是关于亚里士多德的正面轶事,还是负面轶事,它都报以相同的信赖。但是问题在于,它们在很大程度上都不可靠。

(2)吉勒斯·梅纳吉(Gilles Ménage)在1663年出版的一部简要的《亚里士多德传》,连同作品的清单。这部作品也被称为《梅纳吉传记》或者《梅纳吉匿名传记》(Anonymus Menagii),但是后来这部作品被认为是米利都的赫西奇乌斯(公元6世纪;参见Schultz 1913)所作。Buhle 1791;Westermann 1845; von Flach 1882出版了这部作品。《苏达辞书》(3929 Adler)收录了这部作品的部分内容;Rose 1886, pp. 9-18;Düring 1957, pp. 82-89;Gigon 1987中也有收录(testimonium 2)。根据杜林的看法,这部简短的传记来源不明;而克劳斯特(Chroust 1973)则认为它来自赫米普斯和新柏拉图主义者,关于这些人参见下文。还有另一个简短的传记也被错误地归于赫西奇乌斯,参见Düring 1957, pp. 92-93。

(3)亚里士多德的其他传记完全或部分依赖某个叫托勒密的人,阿拉伯人称他为al-Garib(即"未知者"或"陌生人")。长久以来,人们一直认为它的所有语言版本均已遗失,直到穆辛·马赫迪(Mushin Mahdi)教授宣称重新发现了它。"托勒密的著作包括关于亚里士多德的证言,著作的目录,以及传记的一部分,这部作品献给加洛(Gallo)",包含在一部伊斯坦布尔抄本

《神圣的智慧》（*Aya Sofya*）4833 中（folios 10a-18a），马赫迪认为这就是托勒密的原初作品（参见 Düring 1971；Plezia 1975；Plezia 1985）。另一方面，杜林认为这一抄本的文本与乌塞比亚传记的文本相同，关于后者参见下文。海因对它进行了编辑，并译为德文（Hein 1955, pp. 388-446），还研究了它与其他阿拉伯、希腊证据的关系（参见我的"后记"，第 146 页）。

在 19 世纪和 20 世纪初，许多学者把这位托勒密等同于公元 1 世纪的语法学家托勒麦欧斯·凯诺斯（Ptolemaios Chennos），比如克里斯特（Christ）、施密德（Schmid）、斯泰林（Stählin, 1912-1924, 1:723n4）、查兹斯（Chatzis 1914）和许多其他人，从利提格（Littig 1890-1895）到普莱奇亚（Plezia 1985）。其他人则认为作者是一位新柏拉图主义者，扬布里科和普罗克洛斯也引用了他，参见 Rose 1854；Busse 1893；Moraux 1951, pp. 292-294；Düring 1957, pp. 209-211；Gauthier 1959, p. 8；Dihle 1957；Gigon 1965, p.10，然而莫罗对吉贡最后的研究有所质疑（Moraux 1973, 60n6）。Plezia 1985 认为他是公元 4 世纪的一位亚里士多德哲学教师，因为他的作品类似于语法学家多纳图斯（Donatus）的著作。

对这部传记的重构，参见 Düring 1957, pp. 472-474；Chroust 1964；Plezia 1985。这是一部极具褒扬色彩的传记，认为作者是某个新柏拉图主义者最为保险，因为新柏拉图主义者们倾向于调和柏拉图和亚里士多德哲学，并以最高贵的语言赞美这对师生。在亚里士多德生平的论述中，那些可能损害他名声的记载都被忽略了，比如去掉了他和阿塔尼乌斯的赫米亚斯之间的故事，因为后者在古代声名狼藉。作者还加入了为亚里士多德增光添彩的内容，比如编造亚里士多德与亚历山大共同到亚细亚旅行的传说。

这个传记中，亚里士多德哲学的形象带有典型的新柏拉图主义特色，充满褒扬：他被称为"神圣的亚里士多德"，他与柏拉图的相遇是因为德尔斐的神谕，腓力和亚历山大都给予他荣誉，他对马其顿的政治影响深远，他是很多人和很多城邦的恩人，他在死后获得了与英雄相称的荣誉，拜访他坟墓的人离去时都会得到精神的净化。除了这些缺点，托勒密的这部传记还是很有用的文本，因为它基于一些很好的资料，比如菲洛科鲁斯（关于这个人参见下文）。这本书的写作目的是提供阅读亚里士多德作品的导论，它或许是在阿莫尼乌斯及其继任者的学园中写就的；参见 Busse 1893；Düring 1957, pp. 107-119, 137-139, 158-163, 444-456, 469-472；Düring 1968, cols. 170-172。

这部传记有四个不同的古典语言版本，有整有缺。仅有一个希腊文抄本的《玛西亚那传记》保存在威尼斯的玛西亚那图书馆。Robbe 1861；von Flach 1882；Rose 1886, pp. 426-436；Düring 1957, pp. 96-106；Gigon 1962；Gigon 1987, pp. 28b-31a 先后出版了这一版本。根据杜林的观点（Düring 1957, pp. 122, 140-141），《拉斯卡利斯传记》(*Vita Lascaris*) 只是《玛西亚那传记》的节录。其他人，比如托瓦尔（Tovar 1943）和阿尔方西（Alfonsi 1949）则认为《拉斯卡利斯传记》是《玛西亚那传记》的资料来源。所谓的《弗尔伽它传记》曾被错误地归于阿莫尼乌斯。Rose 1886, pp. 437-441；Düring 1957, pp. 131-136 和 Gigon 1987, pp. 34a-36a 出版了这个版本。关于它的文本讨论，参见 Busse 1893, p. 253n3。

这部传记有一个拉丁文版，被称为《拉丁传记》。Rose 1886, pp. 442-450；Düring 1957, pp. 151-158；Gigon 1987, pp.31b-34a 出版过这一文本。

托勒密的这部《亚里士多德传》还有两个叙利亚译本的摘要，阿拉伯语版本是后来基于这些叙利亚译本完成的。这些摘要被称为《叙利亚传记一》（*Vita Syriaca* I）和《叙利亚传记二》（*Vita Syriaca* II），由 Baumstark 1898 出版。Düring 1957, pp. 185-188 提供了英译本。

托勒密传记的阿拉伯文传统和希腊文传统一样非常重要。这些译文的基础不同于上文提到的希腊、拉丁文版本，它添加了一些独特的材料，比如雅典人赞颂亚里士多德的法令，以及亚里士多德遗嘱的一些细节；参见 Düring 1957, pp. 183-246。这个阿拉伯文的传统包括来自四位作者基于叙利亚译本创作的不同版本：（1）伊本·阿尔纳迪姆（Ibn al-Nadim）的《群书类述》（*Kitab al-Fihrist*）；Flügel-Rödiger 1871-1872, 1:246-252 和 Müller 1873（附注释与翻译）编辑；其他译本可参见 Baumstark 1898 和 Düring 1957, pp. 193-195。（2）阿尔穆巴希尔（Al-Mubashir）：《智慧和箴言选集》（*Kitab mukhtar al-hikam wa-mahasin al-kilam*）；Lippert 1894, pp. 4-19 编辑；译本参见 Baumstark 1898 和 Düring 1957, pp. 197-201。（3）阿尔奇福提·伽马拉丁（Al-Qifti Gamaladdin）：《学者传记》（*Tabaqat al-hukama*），Lippert 1894 编辑；Düring 1957, pp. 208, 211-212（有概要和部分翻译）。（4）伊本·阿比·乌塞比亚（Ibn-Abi-Usaibia）：《医生列传》（*'Uyun al-anba fi tabaqat al-stibba*），Müller 1884, 1:54-69；Düring 1957, pp. 213-231 的翻译在 Gigon 1987, pp. 36a-38b 重印。

1.4 古代作者的证言

早在 1830—1832 年，斯塔尔（Stahr）就收集了其他作者关于亚里士多德生平的证言。Düring 1957 将其重新收集、部分重新编辑，详细地加以评注。[16] 在杜林的作品中，每一条信息的可靠性都得到了仔细评估。Plezia 1961a 加入了更多的内容。根据弗卡尔（Foucart）、沃梅尔（Wormell）、杜林、吉贡、莫罗、高蒂尔和克劳斯特的研究，亚里士多德同时代人的观点和流言是两大传记传统的源头，一种是褒扬的，一种是批判的，它们影响了后来的整个传记传统。因此，即使是非常古老的资料，我们也有必要仔细衡量其可靠性。

在古希腊，不同哲学学派之间的论战是常事，而且公众意见对这种论战往往漠不关心甚至怀有敌意，因此批评的水平之低有时令人发指；参见 Luzac 1809; Düring 1957, p. 384; Sedley 1976; Natali 1983。亚里士多德本人对那些和他观点不同的人就常常有些苛刻（参见本书第一章第 4 节）。但是他的攻击从未触及个人品质，他还会对批判的对象表达敬意（比如柏拉图、欧多克苏斯）。而这些早期论战的主要资料来源，[17] 阿里斯托克利斯描述的那些攻击，主要都是关于亚里士多德的个性和生活方式，这些指控的水平证明了阿里斯托克利斯有理由蔑视这些"**演说家，他们的名字和作品比他们的身体死得更彻底**"。[18]

最早针对亚里士多德展开论战的人一定是伊索克拉底的学生克菲索多罗斯，他回应了亚里士多德对他老师的修辞教学的攻击。根据现代的重构，这些批评是亚里士多德在阿卡德米学园最

---

[16] 本书的最后一章和部分意大利语的翻译，可参见 Natali 1981, pp. 97-105。

[17] 关于梅西纳的阿里斯托克利斯，参见 Heiland 1925; Moraux 1967; Moraux 1984, pp. 399-401。他一共引用了八位作者（伊壁鸠鲁、陶罗米涅姆的蒂迈欧、阿里斯托克塞努斯、阿莱克西努斯、欧布里德斯、克菲索多罗斯、吕科、希俄斯的特奥克里图斯），他们都是亚里士多德的同时代人，除了伊壁鸠鲁稍晚一点。Natali 1981, pp. 157-160 中有意大利文翻译。

[18] 尤西比乌斯：《福音的准备》15.2.9。

早的"课"上提出的,但是这远非确定无疑(参见第一章第 4 节)。显然,克菲索多罗斯撰写了一部名为《驳亚里士多德》(*Against Aristotle*)的四卷本著作,这对于重构亚里士多德年轻时的思想发展有重要意义。这些文本就是 Düring 1957 中的 *testimonia* 58h, 59h, 63a-e。[19] 关于克菲索多罗斯的概述,参见 Gerth 1921。

尽管斯彪西波和色诺克拉底与亚里士多德存在理论分歧,但是并没有关于他们反驳亚里士多德的文献记载。我们在第一章第 4 节看到,阿里斯托克利斯说,尽管阿里斯托克塞努斯在他的《柏拉图传》中对亚里士多德只有赞美之词,但是在同一部作品中他也宣称有些学生在柏拉图缺席的时候组建了一个反对柏拉图的学园,一些无名人士相信这指的就是亚里士多德;[20] 事实上在《和

---

[19] 参见 Radermacher 1951, pp. 197-199。显然这部作品包括四卷(阿忒纳乌斯,2.60d = fr. 3 Radermacher),据努梅尼乌斯(Numenius)所说(尤西比乌斯:《福音的准备》14.6.9 = fr. 2),克菲索多罗斯在书中展开了一场反驳亚里士多德的论战,并攻击柏拉图的理念论。耶格尔(Jaeger 1923, pp. 37-38)和所有认为亚里士多德最初坚持理念论的人都很依赖这个文本(参见 Berti 1962, pp. 184 ff 的评述)。但这可能是一场针对阿卡德米学园的一般性辩论,因为演说家不太可能在哲学理论和立场之间做出精细的区分,从外部看它们很可能非常相似。对喜剧作家来说,理念论也是柏拉图哲学中最容易被嘲笑的部分。克菲索多罗斯也承认伊索克拉底写过法庭演讲,尽管他的老师否认这一点,但是克菲索多罗斯补充说他只写了很少几篇(fr. 4 = 哈利卡纳索斯的狄奥尼修斯:《伊索克拉底》18)。最后,他重复了通常的人身攻击:享乐、贪吃,等等(fr. 5 = 阿里斯托克利斯:《论哲学》fr. 2;尤西比乌斯:《福音的准备》15.2.7)。

[20] 阿里斯托克塞努斯对《柏拉图传》的证言(fr. 64 Wehrli)来自阿里斯托克利斯的《论哲学》(fr. 2),摘自尤西比乌斯:《福音的准备》15.2.3(= Aristotle *testimonium* 58d)。从《玛西亚那传记》9 中保存的证据来看,菲洛科鲁斯对阿里斯托克塞努斯作品的解读方式正是阿里斯托克利斯反对的那种。"**亚里士多德没有建立吕克昂学园来反对柏拉图,阿里斯托克塞努斯是第一个谴责他这么做的人**"(FGrHist 328F223-224, Aristoxenus fr. 66 Wehrli)。艾伊留斯·阿里斯提德(Aelius Aristides)在他的《驳四人》(*Against the Four* 249.10)中说,在第三次前往西西里的旅程中,柏拉图的一些门徒背叛了他,但他并没有说是谁,然而在一个页边的批注里,批注者把矛头指向了亚里士多德(*testimonium* 61a)。在《苏达辞书》("阿里斯托克塞努斯"词条 = fr. 1 Wehrli)中,阿里斯托克塞努斯"**先是他的父亲的学生,然后是埃雷特里亚的兰普洛斯(Lamprus)的学生,接着师从毕达哥拉斯学派的色诺菲鲁斯(Xenophilus),**(转下页)

声要素》(Elements of Harmony) 31.10-15 中，阿里斯托克塞努斯以极其尊敬的口吻谈论亚里士多德（参见 Bélis 1986, p.45）。上文提到的狄凯阿科斯的批评中或许也能看到对亚里士多德充满论战色彩的挖苦（第三章第 3 节，第 117 页），他反对有组织的哲学学园中的那种理论生活。

其他哲学学派的代表人物对亚里士多德的指控数不胜数，例如麦加拉学派哲学家米利都的欧布里德斯（关于他参见 Döring 1972, pp. 102-104 和 Giannatoni 1990, 1:591-592, 4:61-71, 83）。欧布里德斯撰写了一本关于亚里士多德与赫米亚斯关系的书，还有一本关于亚里士多德和马其顿的腓力之间关系的书；[21] 这些文本是 Düring 1957 中的 testimonia 58f, 59b, 62a-b。[22]

（接上页）最后跟随亚里士多德学习；他在临终之际侮辱了他［亚里士多德］，因为他指定特奥弗拉斯托斯为学园的继任者，后者在亚里士多德的学生中的声望高于他"（testimonium 61b Düring；参见 Wehrli 1945, 3:48）。这个故事十分可疑，因为它预设在亚里士多德临终之际就已经存在一个完全有组织的哲学学园了。

[21] 多林声称能够把欧布里德斯著作的日期确定在公元前 340—前 335 年之间（Döring 1972, pp. 102-104），即据推测亚里士多德与皮媞亚结婚的日期（这是确定的）之后，腓力逝世之前（但是这一日期存疑）。

[22] 最重要的文本出自阿里斯托克利斯：《论哲学》(fr. 2)；尤西比乌斯：《福音的准备》15.2.5）。"欧布里德斯在反对他［亚里士多德］的书中显然说了谎，首先他把一些其他人写的关于他的婚姻和他与赫米亚斯之间关系的冷漠诗歌当作亚里士多德本人的作品；之后又说他得罪了腓力，没有在柏拉图临终之际去探望他，还毁掉了他的书。"这里提到的献给赫米亚斯的诗并不是诽谤，而是史实。至于其他残篇，包括阿忒纳乌斯，8.354b-c，参见第一章第 3 节。第欧根尼·拉尔修，2.109 只回顾了亚里士多德和欧布里德斯的论战。最终，特米提乌斯在《讲演》23.285a-c 中提到了反对亚里士多德的"整个群体"，"克菲索多罗斯学派、欧布里德斯学派、蒂迈欧学派、狄凯阿科斯学派"，他们的作品传到了他的时代，其中"展示了他们的仇恨和竞争意识"（= Aristotle testimonium 63e）。【2012 年版后记：这个名单里出现了狄凯阿科斯的名字，这令人惊讶；卢扎克（Luzac）建议修订这一文本，改为德摩卡里斯，众所周知他是亚里士多德的敌人；杜林接受了这一修订（Düring 1957, p. 388），休比也是（Huby 2001, 312n2），由此将这个记载从关于狄凯阿科斯的证言中去除掉，之前它被收录为 Dicaearchus fr. 6 Mirhady, fr. 26 Wehrli。】

除了这些同时代人，在紧接着的下一代，我们应该提到埃里斯的阿莱克西努斯，他生活在公元前 4 世纪到前 3 世纪之间，与斯多亚学派的芝诺进行了长时间的论战（参见 Döring 1972, pp. 21-27, 115-123 和 Giannatoni 1990, 1:401-408）。阿莱克西努斯提供了讨论亚里士多德和亚历山大大帝关系的最早文本（参见第一章 6.1 节），在他笔下亚历山大对亚里士多德充满蔑视；相关文本是 Düring 1957 中的 *testimonium* 58e（参见第一章 6.1 节）。而且，毕达哥拉斯学派的塔伦图姆的吕科（Lyco of Tarentum，公元前 4 世纪）写下了那个关于亚里士多德炖锅数量的愚蠢故事，阿里斯托克利斯在他的《论哲学》中用不信任的口吻讲述了这个故事："比所有 [其他指控] 都要愚蠢的是自称为'毕达哥拉斯学派'的吕科讲的故事：他声称亚里士多德向已故的妻子献祭，就像雅典人向德墨忒耳献祭一样；他过去常常用热油清洗自己，然后再把用过的油卖掉；当他逃往卡尔基斯的时候，海关人员在他的船上发现了 75 个铜炖锅。"[23]（尤西比乌斯，15.2.8 = *testimonium* 58i）。

伊壁鸠鲁和伊壁鸠鲁学派的论战是同一个水平的，就我们的讨论而言，加达拉的菲洛德穆斯是伊壁鸠鲁学派中最重要的人物。关于亚里士多德和伊壁鸠鲁学派，除了 Sudhaus 1893 之外，Bignone 1936 和 Sedley 1976 都提供了有益的研究。基本的文本可以参见 Düring 1957：来自伊壁鸠鲁的证言是 *testimonia* 58b 和 59a–e，来自菲洛德穆斯的证言是 *testimonium* 31。[24] 从这些文本中我们

---

[23]　另参见 Düring 1957 中的 *testimonia* 64a-c, pp. 65, 391。【2012 年版后记：这里说发现了数量荒谬的 *lopadia*，这个词类似于现代意大利语里的 *pentolino*（炖锅）；*lopadion* 不同于更大一点的 *chutra*（汤锅），也不同于更宽一点的 *têganon*（煎锅）。拥有铜制而非陶制的炊具，是非常富有的象征，关于这一点可参见阿里斯托芬：《财神》（*Wearth*）812。】

[24]　Natali 1981, pp. 160-162；Laurenti 1987, pp. 420-423 中有意大利文翻译。

也可以得到一些关于亚里士多德在阿卡德米学园中开展教学活动的信息，不过在大多数情况下，我们看到的只是侮辱：浪费、贪吃、卖药（参见第一章第 3 节）。

据我们所知，一些来自希俄斯的历史学家，例如特奥彭波斯和特奥克里图斯，也对亚里士多德展开论战，他们从未原谅过亚里士多德与赫米亚斯的友谊，因为他干涉了希俄斯的内政。特奥彭波斯的文本参见 Jacoby 1923（*FGrHist* 115F250 和 115F291）；特奥克里图斯的文本参见 Müller 1841, 2:86a–87b；以及迪迪慕斯的本文。它们也被收入了 Düring 1957（*testimonia* 15c [特奥彭波斯]；15h, 58k, 65b [特奥克里图斯]）。陶罗米涅姆的蒂迈欧对亚里士多德做出了另一些攻击，显然是因为亚里士多德错待了洛克里的居民（参见波里比乌斯，12.8.1），还有其他毫无意义的原因。这些文本参见 Jacoby 1923（*FGrHist* 566F11, 12, 152, 156）；Düring 1957（*testimonia* 9c, 12b, 58c, 60a-b, 60d）。

幸运的是，也有一些支持亚里士多德的资料。首先是亚里士多德的侄子兼合作者，奥林托斯的卡利斯提尼，他写了一本关于赫米亚斯的书，充满溢美之词（参见第一章 6.1 节）。比这种有所偏好的资料更加中立的是菲洛科鲁斯，他在编年体著作《阿提卡志》（*Atthis*）中给出了亚里士多德进入柏拉图学园的日期和在那里的时间；也可参见 Jacoby 1926（*FGrHist* 328F223-224）和 Düring 1957（*testimonia* 1f, 3）。与菲洛科鲁斯本质上相似的是雅典的阿波罗多洛斯（公元前 2 世纪），他通常被认为非常可靠；参见 Boeck 1872, 6:195 ff.；Diels 1876, pp. 43-47；Jacoby 1902, pp. 318 ff.；Chroust 1965。所谓的《帕罗斯年代记》（*Marmor Parium*，是在帕罗斯岛 [Paros] 上发现的一个大理石碑，上面刻有从雅典的创始人刻尔克洛普斯[Cercrops]时期到公元前264/263年期间发生在雅典的所有重要事件的年表）与阿波罗多洛斯的年表有很大差异，因为根据这份年表，亚里士多德在公元前321年逝世的时候年仅50岁。这就意味着亚里士多德仅仅当了七年柏拉图的学生，而不是所有其他资料说的二十年。尽管按照惯例这样的年表是可靠的，但是因为它与阿波罗多洛斯相冲突，我们无法接受它；参见Jacoby 1904；Jacoby 1926（对 *FGrHist* 239B11的评论）。[25]并且就此而言，在亚里士多德的著作中，我们找到了充分表明他与柏拉图进行过长期哲学讨论的痕迹。

在希腊化时期，人们编造了许多关于亚里士多德的传说，并创作了虚假的作品以佐证这些传说。希腊化作家特别关注亚里士多德与亚历山大大帝、赫米亚斯之间的关系，以及亚里士多德因为不虔敬而遭受的审判（这一审判很有可能与赫米亚斯有关）。有人创作了一部《亚里士多德的申辩》（*Apology of Aristotle*；参见Düring 1957, *testimonia* 22, 45a-d, pp. 343-344）。这些作家，例如法沃里努斯和欧梅洛斯，似乎想要把亚里士多德比作苏格拉底，尽管他们面对审判的反应有着明显的差别，苏格拉底选择即使被处决也不违反雅典的法律，而亚里士多德作为外邦人则逃离了这座城邦（参见Jacoby 1923对 *FGrHist* 77F1-2的讨论；Gigon 1958, pp. 275-276）。公元前1世纪的某位"漫步学派"成员阿佩利孔，写了一本关于亚里士多德和赫米亚斯之间关系的书。另一位作家，阿特蒙（Artemon），在同一时期，即公元前1世纪，出版了一本

---

[25] Cardona 1966试图提出相反的立场，但是并不成功。

134　亚里士多德的书信集。[26] 不久后，菲洛德穆斯在他的《论修辞学》中收集并重新使用了伊壁鸠鲁学派针对亚里士多德的所有指控。后来的作家，比如奥鲁斯·格利乌斯、阿伊里安、阿忒纳乌斯和普鲁塔克关于亚里士多德的记载，很大程度上都来自这个希腊化的传统。在这一时期，人们对亚里士多德和亚历山大大帝之间的关系也产生了一定的兴趣，由此产生了许多传说（特别参见普鲁塔克：《亚历山大传》7-8 = *testimonium* 10 Gigon 1987）。

在我看来，亚里士多德与亚历山大的书信集，以及亚里士多德与马其顿的腓力的书信集，都应该归入这些文学创作中。例如，奥鲁斯·格利乌斯提到了一封信，在信中腓力告知亚里士多德亚历山大的诞生，并建议他成为亚历山大的老师（9.3, *testimonium* 30f）。我们很难把它当作一份可靠的文献，因为亚历山大出生的时候亚里士多德年仅二十八岁，还只是柏拉图门下的一位名不见经传的学生。更加可信的是一封亚里士多德致腓力的信，在信中亚里士多德说他做了二十年柏拉图的学生，[27] 但是这也应被视为后人的创作。这封信在《玛西亚那传记》5（fr. 652 Rose 1886 = fr. 2a Plezia 1961 = Plezia 1977, p.15）和《拉丁传记》5（fr. 2b Plezia 1961 = Plezia 1977, p.15）中都有记载。据说，亚里士多德受到德尔斐的阿波罗召唤前往雅典，曾师从苏格拉底三年，这两种说法在历史上都不可靠；参见 Gigon 1946, pp.17 ff.; Gigon 1958,

---

[26] 年代依据 Düring 1957, pp. 235-236, 467; Düring 1968, col. 164。Plezia 1961 认为这位阿特蒙是特奥弗拉斯托斯的同时代人，因此很重视他收集的这些信件的残篇。

[27] 例如 Jaeger 1923, p. 11 引用了这封信，并以此开始他的论述。Moraux 1951, p. 134 和 Plezia 1961, pp. 100-101 中都引用了它。他们相信亚里士多德意在与特奥弗拉斯托斯和伊索克拉底争辩，并向腓力展示他作为哲学家的资格，以赢得教师的职位，就像一位现代教授在申请大学或研究机构的职位时展示自己教过的课程一样。

p.185；Chroust 1973, p.129。关于这些信件的整体讨论，参见上文的 1.1D。

关于罗德岛的安德罗尼库斯是否在他编辑的亚里士多德著作集的前言里写下一篇亚里士多德传记，有很多讨论。对此持肯定态度的有 Littig 1890-1895；Brink 1940；Plezia 1946；Plezia 1961a, pp. 247-249；Gigon 1962, p. 10；Momigliano 1971, p. 89；Chroust 1973, p.12。持否定态度的则是杜林的若干著作：Düring 1957, pp.420-425；Düring 1963；Düring 1966, pp.50-54；Düring 1968, cols.166-167。莫罗（Moraux 1973, pp. 45-141）为我们提供了关于安德罗尼库斯最前沿、最完整的研究，但是并没有在这个问题上表明立场。后来，在基督教时期，诸如努梅尼乌斯、阿提库斯和阿里斯托克利斯[28]等学者汇报了对亚里士多德的毁谤，以及亚里士多德和柏拉图之间的关系；参见 testimonia 40c-e, 58, 63c Düring。

在这一时期之后，就是我们刚刚讨论过的种种古代亚里士多德传记出现的时代了。关于中世纪和现代，可以在 Düring 1957, pp. 164-179 找到参考文献，[29] 施瓦布（Schwab 1896, pp.13–29）收集了最完整的清单。有几个故事引发了中世纪道德学家的幻想，例如亚里士多德屈从于一个可爱的妓女，像马一样被骑在妓女身下，对自己的尊严毫不在意。[30] Broker 1966 考察了关于亚里士多

---

[28] 关于这一点，参见 Heiland 1925 和 Moraux 1967。

[29] 他翻译或描述了约翰内斯·瓦伦西斯（Johannes Valensis）、瓦尔特·波雷（Walter Burleigh）、科内利乌斯·阿格里帕（Cornelius Agrippa）某个不知名的老师写作的传记，以及莱奥纳多·布鲁尼（Leonardo Bruni）、吉安巴蒂斯塔·瓜里尼（Giambattista Guarini）、波勒（J. J. Beurer）、努内兹（P. J. Nuñez）和斯科图斯（A. Schottus）写作的传记。另参见 Mansion 1958 中的考察。

[30] 参见 De Cesare 1956，附参考书目。

德和亚历山大之间关系的传说（阿拉伯人把这等同于大臣和苏丹之间的关系）。[31] Plezia 1960; Krämer 1956; Rousseau 1968 研究了《苹果书》*（*Liber de pomo*; *testimonium* 12 Gigon 1987）中关于亚里士多德以柏拉图在《斐多》中描写的苏格拉底的方式死去的传说。

2. 19 世纪至今的亚里士多德形象

在策勒 1879 年出版的不朽著作《希腊哲学史》中（其中关于亚里士多德和早期漫步学派的部分于 1897 年以英文译本出版），他总结了直到他那个时代所有关于亚里士多德传记的研究，即使在今天看来，他的重构仍然是最平衡、最可靠的之一。策勒并没有试图用具有或多或少合理性的假设去填补数据留下的空白，而是倾向于选择那些最值得依赖的记载，以此重构出一个前后连贯的形象。例如，策勒拒绝猜测亚里士多德可能教授给亚历山大什么东西。策勒笔下的亚里士多德是一名学者，他的兴趣仅限于研究，并且由于亚里士多德不是雅典人，他的哲学也不带有苏格拉底和柏拉图那样的政治目的。就亚里士多德的哲学而言，外部事件没有任何决定性的意义，它们说到底不过是一位伟大的哲学家人生历程中发生的一系列事件而已。除了进入柏拉图学园这个决定之外，很难说其他事件对他的思想发展有什么影响。或许策勒笔下的亚里士多德传记过于单薄，但也正是由于这个原因，对它

---

[31]　参见 Philips 1970 中的摘要。

*　本书是中世纪阿拉伯新柏拉图主义著作，约成书于 10 世纪，被归于亚里士多德，讲述了亚里士多德关于自己灵魂不朽的论述，他的灵魂会因为闻到苹果的气味复活。——校注

的批评与针对如今研究的批评是相反的。如今我们似乎知道了更多的东西,但是策勒的基本进路仍然是最有效的之一。

龚珀茨(Gomperz 1906)的亚里士多德传记在本质上与策勒相似,只是更加丰富多彩,有更多轶事趣闻。亚里士多德是一个百科全书式的人物,极度节制,非常热爱细节,谈吐温和,却不乏讽刺的机智。在龚珀茨的重构中,他能够利用后来耶格尔的研究(Jaeger 1912),并给出许多有关学园活动的细节(参见上文第三章)。

从策勒的时代以来,对亚里士多德传记的研究经历了三个不同的阶段,以两部重要著作的出版为分界线:Jaeger 1923 与 Düring 1957。在策勒的时代和不久之后,学者们对阿拉伯传记传统的研究迅速升温,始于 Steinschneider 1869 的文章,之后是 Müller 1873;Lippert 1891;Baumstark 1898(参见上文第 129—130 页)。关于新柏拉图主义的传统,参见 Busse 1893;关于希腊的传记传统,参见 Maas 1880。

19 世纪末,出现了一种对古代哲学家的哲学活动进行政治性解读的独特倾向。伯奈斯(Bernays 1881)认为柏拉图和亚里士多德的学园有公开支持马其顿的倾向,是为腓力国王的扩张主义进行思想宣传的中心。根据他的看法(p. 110),亚里士多德尤其如此,两次在雅典居住期间,他都是雅典政治事件的观察员,并与马其顿宫廷保持联系,悄无声息地影响着雅典的主要政治圈子,并没有因为他外邦人的法律地位而受到太多妨碍。这个重构在很大程度上基于假设,然而亚里士多德是马其顿的政治"特工"的观点却经常有人提到,包括最近的一些研究,比如克劳斯特、格雷耶夫(Grayeff)和马多利(Maddoli)。与伯奈斯持相同观点的还有尼森（Nissen 1892）和维拉莫维兹（Wilamowitz 1881）。[32]

与此相反，维拉莫维兹（Wilamowtiz 1893, 1:308–372）之后重构的亚里士多德生平，完全基于亚里士多德反对极端民主派的政治判断，我们可以在《雅典政制》中发现这种敌意，这一作品直到不久前的 1891 年才被重新发现并出版。因为这部作品的风格是典型的"外传作品"，即面向更加广大的受众，维拉莫维兹想象亚里士多德一心想要在马其顿推动统一的情况下，为保存城邦而奋斗（p. 371），因此与民主派为敌（维拉莫维兹时常用"民主派"指那些政客），与伊索克拉底为友。这部作品对重构亚里士多德的思想发展毫无兴趣，尽管我们看到它把亚里士多德的人生划分为青年、旅行和教师（Lehrjahre, Wanderjahre, Meisterjahre）三个阶段，后来耶格尔也采用了这一划分。维拉莫维茨还提到了亚里士多德最初坚持柏拉图主义，后来放弃了；与此同时柏拉图主义也遭遇了更加普遍的危机，这一危机与未成文学说和柏拉图写作《礼法》是一致的。

另一方面，并非每个人都接受这种"政治化"的重构。对伯奈斯和维拉莫维兹最著名的批评是龚珀茨先后发表于 1882、1901 以及 1906 年（4:25-37）的作品。龚珀茨重申了亚里士多德的传统形象，他是一位伟大的科学家和百科全书式的思想家，没有实际的政治兴趣。格尔克（Gercke 1896）支持伯奈斯，反对维拉莫维兹（Wilamowtiz 1893），他主张亲马其顿的亚里士多德形象，但是极大地限制了他现实意义上的政治重要性，并且戏谑地谈论他那种"象牙塔里的政治智慧"（*politische Kathederweisheit*）。根据格

---

[32] Wilamowitz 1881 中相关部分的意大利文翻译参见 Natali 1981, pp. 29-46。

尔克的看法，说到底不是亚里士多德教育了亚历山大，而是反过来，通过与马其顿王子的频繁联系，亚里士多德适应了真实的政治世界，也为他的思考增添了更加现实主义的维度，这是《政治学》的典型特征。瓦丁顿（Waddington 1893）在一篇影响深远的文章中，无视伟大的德国语言学家们的思考，更加冷静地给我们提供了一份正确的亚里士多德传记概要，它与今天我们普遍接受的亚里士多德传记相差无几。

我们在前面提到了《雅典政制》大部分内容的重新发现对于重构亚里士多德传记的影响。这一重大进展得益于在埃及发现的莎草纸抄本，1891年由肯扬（F. G. Kenyon）编辑出版。人们还发现了那个时期的一些铭文，可以部分修正之前对亚里士多德的印象；两篇关于亚里士多德的铭文分别于1898年和1902年发表（参见本章1.2节）。1902年菲洛德穆斯的《阿卡德米学派哲学家索引》考订版由梅克勒（S. Mekler）编辑出版。梅克勒这一令人钦佩的作品首次呈现了来自赫库兰尼姆的两份烧焦卷轴中的第二个，包括《索引》的残篇。1904年迪迪慕斯·卡尔森特鲁斯（公元前1世纪）评论德摩斯提尼《反腓力演讲》的莎草纸残篇终于得以发表，其中包含大量关于阿塔尼乌斯的赫米亚斯的信息。[33] 这些发现提供了新的古代文本，丰富了我们的历史图景，直到今天都没有其他与它们影响力相当的新发现。Mulvany 1926 和 Wormell 1935 随后的著作对这一时期的资料来源进行了系统的分析。

尽管如此，我们正在考察的这个研究领域里发生的重大变化并非来自这些发现，而是来自对亚里士多德作品的一种"演化性"

---

[33] Diels and Schubart 1904；参见 Foucart 1909；最新版本参见 Dorandi 1991。

的解读。虽然有一些先例，[34] 但是这首先要归功于耶格尔。在 20 世纪 20 年代初，盛行的是对亚里士多德的整体性解读，其中的许多研究现在已经被人们遗忘了（C. Lalo, A. Goedeckemeyer, P. Kafka,[35] E. Rolfes 和 Á. Pauler），但是 Ross 1923 和 Jaeger 1923 这两部作品依旧十分重要。

Ross 1923 的概述相当简要：在雅典亚里士多德主要致力于教学活动，或许是在自己的学园里一栋租来的建筑中进行；他与阿塔尼乌斯的赫米亚斯之间的关系一定比他与马其顿的腓力和亚历山大之间的关系更加重要；亚里士多德的学园对当时的政治生活产生了一些影响。

Jaeger 1923 对亚里士多德研究产生的影响直到今天都是决定性的。[36] 从我们有限的视角来看，耶格尔的作品彰显了原创性和形式化的结构。它不像其他专著那样给出综合性的概述，不是首先简要论述亚里士多德的生平，然后再阐发他的学说；它的结构更加复杂。耶格尔将叙述亚里士多德的生平与描述他的思想发展结合起来，不时停下脚步，对亚里士多德人生某一阶段的思想做出全景式的论述。他从维拉莫维兹那里借用了对亚里士多德生平的三分，即"青年、旅行和教学"；但是不同于维拉莫维兹的是，耶格尔明确反对伯奈斯的政治性解读（p. 169）。因此，亚里士多德的思想演化是这个生平重构的能量来源，这部作品也因此拥有高度的浓缩性和大量的历史细节。

---

[34] Case 1910 中提到了这个看法，并在 Case 1925 为它辩护，反驳 Taylor 1924 中的轻蔑评价。

[35] 参见 Kafka 1922，这部作品最近再版了。

[36] 参见 Berti 1962, pp. 9-122；Lanza and Vegetti 1971 的评论。

显然，指引耶格尔的不仅是考古学和古物学的兴趣，还有哲学的。对他来说，亚里士多德是一位古代的思想家，成功地克服了柏拉图和其他前人的古代精神，却没有走到现代科学的实证主义；他知道如何在思辨精神与科学的严谨性之间做出原创性的综合。耶格尔认为这种综合仍然具有权威性。像乌塞纳（Usener 1884）一样，耶格尔也把亚里士多德的学园看作现代大学的先驱，[37] 想要通过对亚里士多德思想演化的重构，来描述这种对西方文化和哲学来说至关重要的机构如何诞生。这种解读可以归于对亚里士多德生平的"哲学"解读，而非伯奈斯和尼森的"政治"解读，但是也同样表达了亚里士多德的经验对那个时代问题的重要意义。

耶格尔作品的一个独特之处（同时也来自他的"浓缩"）在于，它将亚里士多德一生的重大事件和思想的重大转变联系在一起：这位哲学家离开雅典与他的柏拉图主义危机有关；他在阿索斯的赫米亚斯宫廷和马其顿的亚历山大宫廷，与其理论研究的新阶段而非亲马其顿的政治立场有关；而他在雅典的第二次居住则与组建自己的学园和科学研究有关。耶格尔看到的不是亚里士多德思想的历史条件，而是亚里士多德所处的外部历史最终如何被纳入了他的思想历程，如何取决于后者，就像人们会在一位伟大的哲学家身上期待的那样。

这一标准使得耶格尔摆脱了 19 世纪的批评家们提出的许多假设和错误的问题，[38] 只依靠更加可靠的信息。他坚定地认为，

---

[37] Jaeger 1938, pp. 220-236 更加强调这一主题；据说亚里士多德的哲学极大地推动了医学研究的发展。

[38] 例如亚里士多德究竟是希腊人，还是有一半的蛮族血统，他的父亲是医生对他的思想是否有着决定性的影响；参见 Gomperz 1906, 4:81 ff.。

理解亚里士多德哲学和生活的关键出发点是他与柏拉图的关系；第二重要的是亚里士多德与赫米亚斯之间的关系；再次才是亚里士多德与马其顿和亚历山大的关系。在接下来的几年里，演化论方法成为了研究亚里士多德的标准方式，耶格尔对他生平的重构也就成了亚里士多德传记的"正典"，让前人彻底黯然失色（比如 Nissen 1892；Wilamowitz 1893；Gercke 1896，以及所有对亚里士多德进行政治解读的人）。关于这一点，可以参见 Bignone 1936；[39] Burnet 1924；Brehiér 1928, pp. 169-171；特别是 Prächter 1926, pp. 348-353，他认为现在人们应该用耶格尔更加冷静的作品取代维拉莫维兹丰富多彩的传记。也可参见 Fuller 1931；Mure 1932；Robin 1932；Bidez 1942；Bidez 1943；Bidez 1943a；Bidez1944；[40] Robin 1944。一些学者试图用生成论的方法来澄清亚里士多德和亚历山大的关系，如 Barker 1931；Kelsen 1937-1938 试图把亚里士多德的《政治学》解读成为马其顿的扩张主义辩护，但收效甚微；另参见 von Ivanka 1938, pp. 3-19。

　　第二次世界大战之后，梅尔兰的三篇文章开辟了一条新的进路（Merlan 1946；Merlan 1954；Merlan 1959）。[41] 梅尔兰重新考察了亚里士多德传记传统的资料来源，试图表明柏拉图和亚里士多德在各个方面都不存在理论对立，这种对立只是后来的阐释造成

---

[39] 相对耶格尔，比尼奥内唯一原创的观点是亚里士多德可能在第二次回到雅典之前就在米蒂利尼开设了哲学学园。但是 Wilamowitz 1893, p. 334 已经提出了这个观点。这一观点目前并没有被学者们广泛接受。

[40] 彼德兹有一些特殊的想法；显然他将"领袖原则"（*Führerprinzip*）应用到了亚历山大身上，认为亚历山大是亚里士多德教育出的统帅，他在"面临混乱的变革政治的威胁"时，将他的意志加诸希腊，取代旧有的政治制度，建立了"一个崭新的世界秩序"（参见本书第20—21页）。对先进的渴望有时会产生非常冒险的主张。

[41] 现全部收录于 Merlan 1976, pp. 127-143, 144-152, 167-188。

的结果，归根结底亚里士多德不过是"从柏拉图主义到新柏拉图主义"链条上的一环，这也正是他那部著名作品的标题。Krämer 1959 再次采取了本质上相同的立场。梅尔兰认为亚里士多德和色诺克拉底是同一学派两个分支的领袖，他们只是在组织上分离，而不是在学说上分离，他们也不是竞争对手。他基于伊索克拉底的《致亚历山大的信》，[42]认为亚里士多德试图以柏拉图当年教育叙拉古的迪翁（Dion）的方式来教育亚历山大大帝，即用类似于阿卡德米学园中的研究活动来让他转向哲学。最后，他还主张亚里士多德和斯彪西波之间没有深刻的分歧，柏拉图去世后亚里士多德离开阿卡德米学园，并不像其他学者认为的，是因为对新任领袖的憎恨；例如 Moraux 1951, pp. 324-346。

Lee 1948 是一篇著名的文章，在很长时间里都是权威之作。他利用了 Thompson 1910 和 Burnet 1924 中的一些内容，表明亚里士多德的许多生物学作品是他两次在雅典居住中间，在阿索斯和马其顿写的。然而，策勒早就提出了这一假设（Zeller 1897, 1:26）；最近 Solmsen 1978 和 Byl 1980 又对这一假设提出了怀疑（我们在本书第一章 6.1 节中讨论过这一点）。索姆森建议我们直接回到耶格尔的方法，根据这一方法亚里士多德伟大的生物学研究是在他第二次居住在雅典期间完成的。

Düring 1957 为亚里士多德的传记研究传统做出了重要的贡献，我们绝不能忽略它。即使像 Gauthier 1959 那样相信耶格尔的模型与方法的人，像吉贡、普莱奇亚那样不同意杜林结论的人，也会承认杜林的贡献巨大。从整体上讲，杜林倾向于消除"演化

---

[42] 耶格尔认为这封信是伪作（Jaeger 1938, p. 280）。

模式",否认亚里士多德有一种从柏拉图主义的思辨精神到细致的科学研究的转变,而是认为亚里士多德从一开始就有多种倾向,一种自始至终的两极性。从传记的角度来看,杜林重新考察了耶格尔的资料来源,跟随弗卡尔、穆尔瓦尼和沃梅尔的足迹,试图将每一份报告、每一份资料来源都置于它的时代中,确定它究竟属于对亚里士多德褒扬、贬斥,还是漠不关心的三种传统中的哪一个。因此他特别努力地确定每一份资料背后的目的。比如希腊化时期的某则轶事是为了娱乐或者激发读者的兴趣,根本不关心历史准确性;而亚里士多德的同代人可能会猛烈地攻击或者激烈地捍卫他。

在19世纪,人们喜欢在一个预先构建的图景上,通过对不同资料进行选择来重构亚里士多德的生平,让传记信息与这些图景吻合。杜林之后,亚里士多德传记的研究变成了对证据的审查,要从数不胜数的报告中选出极少数完全可靠的报告,并研究所有其余报告背后的核心真相。后一项工作当然经常带有猜测的性质,要让学者们对每一个具体的要点达成一致相当困难。这样一来,就不可能再像19世纪后期的批评家所尝试的那样,通过为可靠的信息增加某些假设和各种推论来全面、详细地重构亚里士多德的生平。但是,我们可以更容易地描述不同时代的亚里士多德形象,并展示例如西塞罗时代的亚里士多德与新柏拉图主义者时代的"圣"亚里士多德有什么不同。

杜林的研究最伟大的创新之处,在于重述了亚里士多德在雅典的第二次居住。根据杜林的观点,亚里士多德并非维拉莫维兹描述的那种希腊民族的政治和文化大师,也不是耶格尔所说的那种伟大而著名的百科全书式的知识分子,更不是伯奈斯、凯尔森和其他人主张的那种马其顿的政治工具。他是一个相当孤立、鲜为人知的哲学家,在他的一生中,很少享受成功,肯定比柏拉图要少得多。事实上,根据杜林的看法,公元前4世纪那些经常取笑苏格拉底和柏拉图的雅典喜剧,以及围绕柏拉图对话形成的稳定而持续的传统,都揭示了柏拉图的思想和学园在大众心目中的成功,柏拉图的学园也从制度上保证了老师著作的保存与使用。相反,雅典的作家们几乎从未引用过亚里士多德,雅典似乎从未意识到他的存在——除了在他生命的最后时刻指控他不虔敬之外。亚里士多德作品的传承也极其令人困惑,充满不确定性。根据杜林的看法,在雅典亚里士多德从未有过一所正式的学园,只有一群定期在位于吕克昂的竞技场里碰面的学生。作为一个生活在雅典的外邦人,亚里士多德被雅典与马其顿王国的对抗伤害,由于反马其顿仇恨的爆发,他两次被迫逃离雅典,一次是公元前348年,另一次是在亚历山大死后。甚至奉召到佩拉的宫廷教导亚历山大(这一职位并非腓力宫廷里的重要角色)也不是由于他的威望,而是因为他与腓力的盟友,阿塔尼乌斯的赫米亚斯之间的家族联系。这就是杜林的阐释。我们认为,这种针对伯奈斯和维拉莫维兹传记中过度"政治化"的反应是有益的,不过似乎有点太过阴郁和悲观了。

马多利(Maddoli 1967)和克劳斯特更愿意想象一个政治性的亚里士多德。在马多利看来,亚里士多德学园的建立是为了支持马其顿霸权的扩张;[43]克劳斯特希望能够对传记材料做出"明智又富有想象力"的使用,他也确实在长篇的讨论中做出了一些重

---

[43] 对马多利的合理批评参见 Isnardi Parente 1974, p. 874。

要的贡献，[44] 但是他经常重复自己的立场和争论，他的结论也令人难以接受。他认为亚里士多德与马其顿的腓力关系亲密，他为后者承担了在赫米亚斯和雅典的政治任务。在克劳斯特看来，亚里士多德是一名从未偏离老师立场的柏拉图主义哲学家，但是在雅典，他从未获得必要的安宁来创作自己的作品。在他看来，亚里士多德尽其所能地协助腓力的扩张野心，并通过他强大的马其顿朋友来捍卫雅典城邦；据说在卡罗尼亚战役（公元前338年）之后他在腓力面前为雅典辩护，之后又在公元前335年和公元前334年分别在亚历山大、安提帕特面前为雅典辩护。根据克劳斯特的说法，亚里士多德的政治任务使他无暇创作自己的作品，所谓"亚里士多德的作品"实际上是他的学生们，特别是特奥弗拉斯托斯的作品，而真正的亚里士多德哲学只能在他遗失作品的残篇中找到。就像Zürcher 1952尝试论证的那样，所谓的"亚里士多德著作"（corpus aristotelicum）其实是"早期漫步学派成员的亚里士多德哲学著作"（corpus aristotelicum peripateticorum veterum）。克劳斯特的阐释就是这些。Grayeff 1974也持相同的观点，但是在我看来这种观点毫无说服力。

144　　对资料来源进行批判性考察的方法是慢慢才占据上风的。没有迹象表明Düring 1957对Randoll 1960；Brun 1961；Moreau 1962；Allan 1952（甚至是1970年的修订版）产生了影响。相反，他们重复并讨论了杜林、吉贡、高蒂尔、普莱奇亚和克劳斯特之前的立场（相关文本我们多次引用）。他们都对亚里士多德在雅典是一个孤立

---

[44] 除了已经提到的这些，还有Chroust 1971；Chroust 1972；Chroust 1972a以及Chroust 1973中的不同章节。

且不知名的哲学家表示怀疑，并引用了乌塞比亚提到的雅典人向他表达敬意的铭文作为证据（参见本章1.3节，第124—125页）。他们中的许多人都怀疑，因为亚里士多德身为外邦人在雅典没有自己的房子，所以他可能无法在租来的或者借来的房子中开办属于自己的成熟学园（吉贡、高蒂尔、克劳斯特）。另一方面，与杜林的观点接近的是Zemb 1961，这本书篇幅简短却内容丰富。

Berti 1962和Berti 1977采用了杜林的资料批评方法，并保持了卓越的平衡，尤其是在后面那部著作中，他把自己限制在最能得到证实的事实上，例如纪年表和少数确实可靠的报告。贝尔蒂反对政治性的解读，主要关注他的作品，他正确地在理论研究和学园组织中看到了亚里士多德一生的主要兴趣。对他来说，政治事件的影响主要是消极的，打扰了研究所必需的安宁。这样一来，《尼各马可伦理学》X.6-8关于理论生活的篇章恰恰呈现出一种自传性的意蕴，在这里亚里士多德将理论生活描述为一种完美的生存状态。我们以策勒的立场开场，这一立场作为最可靠的阐释之一，再次出现在了回顾的末尾。

后记（2012年）

本书问世21年后，在我看来它的主要论点依然成立，例如它所呈现的亚里士多德的整体图景、漫步学园的目的，以及它作为一个组织的制度本质。我在本书中得出的其他结论可能更具争议性。

现在正好给我一个机会考察本书出版之后，这个领域的重要作品。我提前为可能忽略任何重要的作品道歉，因为在过去二十年里我主要的研究范围是另外一些不同的主题。

大约在本书出版的同时，法国学者路易（P. Louis）在编辑和翻译了许多亚里士多德的作品之后，出版了一本《亚里士多德传：BC 384-322》（*Vie d'Aristote: 384-322 avant Jésus-Christ*, Paris, 1990）。这本小书非常奇怪。路易撰写了一部亚里士多德的传记小说，书中有少量确切的事实，却混杂了大量的假设、来自传统的不确定因素，以及根据《气象学》和《问题集》（后者的真实性并不确定）的文本所做的推测。路易认为他了解亚里士多德对柏拉图的感情（亚里士多德把柏拉图视为第二个父亲，代替在他年幼时去世的亲生父亲）；他告诉我们亚里士多德和马其顿的腓力二世在年幼时经常一起玩耍；亚里士多德还参观了在佩拉的马其顿宫廷内的动物园。我怀疑所有这些，还有更多内容，都是路易想象出来的。在他的书中有一些更容易接受的内容，例如他对公元前347年亚里士多德离开雅典的描述，或者对公元前347年伊索克拉底和柏拉图主义者争相担任亚历山大导师的描述。但是总的说来，他的书代表了在这一主题上的学术倒退，因为他在接受每一份古代文献的说法之前，都没有考察它们的偏见和倾向。

更有用的是《古代哲学家辞典》(*Dictionnaire des philosophes antiques*, CRNS Paris, 1994 之后)中的文章，这是一部由古莱主编的大型百科全书，致力于收集所有已知的主要、次要古代哲学家的生平和作品，包括参考书目，但是没有对他们的理论进行概述。在这里有本书提到的大多数人物的条目，始于关于亚里士多德的庞大条目。这一条目的传记部分由古莱、普艾奇（B. Puech）和阿瓦德（M. Aouad）撰写（1:413-443），分为三个主要部分，"人物群像""年表"和"作品"；同时给出了参考书目和一份古代资料的清单。

普艾奇在她的"年表"部分讨论了关于德尔斐竞赛获胜者名单的证据（参见本书第60页），她认为里面包含了德尔斐神庙和竞赛的历史。根据普艾奇的看法，这个铭文是一份庞大的文件，比人们迄今认为的还要庞大。她还认为铭文于公元前324/323年被摧毁，当时亚历山大还在世，反马其顿情绪在德尔斐祭司之间蔓延。

在文章这一部分的结尾，古莱讨论了亚里士多德作品的命运，并正确地主张这些著作在希腊化时期也为人所知，但是他的结论是它们并没有影响到公元前2世纪和公元前1世纪的漫步学派哲学家，原因在于学园学术观念上的演变，我认为还有学园的堕落。关于亚里士多德藏书命运的更多讨论，参见下文。

有新信息增加的古代资料之一是在伊斯坦布尔抄本中的《神

圣的智慧》第 4833 条中发现的阿拉伯文《亚里士多德传》（参见本书第 120 页）。亚里士多德词条这一节的作者阿瓦德说它只被部分地编辑和翻译过，根据普莱奇亚和古塔斯（Gutas）所说，做这项工作的不是一位新柏拉图主义者，而是公元 4 世纪的一位漫步学派成员，内容也不同于新柏拉图主义的亚里士多德传记。阿瓦德总结了抄本的内容：对加鲁斯（Gallus）的献词、一部亚里士多德传记、一些格言和一份作品清单。事实上这一文本有完整的版本和译文，出自克里斯泰尔·海因（Christel Hein）的《哲学的定义与分类：从古代晚期文献到阿拉伯百科全书》（*Definition und Einteilung der Philosophie: Von den spätantiken Literatur zur arabischen Enzyklopädie*, Frankfurt, 1985）。不幸的是，包括我自己在内的许多学者都忽略了这部作品，经由奥利弗·普里马维西（Oliver Primavesi）2007 年的文章我才得知（参见下文）。

海因的著作全面概述了以往的文献，以及这一文本对其他阿拉伯编译本的影响。托勒密曾多次提到，他读过一本罗德岛的安德罗尼库斯写的关于亚里士多德的书，但是当他撰写这篇概述的时候，这本书不在他手中。海因认为托勒密的编目尊重亚历山大里亚的新柏拉图主义者对亚里士多德作品的流行划分。他修正了作品的顺序，并提供了一份更短的目录。事实上，托勒密称在安德罗尼库斯的作品中，亚里士多德有一千卷著作，但他只列出了其中最重要的一百卷。随后是序言和作品目录（pp. 416-439），海因对这个序言做了德文翻译，并对作品目录做了从阿拉伯文到希腊文的回译。

在《古代哲学家辞典》的前几卷中，有一些重要的词条与本书讨论的人物有关：**阿莱克西努斯**，穆勒（R. Müller）撰写

(1:149-151);罗德岛的**安德罗尼库斯**,古莱撰写(1:200-202);卡利斯托斯的**安提戈努斯**,多兰蒂撰写(1:209-211);**阿佩利孔、阿特蒙和阿特尼翁**(Athenion),古莱撰写(1:266-267,615-616,649-650);奥林托斯的**卡利斯提尼**,斯波埃里(W. Spoerri)撰写(2:183-221);**克菲索多罗斯**,珀诺特(L. Pernot)撰写(2:266-269);斯凯普西斯的**克里斯库斯**,古莱撰写(2:456-490),他认为埃拉斯托斯和克里斯库斯对赫米亚斯的性格有着积极的影响;法勒鲁姆的**德米特里乌斯**,施耐德(J.-P. Schneider)和奎埃瑞尔(F. Queyrel)撰写(2:628-635);**第欧根尼·拉尔修**,梅耶(J. Mejer)撰写(2:824-833);**伊壁鸠鲁**,古莱撰写(3:154-181);**欧多克苏斯**,施耐德撰写(3:293-302);阿塔尼乌斯的**赫米亚斯**,多兰蒂撰写(3:650-651);**赫米普斯**,施耐德撰写(3:655-658);**伊索克拉底**,洛佩兹·克鲁塞斯(J. L. Lopez Cruces)和福恩特斯·冈萨雷斯(P. P. Fuentes Gonzales)撰写(3:891-938)。就像百科全书词条中很常见的,这些内容基本上代表了主流观点,很少呈现新的看法或证据,但是它们大有裨益,因为读者可以看到对古代哲学家及其著作清晰简洁的呈现。

其中有一些词条值得重点关注,例如在伊索克拉底的词条中,两位作者对伊索克拉底的"哲学"观念,以及他与"真正的"哲学家、智者、苏格拉底、柏拉图、亚里士多德等人的关系做了精彩的论述。斯波埃里对卡利斯提尼的讨论极其细致、完整,他对卡利斯提尼是否曾是亚里士多德的信徒持怀疑态度,但是他指出,卡利斯提尼在他的历史作品中描述了自然的许多方面和事件。在珀诺特关于克菲索多罗斯的词条中,讨论了克菲索多罗斯针对亚里士多德的诽谤(参见本书第25页),并指出可以用两种相反的方式来理解阿忒纳乌斯书中引用的克菲索多罗斯的希腊文本：*epitimai tôi philosophôi ou poiêsanti logou axion to paroimiai athroisai*，它可以指"他批评这位哲学家收集（没有价值的）谚语"，也可以指"他批评这位哲学家没有收集谚语（即让收集谚语变得毫无价值）"。然而，他正确地注意到，攻击像亚里士多德这样的哲学家没有收集谚语非常奇怪。在我看来，前一种阐释似乎是正确的。

乔纳森·巴恩斯（Jonathan Barnes）在一篇重要的文章《罗马的亚里士多德》（"Roman Aristotle," in Barnes and M. Griffin eds., *Philosophia togata* II, 1997, pp. 1-69）中讨论了直到公元1世纪亚里士多德作品在罗马的编修史。他清晰地重新审视了证据，并对每一个证据都做了有益而诙谐的评论。他正确地认为，关于亚里士多德藏书的命运，阿忒纳乌斯的版本与斯特拉波的版本不一致。但是他更倾向于斯特拉波的记载，尽管其中包含了许多不可能的要素，因为他认为斯特拉波的故事来自波西多尼乌斯（Posidonius），而后者写下的才是事实。另一方面，人们可以反驳说斯特拉波经常表现出反漫步学派的态度，就像他对波西多尼乌斯的著名评论说的："**他太喜欢模仿亚里士多德深入地探究原因了，这个主题我们[斯多亚学派]都会小心翼翼地绕开，只是因为所有的原因都被包裹在极度的黑暗中。**"（《地理学》[Geography] 2.3.8）斯特拉波笔下亚里士多德著作长达好几个世纪的复杂的遗失过程很难说是中立的，它带有明显的反漫步学派色彩。

巴恩斯正确地反驳了斯特拉波证言的主要观点，即在苏拉之前的希腊化时期并没有亚里士多德著作的抄本。巴恩斯还认为，安德罗尼库斯虽然是亚里士多德大量作品（*logoi*）的编辑者和收集者，但是他本人的作品并没有那么重要。他对亚里士多德学术的主要贡献是《卷录》(Pinakes)，这部四卷本的作品包括一部《亚里士多德传》、一份作品目录，以及对其中一些著作真实性的讨论。巴恩斯的结论是："我们有理由相信，第一，至少有一些亚里士多德的主要著作，是由亚里士多德本人以类似目前的形式编辑的；第二，一些著作是以类似目前的形式为亚里士多德的直接继承人所知的；第三，在西塞罗的时代，有些著作是以合集的形式出现的。"(p. 65) 据他所说，安德罗尼库斯的作品只是复杂历史中的一小步，事实上，亚里士多德作品的形成是一个漫长的过程，也是一个漫步学派学者不断讨论的主题，这一讨论一直持续到文艺复兴以后。

弗腾堡和舒特朗普夫编辑的《法勒鲁姆的德米特里乌斯：文本、翻译与讨论》(Demetrius of Phalerum: Text, Translation, and Discussion, New Brunswick, 2000) 中包括了高查克的一篇讨论德米特里乌斯的文化、政治活动的有趣文章。他认为，尽管亚里士多德会赞同德米特里乌斯担任雅典政府领袖时采取的措施，但是德米特里乌斯从未试图将亚里士多德的政治理论应用到雅典的政治事务中。他只是试图实现政治稳定和经济进步，只有其政治改革的广度和连贯性展示了他所受的哲学训练。

关于亚里士多德在柏拉图学园中开设"修辞学课程"的说法（参见上文第26—29页），传统的阐释最近得到了贝尔蒂的辩护("La polemica antiaristotelica di Filodemo a proposito della retorica," in C. Natali and S. Maso eds. Antiaristotelismo, Amsterdam, 1999, pp. 63-75)，虽然他也承认菲洛德穆斯呈现的亚里士多德形象更像是后期那种成熟的百科全书式的学者。布兰克表达了相反的观点，

150　　他修正并讨论了与这一事件相关的所有证据和广泛的书目，并给出了新版的菲洛德穆斯的文本和翻译（"Aristotle's 'Academic Course on Rhetoric' and the End of Philodemus' *On Rhetoric* VIII," *Cronache Ercolanesi*, vol. 37 [2007], pp. 5-47）。布兰克总结道，菲洛德穆斯著作中保存的证据并不能支持亚里士多德曾在阿卡德米学园中开设过修辞学课程，他认为菲洛德穆斯指的是《劝勉》和其他遗失的亚里士多德通俗作品，而非他的教学活动。

　　普利马维西最近发表了一篇关于亚里士多德藏书命运的有趣文章（"Ein Blick in den Stollen von Skepsis: Vier Kapitel zur frühen Überlieferung des Corpus aristotelicum," *Philologus*, vol. 151 [2007], pp. 51-77）。他指出第欧根尼·拉尔修的亚里士多德作品目录用数字来区分不同的书卷（*Buchstabenziffern*），这是希腊化时期才开始的做法，而构成我们现有的亚里士多德著作集的是字母排序（*Ordnungsbuchstaben*）。第二种编号的方法比第一种更古老，普利马维西由此推断，亚里士多德的著作有两份抄本，一份在亚历山大里亚，目录收在第欧根尼·拉尔修的著作中；另一份收藏在一个非专业的图书馆里，仍然使用古老的编号系统。他还将这个著作集与内雷乌斯的亲戚们藏在斯凯普西斯的抄本联系起来。根据普利马维西的看法，我们拥有的亚里士多德的著作源于第二份抄本，苏拉将它带到了罗马。这种假设很有吸引力，除了第二份抄本被藏在斯凯普西斯。我们在前面看到，有足够的证据表明，伊壁鸠鲁和第一代漫步学派成员熟知亚里士多德的一些主要作品。在我看来，如果普利马维西是对的，那么更有可能的情况是，亚里士多德著作的第二份抄本从未离开雅典，只不过被后来的漫步学派忽视了，到了公元前1世纪才被阿佩利孔修复，就像我们之前看到的那样。

在本书的第一版中，我引用了 Wilamowitz 1893 对亚里士多德第二次居住在雅典时关于雅典的乐观描述（第 56 页）。现在，应该以迈克尔·斯科特（Michael Scott）的著作《从民主派到国王》（*From Democrats to Kings*, London, 2009；2012 年意大利文译本）代替这一描述，它提供了这一时期更加细致的图景，并对伊索克拉底的干预进行了非常同情的分析。这本书更加明显地展示了公元前 4 世纪马其顿国王在雅典与日俱增的影响，并详细描述了亚里士多德与马其顿之间的联系。

最后，我向读者介绍我最近的两篇文章，对于比较亚里士多德的学园和其他古代的哲学机构有所助益："Schools and Sites of Learning," in J. Brunschwig and G. E. R. Lloyd eds., *Greek Thought: A Guide to Classical Knowledge*, Cambridge, Mass., 2000, pp. 191-217; "Philosophical Schools," *Oxford Encyclopedia of Ancient Greece and Rome*, Oxford, 2010, pp. 250-255。

最后，我要衷心感谢道格·哈钦森，是他启动并完成了原书的翻译项目，也要感谢在项目发展的过程中帮助他的众多朋友与合作者。没有他的推动，这本书就不会由普林斯顿大学出版社出版；而如果没有他在最后阶段的编辑和学术贡献，这本书也就不会问世。

纳塔利

威尼斯，2012 年 7 月

资料索引

【译注：此处的页码（下划线部分）是原书中的页码，即本书边码；注释注明章节和注释数；加粗的数字表示引用。】

第一部分：铭文证据

雅典：赐予亚里士多德外邦客人身份（*proxenia*）的铭文（遗失），引用于**乌塞比亚** 59, 59-60, 124-125

雅典：欧弗里翁的法令（后撤回），收录于《阿提卡铭文集》(*Corpus Inscriptionum Atticarum*) =《希腊铭文》(*Inscriptiones Graecae*) vol. 2（Berlin, 1873 及其后），IV.2.231b 第一章注释 124

德尔斐：皮提亚赛会获胜者名单石碑（损坏），残篇收录于 Gigon 1987, frs. 410-414 59-60, 146

德尔斐：感谢亚里士多德和卡利斯提尼制作皮提亚赛会获胜者目录的铭文，收录于 Dittenberger 1915, no. 275 (= *testimonium* 43 Düring 1957) 60, 124, 第一章注释 101, 113

德尔斐：亚里士多德创作的献给赫米亚斯的诗（遗失），引用于**迪迪慕斯**《论德摩斯提尼》6.39-43 和**第欧根尼·拉尔修**，5.6 35

以弗所：赐予尼加诺，亚里士多德的儿子外邦客人身份（*proxenia*）的铭文，收录于 Heberdey 1902 **12**, 124

埃雷特里亚：提到赫米亚斯及其同伴的石匾，收录于 Dittenberg 1915, no. 229 39

帕罗斯：大理石碑（"帕罗斯年代记"），以及雅典历史的《帕罗斯编年史》(*Parian Chronicle*)，收录于 Jacoby 1904 133

斯基鲁斯：献给阿尔忒弥斯的铭文（遗失），引用于**色诺芬**的《远征记》5.3.7–13 84

陶罗米涅姆：提到卡利斯提尼和亚历山大的铭文，收录于 Prandi 1985 第一章注释 103

锡拉：埃庇科塔斯组织的基金会，收录于《希腊铭文》vol. 12, fasc. 3, no. 330 90

第二部分：纸莎草证据

P.Berol.5009 **亚里士多德**：《雅典政制》52, 109, 137

P.Berol.9780 **迪迪慕斯**：《论德摩斯提尼》33-36, 121, 第一章注释 73

P.Herc.164 和 1021 **菲洛德穆斯**：《阿卡德米学派哲学家索引》31, 41, 138, 第一章注释 55, 56, 60, 78, 79, 80, 95, 第二章注释 30

P.Herc.832 和 1015：**菲洛德穆斯**：《修辞学》27-29, 51, 134, 149-159, 第一章注释 46, 49, 52

P.Herc.1005 **菲洛德穆斯**：无名作品（引用了**伊壁鸠鲁**）102

P.Lond.131 **亚里士多德**：《雅典政制》52, 109, 137

第三部分：古代作家提供的证据

克劳迪乌斯·阿伊里安（约公元 170—235 年）

《杂学研究》3.36 第一章注释 125；5.9 9；8.12（提到了**特奥弗拉斯托斯**的演讲《驳阿格诺尼德》）92；9.23 第一章注释 127；14.1（引用了**亚里士多**

德的《致安提帕特的信》）63；14.19 第一章注释 91

[1997, ed. N. G. Wilson, Loeb]

艾伊留斯·阿里斯提德·特奥多罗斯（公元 117—181 年）

《驳四人》（《演说集》46）249.10 21, 第四章注释 20

[1829, ed. W. Dindorf, Hildesheim 重印，1964]

雅典的埃斯基涅斯（公元前 4 世纪）

《演说集》1.30 和 1.42 第一章注释 132

[1997, ed. M. R. Dilts, Teubner]

（伪）阿弗洛狄希阿斯的**亚历山大**

《论灵魂的曼提萨附录》186.28-31（引用了**特奥弗拉斯托斯**的《卡利斯提尼》或《论丧友》）54

[1887, ed. I. Bruns, *CIAG* suppl. 2.1, Berlin]

埃里斯的**阿莱克西努斯**（公元前 4—前 3 世纪）

《回忆》残篇（II.C.14），**阿里斯托克利斯**的《论哲学》提到（fr.2 Chiesara）；摘录于**尤西比乌斯**的《福音的准备》15.2.4 43, 131

[1990, ed. G. Giannantoni, *Socratis et Socraticorum Reliquiae*, Naples; Klaus Döring, *Die Megariker*, Amsterdam 1972]

图里的**阿莱克西斯**（公元前 4 世纪中期—前 3 世纪中期）

《加拉忒亚》残篇（fr.37 *PCG* = fr.36 Meineke），引用于**阿忒纳乌斯**，12.544e 第一章注释 131

《梅洛皮斯》残篇（fr.151 *PCG* = fr.147 Meineke），引用于**第欧根尼·拉尔修**，3.26 <u>119</u>

《马术师》残篇（fr.99 *PCG* = fr.94 Meineke）引用于**阿忒纳乌斯**，13.610d-f <u>91, 92, 第二章注释 60</u>

[1991, *Poetae Comici Graeci*, ed. R. Kassel and C. Austin, vol. 2, Berlin and New York; J. Edmonds, *The Fragments of Attic Comedy, after Meineke, Bergk, and Kock*, vol. 2, Leiden, 1959]

阿布德拉的**阿那克萨库斯**（公元前 4 世纪）

无名作品，残篇（fr.B1 Diels/Kranz），引用于克莱门特的《杂录》（*Miscellanies*）1.36 <u>第一章注释 104</u>

[1952, H. Diels and W. Kranz, *Die Fragmente der Vorsokratiker*, 6th ed., Berlin]

兰普萨库斯的**阿那克西美尼**（公元前 4 世纪，归于亚里士多德的一部《修辞学》的真正作者）

《献给亚历山大的修辞学》<u>44</u>

[1966, *Anaximenis Ars Rhetorica*, ed. M. Fuhrmann, Leipzig]

卡利斯托斯（或珀加蒙）的**安提戈努斯**（公元前 3 世纪）

《哲学家的传承》（*Successions of Philosophers*）残篇（fr.23 Dorandi），引用于**阿忒纳乌斯**，12.547d-548b <u>93-94, 95, 147, 第二章注释 24, 63</u>

[1999, *Antigonus Carystius, Fragments*, ed. T. Dorandi, Budé]

泰俄斯的**阿佩利孔**（公元前 2 世纪—约前 84 年）

《亚里士多德传》残篇，引用了**亚里士多德**的《致安提帕特的信》，引用于**阿里斯托克利斯**的《论哲学》（fr.2 Chiesara），摘录于**尤西比乌斯**的《福音的准备》15.2.14 37, 103, 133, 147, 150

雅典的**阿波罗多洛斯**（公元前 2 世纪）

《编年史》残篇（244F38 *FGrHist*），引用于**第欧根尼·拉尔修**，5.9 8, 18, 127, 133, 第一章注释 33, 96, 127

[1929, ed. F. Jacoby, *Fragmente der Griechischen Historiker*, Zweiter Teil, B:106-261, Berlin]

梅西纳的**阿里斯托克利斯**（公元 1—2 世纪）

《论哲学》摘录自第八卷（fr.2 Chiesara），引用于**尤西比乌斯**的《福音的准备》15.2.1-15

2.1（提到了**伊壁鸠鲁**的《关于职业的信》）6, 9

2.2（提到了**蒂迈欧**）10

2.3（提到了**阿里斯托克塞努斯**的《柏拉图传》）21, 131, 第四章注释 20

2.4（提到了**阿莱克西努斯**）43

2.5（提到了**欧布里德斯**）第一章注释 71, 179**n**22

2.6（提到了**德摩卡里斯**）6, 92

2.7（提到了**克菲索多罗斯**）第四章注释 19

2.8-9（提到了**吕科**）xiv–xv, 14, 132, 第一章注释 117；2.12 14

2.12（提到了**特奥克里图斯**）36

2.14（提到了**阿佩利孔**）38；2.15 16, 第一章注释 25, 26

[2001, ed. M. L. Chiesara, Oxford]

雅典的**阿里斯托芬**（约公元前 446—前 386 年）

《财神》812 第四章注释 23

《云》60-77 68

《蛙》943 101

[2007, ed. N. G. Wilson, Oxford]

斯塔吉拉的**亚里士多德**（公元前 384—前 322 年）

—— **遗嘱**的不同版本 121；引用于**第欧根尼·拉尔修**，5.11-16 7-8, 11-15；5.12-16 第一章注释 134；5.51-57, 5.61–64, 5.69-74 57, 127；阿拉伯文译本 16

[1977, ed. M. Plezia, *Aristotelis Privatorum Scriptorum Fragmenta*, Teubner; *Aristotelis Epistularum Fragmenta cum Testamento*, ed. M. Plezia, Warsaw 1961]

—— **书信**的不同版本 122-124, 第一章注释 3

《致亚历山大的信》残篇（fr.6a Plezia 1977 = fr.7a Plezia 1961 = fr.658 Rose 1886），引用于**普鲁塔克**的《亚历山大：运气抑或德性？》I.6.329b 45, 122, 122-123

《致安提帕特的信》残篇（fr.9 Plezia = fr.10 Plezia 1961 = *testimonium* 67c Düring = fr.666 Rose 1886），引用于**阿伊里安**的《杂学》14.1 63；残篇（fr.12 Plezia = fr.12 Plezia 1961 = *testimonium* 58l Düring = fr.663 Rose 1886），引用于**阿佩利孔**，**阿里斯托克利斯**的《论哲学》（fr.2 Chiesara），摘录于**尤西比乌斯**的《福音的准备》15.2.14 38, 63, 64

《致腓力的信》残篇，引用于《玛西亚那传记》5（Plezia 1977, p.15 = fr.2a Plezia 1961 = fr.652 Rose 1886）；《拉丁传记》5（Plezia 1977, p.15 = fr.2b Plezia 1961）134, 第一章注释 32

《致未知者的信》残篇（fr.14 Plezia 1977 = fr.14 Plezia 1961 = fr.669 Rose 1886），引用于**德米特里乌斯**的《论雄辩术》29, 154 51, 68

[1977, ed. M. Plezia, *Aristotelis Privatorum Scriptorum Fragmenta*, Teubner; *Aristotelis Epistularum Fragmenta cum Testamento*, ed. M. Plezia, Warsaw 1961]

— 亚里士多德诗歌作品的不同版本 121-122

《赫米亚斯颂诗》= fr.1 Plezia (1977, pp.4-5) = fr.4 Ross (1955, p.147), 引用于**赫米普斯**, 迪迪慕斯（《论德摩斯提尼》6.22-36），**阿忒纳乌斯**（15.696b–d），第欧根尼·拉尔修（5.7–8）61

《德尔斐献给赫米亚斯的铭文》= fr.2 Plezia (1977, p.5) = fr.3 Ross (1955, p.146), 引用于迪迪慕斯的《论德摩斯提尼》6.39-43 和第欧根尼·拉尔修（5.6）61, 121

《致欧德谟的哀歌》七行（fr.3 Plezia 1977, pp.5-6 = fr.2 Ross 1955, p.146 = *testimonium* 34c Düring），引用于**奥林匹奥多罗斯**的《柏拉图的〈高尔吉亚篇〉评注》41.9 ff. 21, 121

[1977, ed. M. Plezia, *Aristotelis Privatorum Scriptorum Fragmenta*, Teubner]

— 亚里士多德的出版作品（遗失部分）的不同版本 120-121

《雅典政制》：重新发现，外传作品 137；非教材 109；非亲马其顿 52；出自 P.Berol.5009 和 P.Lond.131 137 [1994, ed. M. H. Chambers, Teubner]

《亚历山大》残篇（fr.1 Laurenti = fr.2 Ross 1955），引用于**普鲁塔克**的《亚历山大：运气抑或德性?》I.6.329b 45, 122

《格吕卢斯》或《论修辞》证据（fr.2 Laurenti = fr.2 Ross），引用于**昆体良**的《修辞学原理》2.17.1 第一章注释 53；纪念色诺芬之子 22, 第一章注释 53；并非亚里士多德的"博士论文" 70

《论正义》残篇（fr.1 Laurenti = fr.1 Ross）**伪德米特里乌斯**的《论演讲》28 提到 68

《论高贵的出身》残篇（fr.3 Laurenti = fr.4 Ross），引用于**斯托拜乌斯**，4.29.5 第一章注释 137

《内林图斯》证据（*testimonium* 1 Laurenti = fr.1 Ross），引用于**特米斯提乌斯**的《讲演录》18.356 **第一章注释** 30

《论快乐》残篇（fr.1 Laurenti = fr.1 Ross），引用于**阿忒纳乌斯**，1.6d **第一章注释** 136

《劝勉》残篇，献给特米松（fr. 1 Ross），引用于**斯托拜乌斯**，4.32.21 120

《论王权》残篇（fr.3 Laurenti = fr.2 Ross），引用于**特米斯提乌斯**的《讲演》8.107c–d 45

《智者》残篇（fr.1 Laurenti = fr.1 Ross），引用于**第欧根尼·拉尔修**，8.57-31 **第一章注释** 54

[1987, ed. R. Laurenti, Aristotele: *I Frammenti dei Dialoghi*, Naples; W. D. Ross, ed. *Aristotelis Fragmenta Selecta*, OCT 1955]

— 亚里士多德的哲学作品（保存下来的部分）

《解释篇》13.22a22–31 114 [1949, ed. L. Minio–Paluello, OCT]

《前分析篇》：关于证明三段论 83；欧德谟和伊壁鸠鲁知道这部作品 102；I.1.24b10-12 106；I.31 109 [1964, ed. W. D. Ross, OCT]

《后分析篇》II.5 109 [1964, ed. W. D. Ross, OCT]

《论题篇》：依据谓词组织 108；《前分析篇》提到 106；作为教学材料 22；I.14.105b2 ff. **第一章注释** 38；I.14.105b12-15 113；I.14.105b12-18 97 [1967, ed. J. Brunschwig, Budé]

《辩谬篇》：2 83；7.169a36-b2 **第二章注释** 11；18.177a7-8 **第二章注释** 11；34.183a37-b1 30；34.183b15-17 30；34.184a8-b8 30 [1958, ed. W. D. Ross, OCT]

《物理学》：伊壁鸠鲁知道这部作品 102；欧德谟拥有这部作品 102；II.5.197a5-35 49；II.6.197b2-198a7 49 [1936, ed. W. D. Ross, Oxford]

《论天》：I.3.270b4-7 106；I.3.270b13 ff. 26；I.10.279b4-12 98；II.12.292a3-6

24；III.4.303a22-23 106；III.7.306a16-17 105-106 [1936, ed. D. J. Allan, OCT]

《论生成与毁灭》：II.1.329a13-16 99；II.7.334b26-30 73 [2005, ed. M. Rashed, Budé]

《气象学》：I.3.339b16-30 26；I.6.343b9-12 第一章注释 40；I.8.346a31-35 116；I.13.350a14-18 106；II.5.362a32-b5 116；II.5.362b12-15 116；II.6.363a21-28 116；III.4.375b9-12 115 [1919, ed. F. H. Fobes, Harvard]

《论感觉》2.437b11 ff. 99 [1955, *Parva Naturalia*, ed. W. D. Ross, Oxford]

《论呼吸》：5.472b6 ff. 99；7.473b9 ff. 99；15.478a26-28 115；16.478a34-b1 115[1955, Parva Naturalia, ed. W. D. Ross, Oxford；《论呼吸》5-16 与《论生命的长短》(*Length and Shortness of Life*) 11-22 相同]

《动物研究》：比较其他生物学作品 105；包含图表 116；研究的地点 41；《动物的部分》中提到 115；《动物的生殖》中提到 115；《论呼吸》中提到 115；不是对学生朗读的作品 108；I.1.487a11 108；I.17.497a32 116；III.1.510a29-30 116；III.1.511a11-14 116；IV.1. 525a7-9 116；IV.4.529b18-19 116；IV.4.530a30-31 116；VI.10.565a2-13 116；VI.11.566a13-15 116；IX.1.610a15 ff. 47 [2002, *Historia Animalium*, ed. D. M. Balme and A. Gotthelf, Cambridge]

《动物的部分》：I.2-3 109；I.3.643a27 ff. 109；I.5 105, 第三章注释 14；I.5.644b22 ff. 111；I.5.644b34-35 112；I.5.645a2 111；I.5.645a7-10 112；I.5.645a24-31 112；II.1.646a8 第三章注 9；II.3.650a28-32 115；III.6.668b28-30 115；III.14.674b16-17 115；IV.5.679b37-680a3 115；IV.13.696b15-16 115 [1937, ed. A. L. Peck, Loeb]

《动物的生殖》：I.11.719a10 115；II.4.740a23 115；II.7.746a14-15 115；III.2.753b18 115；III.8.758a25 115 [1965, ed. H. Drossaart Lulofs, OCT]

《问题集》：XVIII.1.916b1-3 100；XVIII.2.916b20 100；XVIII.8.917b4-8 100 [2011, ed. R. Mayhew, Loeb]

《形而上学》：经常提到克里斯库斯 41；教授给亚历山大？43；关于闲暇和埃及祭司 75；讨论的本质表明存在一所有组织的"哲学学园"第一章注释 77；欧德谟拥有这部作品 102；I(A).1.981b13-20 112-113；I(A).1.981b23-25 第二章注释 10；I(A).9.991a17 第一章注释 35；II(α).1.993a30-b5 25；V(Δ) 哲学辞典 107；XI(K).8.1065b1 49；XII(Λ).7.1072b14-26 第二章注释 9；XII(Λ).7.1073a11 第二章注释 9；XII(Λ).8.1073b17 ff. 第一章注释 35；XIII(M).5.1079b21 第一章注释 35；XIII(M).8.1083b1-3 22；XIV(N).3.1090b19-20 22；XIV(N).4.1091b25-26 22 [1957, ed. W. Jaeger, OCT]

《尼各马可伦理学》：献给亚里士多德的儿子尼各马可，或者由他编辑 15；I.6.1096a11-13 21, 120-121；I.6.1096a25-26 74；I.7.1098b26-29 98；I.8.1098b27-29 98，第二章注释 2；I.8.1099a32 第二章注释 2；II.2.1109a30-32 第二章注释 4；II.7.1107a32-33 113；II.9 一系列中道 73；V.5.1133a5-12 115；VIII.1.1155a26-28 第二章注释 18；VIII.7.1158b11-12 76；VIII.9.1159b25 ff. 88；VIII.11.1161a25-30 88；IX.1.1164a29-30 第二章注释 18；IX.1.1164b2-3 76；IX.12 关于老师和学生 77；IX.12.1172a1-8 76, 87；X.2.1172b15-16 22，第一章注释 135；X.6–8 关于理论生活，作为自传 144；X.7 关于老师和学生 77；X.7.1177a28-34 50；X.7.1177a34 76；X.7-8 (1177b2-4, b13, b17-18, 1178a9-22, a24-25, 1178b3-5, b33-35, 1179a9-13) 73-74；《尼各马可伦理学》带有劝勉性的结尾 77 [1894, ed. I. Bywater, OCT]

《大伦理学》I.34, 1197b21-22 40 [1935, ed. H. Tredennick, Loeb]

《欧德谟伦理学》：与罗德岛的欧德谟 102；经常提到克里斯库斯 41；I.2 34；I.2. 1214b14-17 75；I.2.1214b23-24 118；I.4.1215b6-14+1216a11-14 第二章注释 12；II.3.1220b36-1221a15 113-114；III.1.1228a28-29 114；VII.12 76；VIII.3.1248b28-29 72；VIII.3.1249a21-b25 72；VIII.3.1249b16-18 72, 75 [1991, ed. R. Walzer and J. M. Mingay, OCT]

《政治学》：捍卫马其顿的政策？ 52, 140；对亚历山大的影响？ 124；与《致亚历山大的信》 124；"现实政治" 137；没有提到马其顿 52；仅限于城邦的研究 46；I.2 49；II.1.1259a3-5 第三章注释 11；II.1.1265a10-12 第一章注释 39；II.3.1262a11 第一章注释 64；II.3.1262a18-19 106-107；II.5.1264a1-5 49；II.6.1265a10-12 第一章注释 39；II.7.1267a31-37 37；IV.11 第二章注释 3；IV.11.1296a38-40 第一章注释 69；VII.2.1324a15-17 第二章注释 12；VII.2.1324b9-22 47；VII.6.1327b32-33 46；VII.8.1328a21-33 75；VII.9.1329a34-39 75；VII.12.1245a21-b25 76 [1970, ed. A. Dreizehnter, München]

《修辞学》：第一卷 理论研究 19；第一至第二卷 作为《格吕卢斯》的证据来源 29；I.4.1360a33-37 107；III.3.1406a2 第二章注释 30；III.16.1416b28 ff. 第一章注释 68 [1976, ed. R. Kassel, Berlin]

[伪亚里士多德]

《亚历山大修辞学》（兰普萨库斯的阿那克西美尼所作） 44 [1966, ed. M. Fuhrmann, *Anaximenis Ars Rhetorica*, Leipzig]

《家政学》：I.6.1344b34 47；II.1346a25-29 108；II.1351a35 37-38 [1968, ed. A. Wartelle, Budé]

《苹果书》(*Liber de Pomo*) 135 [1960, ed. M. Plezia, Warsaw]

《亚里士多德的申辩》 133

塔伦图姆的阿里斯托克塞努斯（公元前 4 世纪）

《和声要素》31.10-15 131

[1954, ed. R. da Rios, Roma; S. I. Kaiser ed., *Die Fragmente des Aristoxenus aus Tarent*, Hildesheim, 2010]

《柏拉图传》残篇(fr. IV.1.10 Kaiser = fr.64 Wehrli)，阿里斯托克利斯的《论

哲学》提到（fr.2 Chiesara），引用于**尤西比乌斯**的《福音的准备》15.2.3 <u>20-21</u>, <u>131</u>

[2010, ed. S. I. Kaiser, *Die Fragmente des Aristoxenos aus Tarent*, Hildesheim; F. Wehrli, *Aristoxenos* (= vol. 2 of *Die Schule des Aristoteles*), Basel, 1945]

尼科米底亚的**阿里安**（公元 86—160 年）

《远征记》4.9.10 <u>54-55</u>

《亚历山大其后事件录》fr.9, sec. 13 第一章注释 <u>112</u>

[1967–1986, A. G. Roos and G. Wirth, 2 vols., Teubner]

瑙克拉提斯的**阿忒纳乌斯**（公元 2—3 世纪）

《桌边谈话》：1.3a <u>101</u>；1.6d 第一章注释 <u>136</u>；2.59d-f（引用**伊庇克拉底**）第一章注释 <u>42</u>；2.60d-e（引用**克菲索多罗斯**）<u>25</u>，第四章注释 <u>19</u>；5.187d 第二章注释 <u>21</u>, <u>59</u>；5.215c-216a（引用**德摩卡里斯**）<u>92</u>，第二章注释 <u>21</u>, <u>59</u>；8.354b-c（引用**伊壁鸠鲁**《关于职业的信》）<u>9</u>，第四章注释 <u>22</u>；9.398e 第一章注释 <u>91</u>；10.422c-d <u>14</u>；11.508f 第一章注释 <u>76</u>；12.542e（引用**卡利斯提乌斯**）第一章注释 <u>17</u>；12.544e-f 第一章注释 <u>131</u>；12.547d-548b（引用**安提戈努斯**）<u>57</u>, <u>93–94</u>, <u>95</u>，第二章注释 <u>24</u>；12.547f 第二章注释 <u>24</u>；13.589c（引用**赫米普斯**的《亚里士多德传》）第一章注释 <u>6</u>, 第四章注释 <u>5</u>；13.603a-b（引用了**狄凯阿科斯**的《论伊利昂的献祭》）第一章注释 <u>106</u>；13.610d-f（引用**阿莱克西斯**的《马术师》）<u>91</u>；15.696a-697b（引用**赫米普斯**的《亚里士多德传》）<u>37</u>, <u>62</u>, <u>121</u>, 第一章注释 <u>120</u>

[2006-2012, ed. S. D. Olson, Loeb]

希俄斯的**布吕翁**（公元前 4—前 3 世纪）

《特奥克里图斯》，残篇引用了一首**特奥克里图斯**的铭文，引用于**迪迪慕斯**的《论德摩斯提尼》6.44-49 36, 132, 178

奥林托斯的**卡利斯提尼**（约公元前 360—前 327 年）

《希腊史》53

《亚历山大事迹录》53

《赫米亚斯颂诗》，残篇引用于**迪迪慕斯**的《论德摩斯提尼》6.5.66-6.18 34–35, 第一章注释 98

[ed. *FGrHist* 2b #124]

珀加蒙的**卡利斯提乌斯**（约公元前 2 世纪）

《历史回忆》，第三卷的残篇引用了**德米特里乌斯**，引用于**阿忒纳乌斯**，12.542e 第一章注释 17

[1841, ed. K. O. Müller, *Fragmenta historicorum Graecorum*, 4 vols., Paris]

肯索里努斯（公元 3 世纪）

《降生日》14 第一章注释 127

[2012, ed. K. Brodersen, Darmstadt]

雅典的**克菲索多罗斯**（公元前 4 世纪）

《驳亚里士多德》25, 131, 148, 第一章注释 44, 第四章注释 17, 19；fr. 2 (Radermacher)，**努梅尼乌斯**提到（摘录于**尤西比乌斯**的《福音的准备》14.6.9）第四章注释 19；fr. 3, 引用于**阿忒纳乌斯**，2.60d–e 19, 第四章注释 19；fr. 4, 引用于**狄奥尼修斯**的《伊索克拉底》18 第四章注释 19；fr. 5, 引用于**阿里斯托克利斯**（摘录于**尤西比乌斯**的《福音的准备》15.2.7）第四章注释 19

[1951, ed. L. Radermacher, *Artium Scriptores*, Vienna]

马库斯·图利乌斯·西塞罗（公元前 106—前 43 年）
《致阿提库斯的信》：2.16.3（记载了**狄凯阿科斯的观点**）23；13.32.3（提到了**狄凯阿科斯**的《三城论》） 23 [1999, ed. D. R. Shackleton Bailey, Loeb]
《论演说家》：3.28, 3.109 119；3.141 28，第一章注释 52；14.26 28 [1969, ed. K. F. Kumaniecki, Teubner]
《论道德目的》5.12 第一章注释 24 [2005, ed. C. Moreschini, Teubner]
《图斯库伦论辩集》：1.7 28；3.21 和 5.25（两处均引用了**特奥弗拉斯托斯**的《卡利斯提尼》） 54 [1964, ed. H. Drexler, Milan]

索利的克里尔库斯（公元前 4—前 3 世纪）
《论睡眠》亚里士多德和一个犹太人的对话残篇（fr.6 Wehrli） 126
[1948, ed. F. Wehrli, *Die Schule des Aristoteles*, vol. 3, Basel]

亚历山大里亚的克莱门特（约公元 150—约 215 年）
《杂录》1.36（引用了**阿那克萨库斯**）第一章注释 104
[1972, ed. O. Stählin, with L. Früchtel and U. Treu, *Clemens Alexandrinus*, 4 vols., Berlin]

法勒鲁姆的德米特里乌斯（约公元前 350—约前 280 年）
《论气运》残篇（fr.82a SOD = fr.81 Wehrli），引用于**波里比乌斯**的《历史》29.21.3-6 和西西里的**狄奥多罗斯**的《史学丛书》31.10.1-2 48
其他作品：引用了索希克拉底《传承》的残篇，引用于**阿忒纳乌斯** 10.422c-d（fr.33a SOD = fr.58b Wehrli） 14；残篇（fr.48 SOD = fr.43 Wehrli），

引用于**第欧根尼·拉尔修**，2.101 13，第一章注释 118；残篇（fr.49 SOD = fr.44 Wehrli），引用了米洛尼亚乌斯的《历史的平行对照》(*Historical Parallels*)，引用于**第欧根尼·拉尔修** 4.14 13；残篇（fr.104 SOD = fr.96 Wehrli）引用于**普鲁塔克**的《阿里斯提德传》27.3–5 14；残篇（SOD 中缺失），引用于**第欧根尼·拉尔修**，5.39 13

[2000, ed. SOD = "Demetrius of Phalerum: The Sources, Text, and Translation," ed. P. Stork, J. M. vonOphuijsen, and T. Dorandi, in *Demetrius of Phalerum: Text, Translation, and Discussion*, ed. W. W. Fortenbaugh and W. Schütrumpf, New Brunswick; *Demetrius von Phaleron* = vol. 4 of *Die Schule des Aristoteles*, ed. F. Wehrli, Basel 1949]

[**伪德米特里乌斯**]

《论演讲》：28，提到了**亚里士多德**的《论正义》68；29 和 154，引用了**亚里士多德**的一封致无名者的信 51，第一章注释 96

[1902, W. Rhys Roberts, Cambridge]

雅典的德摩卡里斯（公元前 355—约前 275 年）

《驳菲洛》：残篇（fr.3 Sauppe），引用于**阿忒纳乌斯**，5.187d 和 215c 92，第二章注释 21, 59；残篇，引用于**阿里斯托克利斯**的《论哲学》（摘录于**尤西比乌斯**的《福音的准备》15.2.6）92；反对特奥弗拉斯托斯的评论，引用于**阿伊里安**的《杂学研究》8.12 62

[1850, *Fragmenta Oratorum Atticorum* (LXII = Demochares), ed. H. Sauppe, vol. 2 of *Oratores Attici*, ed. G. Baiter and H. Sauppe, Zurich]

雅典的德摩斯提尼（公元前 384—前 322 年）

《第三次反腓力演讲》26 6

《第四次反腓力演讲》32 33, 52

[2002, ed. M. R. Dilts, OCT]

梅萨那的**狄凯阿科斯**（约公元前 350—前 285 年）

《论伊利昂的献祭》，引用于**阿忒纳乌斯**，13.603a–b 第一章注释 106

《三城记》：**西塞罗**的《致阿提库斯的信》13.32.2 提到了书名 23（fr.11B Mirhady）；**西塞罗**的《致阿提库斯的信》2.16.3 提到了一个观点 23（fr.33 Mirhady = Theophrastus fr.481 *FHSG*）

不知名作品：残篇（fr.6 Mirhady = fr.26 Wehrli）第四章注释 22；残篇（fr.43 Mirhady = fr.29 Wehrli），引用于**普鲁塔克**的《老人应该成为政治家吗？》26.796d 117, 131；残篇（fr.83 Mirhady = fr.23 Wehrli）第一章注释 106

[2001, ed. D. Mirhady, in *Dicaearchus of Messana*, ed. W. Fortenbaugh and E. Schütrumpf, New Brunswick; *Dikaiarchos* = vol. 2 of *Die Schule des Aristoteles*, ed. F. Wehrli, Basel 1944]

亚历山大里亚的**迪迪慕斯**（迪迪慕斯·"卡尔森特鲁斯"）（公元前 1 世纪到公元 1 世纪）

《论德摩斯提尼》（P.Berol.9780, 4-6 栏）：4.59-65 33-34；4.66-5.21（引用了**特奥彭波斯**）34；5.19-21 36；5.24–63（引用了**特奥彭波斯**）34；5.51-63 第一章注释 73；5.66-6.18（引用了**卡利斯提尼**的《赫米亚斯赞美诗》）34-35；6.22-36（引用了**亚里士多德**的《赫米亚斯颂诗》）35, 121；6.39-43（引用**亚里士多德**献给赫米亚斯的铭文）36, 121；6.44-49（引用了**布吕翁**）36；6.50-59（提到了**赫米普斯**的《亚里士多德传》）36

[2006, ed. P. Harding, Oxford]

狄奥·卡西乌斯（约公元150—235年）

《罗马史》77.7 55

[1914, ed. H. B. Foster, Loeb]

普鲁萨的狄奥（狄奥·"克里索斯托姆"，公元1—2世纪）

《演说词》49.4 43

[1893–1896, ed. H. von Arnim, Berlin]

西西里的狄奥多罗斯（狄奥多罗斯·"西库鲁斯"，公元前1世纪）

《史学丛书》：16.52.9 6；17.112.4-5 第一章注释104；18.74.2 48；31.10.1 2（引用**德米特里乌斯**的《论命运》）48

[1972 和之后, Budé]

第欧根尼·拉尔修（公元3世纪）

《名哲言行录》："传记"作家126；他的资料来源 第四章注释15；有关漫步学派哲学家的作品，部分根据阿里斯通 126

《明哲言行录》第二卷：2.4 第一章注释53；2.55 第一章注释53；2.62 65；2.72 第一章注释131；2.101 13, 第一章注释118；2.109 第四章注释22；2.111+113+126 18；2.140 58

《明哲言行录》第三卷：3.26（引用了**阿莱克西斯**的《梅洛皮斯》）119；3.41-43 第一章注释134

《明哲言行录》第四卷：4.3 第一章注释60；4.5（引用了**法沃里努斯**的《回忆》）97；4.8 43, 58；4.14 13；4.18 第一章注释107；4.39 58

《明哲言行录》第五卷：5.1-35《亚里士多德传》第193页单独索引；5.37（引用了**特奥弗拉斯托斯**的《致法尼阿斯的信》）90-91；5.37 88, 90, 110,

第二章注释 56；5.38 90-91；5.39 13, 54, 58, 第一章注释 100；5.44 54, 第一章注释 106；5.51-53 86-87；5.51-57 57；5.52-53 第二章注释 64；5.52 7, 15, 86；5.53 17, 88, 93, 第一章注释 22, 23；5.54 第二章注释 42；5.58 101；5.61-64 57；5.62 93, 第二章注释 51, 第三章注释 3；5.65 81；5.69-74 57；70 93, 118；5.71 第二章注释 36；5.73 第三章注释 3；5.94 69

《明哲言行录》第六卷：6.32+38+44+45+60+68 第一章注释 84；6.75-76 69；6.96-98 69；6.102 第一卷注释 128

《明哲言行录》第七卷：7.10-11 81-82

《明哲言行录》第八卷：8.57 第一章注释 54；8.73 64；87 第一章注释 35

《明哲言行录》第九卷：9.58-60 第一章注释 104

《明哲言行录》第十卷：10.1（引用了赫拉克利德斯·莱姆伯斯）63；10.8（引用了伊壁鸠鲁的《关于职业的信》）9；10.16 第二章注释 47

[1999, ed. M. Marcovich, Teubner]

哈利卡纳索斯的狄奥尼修斯（公元前 1 世纪）

《伊索克拉底》18（引用了克菲索多罗斯）第四章注释 19

《致阿玛乌斯的第一封信》：5.1 8；5.2 17, 31；5.2-3 32-33；5.3 55；5.3-6.1 60-61

[1992, ed. G. Aujac, Budé]

亚历山大里亚的埃利亚斯（公元 6 世纪）

《亚里士多德〈范畴篇〉评注》123.15 ff. 63, 第一章注释 125, 126

[1900, ed. A. Busse, CIAG 18.1]

阿格里根托的恩培多克勒（公元前 5 世纪）

哲学诗，残篇（fr.84 Diels/Kranz）99

[1952, H. Diels and W. Kranz, *Die Fragmente der Vorsokratiker*, vol. 1, 6th ed. Berlin]

安布拉奇亚的**埃庇克拉底**（公元前 4 世纪）

不知名喜剧，残篇（fr.10 *PCG* = fr.11 Kock），引用于**阿忒纳乌斯**，2.59d-f **第一章注释** 42

[1986, *Poetae Comici Graeci*, ed. R. Kassel and C. Austin, vol. 5 (Berlin and New York); J. Edmonds, T*he Fragments of Attic Comedy, after Meineke, Bergk, and Kock*, vol. 2, Leiden 1959]

雅典的**伊壁鸠鲁**（公元前 341—前 279 年）

遗嘱，收于**第欧根尼·拉尔修**，10.16 **第二章注释** 47

《书信》，**菲洛德穆斯**在 P.Herc.1005, fr. 111 中引用了残篇 102

《关于职业的信》：残篇（fr.171 Usener = fr.102 Arighetti），引用于**阿忒纳乌斯**，8.354b-c，9,**第一章注释** 8；残篇（fr.171 Usener = fr.101.19-21 Arighetti）**第欧根尼·拉尔修**，10.8；阿伊里安的《杂学研究》5.9 和**梅西纳的阿里斯托克利斯**的《论哲学》（fr.2 Chiesara）提到，摘录自**尤西比乌斯**的《福音的准备》15.2.1 9

[1887 ed. H. Usener, *Epicurea*, Teubner; *Epicuro: Opera*, ed. G. Arighetti, Turin 1972]

埃鲁特罗波利斯的**埃庇法尼乌斯**（公元 4 世纪）

《药箱》摘录 31（in *Doxographi Graeci*, p.592, ed. H. Diels = *testimonium* 9f Düring 1957）**第一章注释** 10

米利都的**欧布里德斯**（公元前 4 世纪）

反驳亚里士多德的不知名作品，**阿里斯托克利斯**记载了相关信息（II.B.9-11 Giannantoni），摘录于**尤西比乌斯**的《福音的准备》15.2.5 131, 第一章注释 71, 第四章注释 21, 22

[1990, ed. G. Giannantoni, *Socratis et Socraticorum Reliquiae*, Rome]

凯撒利亚的**尤西比乌斯**（公元 263—339 年）

《福音的准备》：14.6.9（引用了**努梅尼乌斯**）第四章注释 19；15.2.1-15（引用了**阿里斯托克利斯**的《论哲学》）参见梅西纳的**阿里斯托克利斯**

[1903, *Praeparatio Evangelica* vol. 2, ed. E. H. Gifford, Oxford]

塞萨洛尼卡的**尤斯塔修斯**（约 12 世纪）

《〈奥德赛〉评注》VII.120 63, 第一章注释 125

[1825-1826, ed. J. G. Stallbaum, Cambridge, 2010 重印]

阿勒斯的**法沃里努斯**（约公元 80—160 年）

《回忆》残篇（fr.47 Amato = fr.39 Barigazzi）引用于**第欧根尼·拉尔修**, 4.5 97

[2010, ed. E. Amato, Budé; A. Barigazzi, ed., *Favorino di Arelate: Opere*, Firenze 1966]

奥鲁斯·**格利乌斯**（约公元 2 世纪）

《阿提卡之夜》：3.17 97；9.3 134；13.5 63, 第一章注释 127

[1990, ed. P. K. Marshall, OCT]

亚历山大里亚的**赫拉克利德斯**（**赫拉克利德斯·"莱姆伯斯"**）（约公元前 2 世纪）

不知名作品，残篇（fr.9 *FHG*）引用于**第欧根尼·拉尔修**，10.1 63

[1841, ed. K. O. Müller, *Fragmenta historicorum Graecorum*, 4 vols., Paris]

赫拉克利德斯·"克里提库斯"（或"克雷提库斯"）（公元前 3 世纪）

《希腊志》残篇（fr.1）摘录于索提翁的《摘要》xv–**xvi**, 118

[2006, ed. A. Arenz, Munich]

亚历山大里亚的**赫米普斯**（公元前 3 世纪）

《亚里士多德传》：第一卷的一个评论（fr. 48 Wehrli），**阿忒纳乌斯**，15.696a-b 提到 62，第一章注释 120；第一卷的多个评论，**阿忒纳乌斯**，13.589c 提到 第一章注释 6；第二卷的一个评论（fr.49 Wehrli），迪迪慕斯的《论德摩斯提尼》6.50-59 提到 33；作为第欧根尼·拉尔修的资料来源 第一章注释 7

[1974, *Hermippus der Kallimacheer* = Supplementband I of *Die Schule of Aristoteles*, ed. F. Wehrli；另参见 Jan Bollansée in *FGrHist* 1026, 1999]

哈利卡纳索斯的**希罗多德**（约公元前 484—前 425 年）

《历史》：1.30-32 第二章注释 7；7.115 6；8.104-106 第一章注释 66

[1932-1954, ed. P.E. Legrand, Budé]

雅典的**伊索克拉底**（公元前 436—前 338 年）

《驳智者》第一章注释 131

《财产交换》：40 第四章注释 1；93–94, 224 第一章注释 130；156 18；258 44；285 第二章注释 21

《战神山议事会演讲》45 第二章注释 17

《海伦》1 44

《致亚历山大的信》96:3-4 44

《泛雅典娜节演讲》：7 第一章注释 129；18-19 109-110；27 第二章注释 17；200 110

《腓力》：为马其顿在雅典的政治影响辩护 52；16 46；19 51；32 第一章注释 90；41-45, 57, 68, 80, 88 46；105 ff. 47；107 第一章注释 90；139 46

[2003, ed. B.G. Mandilaras, Teubner]

尤利安努斯·查士丁（公元 2—4 世纪）

《庞培·特罗古斯的〈腓力的历史〉概述》12.16 43

[1971, ed. O. Seel, Teubner]

[伪琉善]

《德摩斯提尼颂》58.38 第一章注释 112

[1967, ed. M. D. Macleod, Loeb]

伊阿索斯或塔伦图姆的**吕科**（公元前 4 世纪）

《毕达哥拉斯式的生活方式》证据（= Lyco 57A4 D/K）阿里斯托克利斯的《论哲学》（= fr.2 Chiesara）提到，摘录于**尤西比乌斯**的《福音的准备》15.2.8 14, 132

[1966, ed. H. Diels and W. Kranz *Die Fragmente der Vorsokratiker*, 12th ed., Berlin]

阿帕米亚的**努梅尼乌斯**（约公元 2 世纪）

关于阿卡德米学派哲学的作品,残篇引用于**尤西比乌斯**的《论福音的准备》14.6.9 第四章注释 19

[1973, ed. E. Des Places, *Numénius: Fragments*, Budé]

亚历山大里亚的**奥林匹奥多罗斯**(约公元5—6世纪)

《柏拉图的〈高尔吉亚〉评注》41.9 121

[1970, ed. L. G. Westerink, Teubner]

亚历山大里亚的**奥利金**(约公元184—约254年)

《驳塞尔索斯》I.380 63, 第一章注释 119, 126

[2001, ed. M. Marcovich, Leiden]

《帕拉蒂尼选集》7.107 121

[1965, ed. H. Beckby, 4 vols., 1957-1958, 2nd ed, 1965-1968, Munich]

吕底亚的**鲍萨尼阿斯**(约公元110—约180年)

《希腊志》1.19.3 117

[1973, ed. M. H. Rocha-Pereira, 3 vols., 1973-1981, 2nd ed. 1989, Stuttgart]

欧普斯的**腓力普**(公元前4世纪)

《论风》残篇(fr.38 Lasserre),引用于普罗克洛斯的《柏拉图的〈蒂迈欧〉评注》(A)103.3-6 24

[1987, ed. F. Lasserre, in *De Léodamas de Thasos à Philippe d'Oponte*, Bibliopolis]

雅典的菲洛科鲁斯（约公元前 340—前 261 年）

《阿提卡志》：残篇（*FGrHist* 328F223），引用于《玛西亚那传记》 8-12 31，第一章注释 33，第四章注释 20；第六卷的残篇（*FGrHist* 328F224）引用于**菲洛德穆斯**的《阿卡德米学派哲学家索引》V.2-13 41，第一章注释 56，第一章注释 80，**第二章注释** 30，第四章注释 20；作为《玛西亚那传记》的资料来源第一章注释 34

[1923, ed. F. Jacoby, *Fragmente der Griechischen Historiker*, Berlin]

加达拉的菲洛德穆斯（约公元前 110—前 40/35 年）

《驳智者》fr.1 第一章注释 8

不知名作品（P.Herc. 1005, fr.111）引用了**伊壁鸠鲁** 102

《阿卡德米学派哲学家索引》 138；col. 5.2–13（p. 129 Dorandi = pp. 22-23 Mekler），摘录了**菲洛科鲁斯**的《阿提卡志》 41，第一章注释 78-80；col. 6.28-38（p. 36 Dorandi = p. 37 Mekler），引用**菲洛科鲁斯**的《阿提卡志》 = 328F224 *FGrHist* 31，第一章注释 55-56，第二章注释 30；cols. 6.41-8.17（pp. 36-138 Dorandi） 第一章注释 60, 95；col. 7.1-14（pp.136-137 Dorandi）第一章注释 95 [1991, ed. T. Dorandi, *Filodemo: Storia dei Filosofi, Napoli*; S. Mekler, *Academicorum philosophorum index Herculanensis*, Berlin, 1902]

《论修辞》 xv, 134, 149-150，第一章注释 52；第八卷残篇（= Düring *testimonium* 31）cols. 192-198 27–28，第一章注释 46, 49；col. 198 29，第一章注释 49；cols. 199-200 28；col. 201（P.Herc. 1015, 56.15–20） 51 [2007, ed. D. Blank, "Aristotle's 'Academic Course on Rhetoric' and the end of Philodemus, *On Rhetoric* VIII," *Cronache Ercolanesi* 37, 5-48]

费尼西德斯（公元 3 世纪）

不知名作品（残篇 4，引用于**斯托拜乌斯**，3.6.13）第一章注释 21

[2001, *Poetae Comici Graeci*, eds. R. Kassel and C. Austin, vol. 1, Berlin; J. Edmonds, *The Fragments of Attic Comedy, after Meineke, Bergk, and Kock*, vol. 2, Leiden, 1959]

博伊提亚的品达（c.522-433 BCE）

《颂诗》:《奥林匹亚颂诗》VIII 46；《奥林匹亚颂诗》XIII 46

[1971, ed. H. Maehler, Teubner]

雅典的柏拉图（公元前 427—前 347 年）

《申辩》29e 第二章注释 58

《卡尔米德》: 153b 第二章注释 58；154d-155a 69

《大希庇阿斯》282d-e 第一章注释 130

《巴门尼德》127b-d 109

《普罗塔哥拉》: 315a 82, 第一章注释 17；315b 119；316c 82-83

《理想国》: 500c9 第二章注释 6；529c-530b 24, 105；536c-540c 19

《会饮》220e 第二章注释 58

《蒂迈欧》: 亚里士多德的讨论 99；29a-c 105；68b 105

[1900-1907, ed. J. Burnet, 5 vols., OCT]

[伪柏拉图]

《第六封信》: 真实性存疑 第一章注释 72；322c-d 39；322d-e 39；322e6-7 39；322e-323a 39

[1907, ed. J. Burnet, *Platonis opera*, vol. 5, OCT]

普林尼·塞昆德斯（"老"普林尼，公元23—79年）

《自然研究》：8.1.44 第一章注释 91；16.133 第一章注释 5；35.106 第一章注释 9

[1892-1906, eds. L. Jan and C. Mayhoff, 5 vols., Teubner]

卡罗尼亚的普鲁塔克（约公元45—120年）

《亚历山大传》：5 第一章注释 84；7-8 134；8 第一章注释 87；8.2.667f-668a 42；52-55 53；55.7-8.696d 53；77.2 第一章注释 115 [1975, eds. R. Flacelière and E. Chambry, Budé]

《阿里斯提德传》27.3-5 14

《德摩斯提尼传》28 第一章注释 112

《尼西阿斯传》3.7.525b 84 [1972, eds. R. Flacelière and E. Chambry, Budé]

《福基翁传》：31.3.756a 13；38.2.759b 第一章注释 122 [1976, eds. R. Flacelière and E. Chambry, Budé]

《苏拉传》26 89, 102, 103

《提图斯·弗拉米尼努斯传》12 第一章注释 19

《驳克罗特斯》14.1115a 119

《亚历山大：运气抑或德性》I.6.329b（引用了亚里士多德的《致亚历山大的信》或者《亚历山大》或《论殖民地》）45, 122, 123-124 [1990, eds. F. Frazier and C. Froidefond, Budé]

《安慰阿波罗尼乌斯》6.104d 48

《论儿童的教育》4f 第一章注释 131

《老人应该成为政治家吗？》26.796d（引用了狄凯阿科斯）117 [1984, ed. M. Cuvigny, Budé]

[伪普鲁塔克]

《十演说家》VII（莱科古斯）：841c-d, 843d-f 117-118；842b 第一章注释 19

[1981, ed. M. Cuvigny, Budé]

尤里乌斯·波鲁克斯（约公元 2 世纪）

《人名大全》9.42 91

[1931, ed. E. Bethe, Teubner]

麦加洛波利斯的**波里比乌斯**（约公元前 200—前 118 年）

《历史》：12.8.1-4（引用**蒂迈欧**的《历史》）10, 132；29.21.2 48；29.21.3-6（引用**德米特里乌斯**的《论命运》）48

[1889-1905, ed. T. Büttner–Wobst, *Polybii historiae*, 4 vols., Teubner]

利西亚的**普罗克洛斯**（普罗克洛斯·"狄阿多库斯"，公元 412—485 年）

《柏拉图〈蒂迈欧〉评注》(A)103.3-6（引用欧普斯的**腓力普**的《论风》）24

[1903, ed. E. Diehl, Teubner]

法比乌斯·**昆体良**（约公元 35—约 100 年）

《修辞学原理》：2.17.1-36 提到**亚里士多德**的《格吕卢斯》第一章注释 53；3.1.14 第一章注释 48

[1882, ed. E. Bonnell, Teubner]

安纳乌斯·**塞涅卡**（约公元 4—65 年）

《论闲暇》8.1 63, 第一章注释 126

[2003, ed. G. D. Williams, Cambridge]

塞克斯都·恩披里柯（约公元 160—210 年）

《驳学问家》1.258 15, 第一章注释 12

[1961, ed. H. Mutschmann, Teubner]

西里西亚的**辛普里丘**（约公元 490—560 年）

《亚里士多德〈物理学〉评注》：26.9-15（引用了**特奥弗拉斯托斯**）104-105；604.5-11（引用了**特奥弗拉斯托斯**）17

[1882-1895, ed. H. Diels, *CIAG*, vols. 9-10]

斯托比的约翰（**斯托拜乌斯**，公元 5 世纪）

《选集》：3.6.13（引用了**费尼西德斯**）第一章注释 21；4.29.52（引用了**亚里士多德**的《论高贵的出身》）第一章注释 137；4.32.21（引用了**亚里士多德**《劝勉》的献词）120

[1884, eds. C. Wachsmuth and O. Hense, 2 vols., Berlin]

彭图斯的**斯特拉波**（约公元前 64—约公元 24 年）

《地理学》：1.4.9 45；第七卷末尾的残篇（fr.15 Radt = fr.35 Meineke）8；10.1.11 63；13.1.54 26, 89, **102-103**；13.1.57 36, 38, **第一章注释** 61；14.1.48 26

[2002–2005, ed. S. Radt, *Strabons Geographika*, 4 vols., Göttingen]

《**苏达辞书**》（公元 10 世纪希腊拜占庭的百科全书）

词条：安提帕特（alpha, 2703）第一章注释 112；亚里士多德（alpha,

3929）第一章注释 117；阿里斯托克塞努斯（alpha, 3927）第四章注释 20；卡利斯提尼（kappa, 240）53；尼各马可（nu, 399）= *testimonium* 9b Düring 1957 第一章注释 7；*phaios*（phi, 180）第一章注释 128

[1928-1938, ed. A. Adler, 5 vols., Stuttgart]

亚历山大里亚的**叙利亚努斯**（约公元 5 世纪）

《〈赫墨格尼斯〉评注》2.95.21 第一章注释 48

[1892-1893, ed. H. Rabe, 2 vols., Teubner]

帕弗拉戈尼亚的**特米斯提乌斯**（公元 317—约 390 年）

《亚里士多德〈论灵魂〉释义》（*Paraphrase of Aristotle's "On the Soul"*）107.30-108.18 引用了**特奥弗拉斯托斯** 17

[1866, ed. L. von Spengel, Teubner]

《演说词》8.107c-d 引用了**亚里士多德的**《论王权》45

《演说词》18.295c-d 引用了**亚里士多德的**《内林图斯》第一章注释 30

《演说词》23 285c 第四章注释 22

[1965, ed. H. Schenkl and G. Downey, Teubner]

希俄斯的**特奥克里图斯**（约公元前 4 世纪）

铭文，**布吕翁**引用，引用于**迪迪慕斯**的《论德摩斯提尼》6.44-49 和**阿里斯托克利斯**的《论哲学》（fr.2 Chiesara）；摘录于**尤西比乌斯**的《福音的准备》15.2.12 36, 132

艾雷苏斯的**特奥弗拉斯托斯**（约公元前 371—前 287 年）

遗嘱，引用于**第欧根尼·拉尔修**，5.52-53 7, 15, 69, 80, 85-90, 86-88, 93,

95, 116, 118, **第一章注释** 22, 23, 第二章注释 42, 44, 51, 64, 第三章注释 3

《致法尼阿斯的信》，残篇引用于**第欧根尼·拉尔修**, 5.37 88, 90-91, 110, 第二章注释 56

《论火》46 第一章注释 81 [1971, ed. V. Coutant, Assen]

《植物研究》：1.1.1 108；1.3-4 109；1.4.1+4.7.3 47；2.6.7 47；4.4.1-10 47；4.16.3 7；4.16.6 47 [1988-2006, ed. S. Amigues, Budé]

《天气标志》1 107, 第三章注释 8 [2007, ed. D. Sider and C. W. Brunschön, Leiden]

《卡利斯提尼》或《论丧友》：残篇（fr.493 FHSG），引用于**西塞罗**的《图斯库伦论辩集》5.25 54；残篇（fr.504 FHSG），引用于［伪**亚历山大**］的《论灵魂的曼提萨附录》186.28-31 54；残篇（fr.505 FHSG），引用于**西塞罗**的《图斯库伦论辩集》3.21 54；标题，引用于第欧根尼·拉尔修, 5.44 38, 第一章注释 106

不知名作品：残篇（fr.41 FHSG），引用于**阿尔法拉比**的《论哲学的表象》，引于**乌塞比亚**的《医生列传》15 第三章注释 4；残篇（fr.116 FHSG），引用于菲洛波努斯的《亚里士多德〈后分析篇〉评注》71.4-14 23；残篇（fr.146 FHSG），引用于辛普里丘的《亚里士多德〈物理学〉评注》604.5-11 23；残篇（fr.307a FHSG），引用于特米斯提乌斯的《亚里士多德〈论灵魂〉评注》107.30-108.18 23；残篇 487-501 *FHSG* 48 [1991, *FHSG* = W. W. Fortenbaugh, with P. Huby, R. Sharples, and D. Gutas eds., *Theophrastus of Eresus, Sources for his Life, Writings, Thought, and Influence*, 8 vols., Leiden]

《自然哲学家的观点》：残篇（fr.230 *FHSG* = fr.9 Diels, pp. 484-485）引用于**辛普里丘**的《亚里士多德〈物理学〉评注》26.9-15 104-105；学述传统的资料来源 64 [*FHSG*; H. Diels, *Doxographi Graeci*, Berlin, 1879]

希俄斯的**特奥彭波斯**（约公元前 380—约前 320 年）

《腓力传》，残篇引用于**迪迪慕斯**的《论德摩斯提尼》4.66-5.21 34

《致腓力的信》，残篇引用于**迪迪慕斯**的《论德摩斯提尼》5.23-63 34

[1929, ed. F. Jacoby, *FGrHist* 2b #115]

雅典的**修昔底德**（约公元前 480—约前 395 年）

《伯罗奔尼撒战争》4.88.2, 5.6.1 6

[1942, eds. H. S. Jones and J. E. Powell, 2 vols. Oxford]

陶罗米涅姆的**蒂迈欧**（公元前 4—前 3 世纪）

《历史》：残篇引用于**阿里斯托克利斯**的《论哲学》(fr.2 Chiesara)，摘录于**尤西比乌斯**的《福音的准备》15.2.2 10；残篇（566F156 *FGrHist*），引用于**波里比乌斯**的《历史》12.8 10, 46-47, 132, 第四章注释 17

[1950, ed. F. Jacoby, *Fragmente der Griechischen Historiker*, Dritter Teil, B:297-607, Leiden]

瓦勒里乌斯·马克西姆斯（约公元 1 世纪）

《言行录》5.6, ext. 5 第一章注释 127

[2000, ed. D. R. Shackleton Bailey, Loeb]

雅典的**色诺芬**（约公元前 430—前 354 年）

《回忆苏格拉底》：1.2.60 65, 第一章注释 131；3.6 第一章注释 138 [2003, ed. M. Bandini, Budé]

《远征记》5.3.7-13 84 [1904, ed. E. C. Marchant, Oxford]

第四部分：古代亚里士多德传记

1.《亚里士多德传》，第欧根尼·拉尔修：《名哲言行录》5.1-35：不同版本 127；5.1 6, 8, 9, 第一章注释 7；5.2 21, 51, 58, 第一章注释 108；5.2-3 119；5.3 **第一章注释** 51, 52；5.3-4 14；5.4 51, 53, 第一章注释 3；5.5 54, 61；5.7 121；5.8 121；5.9 8, 17, 31, 63, 第一章注释 125；5.9-10 32；5.10 53, 55, 60–61, 第一章注释 127；5.10-11 第一章注释 107；5.11 60, **第一章注释** 14；5.11-16（亚里士多德的遗嘱）121, 第二章注释 33；5.12 12, **第一章注释** 15；5.12-16 15, 第一章注释 134；5.13 60, **第一章注释** 14；5.13-14 16；5.14 7, 11, 81, 第一章注释 4；5.15 11, 12, 第一章注释 11；5.16 14, **第一章注释** 9, 117, 127；5.22 45；22-28（亚里士多德作品清单）101；5.26 50；5.27 122

2.《亚里士多德传》，又名《梅纳吉亚那传记》或者《梅纳吉匿名传记》，被归于米利都的赫西奇乌斯：作者 101, 127；传记的发现 127；关于赫米亚斯和皮媞亚 第一章注释 79；亚里士多德作品清单 45, 101

3A.《亚里士多德传》，被归于"未知者"**托勒密**，原始版本遗失，由许多现存传记证实：引用了亚里士多德的遗嘱 121；基于良好的资料来源 129；引用了授予亚里士多德"外邦客人"的铭文 59, 124-125；亚里士多德的作品目录 101, 147；"未知者"**托勒密**就是**托勒密**·"凯诺斯"？128；重构的资料 127-129

3B.《亚里士多德传》，**托勒密**遗失传记的证言，现存于希腊文、拉丁文、叙利亚文和阿拉伯文（章节数参照 Düring 1957），共同被称为"新柏拉图主义"传记 6, 8-9, 11, 17, 20, 37, 43, 56, 63, 96, 128, 136, 146, 147, 第一章注释 11, 32, 33, 34, 87, 125

希腊文版本：

《玛西亚那传记》：不同版本 129；抄本 xii, 129；与《拉斯卡利斯传记》的关系 129；1 6, 8；2 9, 第一章注释 11；3 11, 第一章注释 13；4 50, 第一章注释 87；5 134，第一章注释 32；6 第一章注释 38；7 第一章注释 38；9 20，21，第四章注释 20；10 8；10-12 17；11 xvi-xvii，第一章注释 34；15-22 58；17-18 第一章注释 3；41 63，第一章注释 126；42 第一章注释 125

《弗尔伽它传记》，被误认为阿莫尼乌斯所作：不同版本 129；1 9，129；2 11，第一章注释 13；4 第一章注释 32；19 63，第一章注释 126；20 第一章注释 125

《拉斯卡利斯传记》，与《玛西亚那传记》的关系 129

拉丁文版本：《拉丁传记》：不同版本 129；2 9，第一章注释 11；3 11，第一章注释 13；5 134，第一章注释 32；6 第一章注释 38；9 20，21；21 20；25 20；40 50；43 第一章注释 126；44 第一章注释 125

叙利亚文版本：《叙利亚传记一》和《叙利亚传记二》，不同版本 129；《叙利亚传记二》7 第一章注释 127

阿拉伯文版本有四位作者（Düring 1957 译为英文）：

伊本·阿尔纳迪姆：《群书类述》，引用了亚里士多德的遗嘱 121；不同版本 129-130

阿尔奇福提·伽马拉丁穆巴希尔：《学者传记》，引用了亚里士多德的遗嘱 121；不同版本 130

阿尔穆巴希尔：《智慧和箴言选集》，不同版本 130；20 61；22-23 第一章注释 127；29-30 第一章注释 3

伊本·阿比·乌塞比亚：《医生列传》，引用了亚里士多德的遗嘱 121；不同版本 130, 146-147；引用了阿尔法拉比关于亚历山大里亚的古代抄本的论述 第三章注释 4；亚里士多德作品目录 101；文本由《神圣的智慧》no. 4833 保存 128, 146-147；1e 16；3 11, 17；5 37；7 61, 63，第一章注释 125；10 第一章注释 119；13 第一章注释 33；18 59, 124-125, 144，第一章注释 111；30 第一章注释 3

第五部分：古代证据和亚里士多德传记的现代合集

这里提供了 20 世纪关于亚里士多德传记的三个主要研究：

Jaeger 1923 = W. Jaeger, *Aristoteles: Grundlegung einer Geschichte seiner Entwicklung*, Berlin 1923; 英文版：*Aristotle: Fundamentals of the History of his Development*, tr. R. Robinson, Oxford, 1934; 2nd ed., Oxford, 1948（1962 重印）整体讨论（无特定页码） viii, x, xii, 2, 45, 58, 120, 136, 137, 138-140, 141, 142；特定页数（根据 1948 版）：p. 5 122；p. 11 第四章注释 27；pp. 37-38 第四章注释 19；pp. 112 ff. 39；p. 115 第一章注释 77；pp. 115-116 53；pp. 135-144 31, 第一章注释 57；pp. 146-147 第一章注释 72；p. 149 40；p. 153 第一章注释 67；pp. 156-160 46；pp. 227-230 22；259n2 122；p. 311 第一章注释 88；pp. 318 ff. 53；pp. 337-340 112；pp. 428-430 56；pp. 440-465 第一章注释 41；p. 448 第一章注释 91。

Düring 1957 = I. Düring, *Aristotle in the Ancient Biographical Tradition*, Göteborg, 1957 整体讨论（无特定页码）： viii, xii-xiii, 2, 4, 5, 18, 102, 130, 141-143，特定页数：p. 5 第一章注释 83；pp. 29-56 101；pp. 57-61 126, 第四章注释 15；p. 58 58；p. 59 7；p. 62 第一章注释 20；p. 65 第四章注释 23；p. 82 第一章注释 117；pp. 82-89 101；p. 86 第一章注释 114；pp. 107-119 129；p. 108 96；p. 110 58；p. 114 第一章注释 125；p. 122 129；pp. 137-139 129；pp. 140-141 129；pp. 158-163 129；p. 160 第一章注释 34；pp. 164-179 135；p. 200 第一章注释 4；pp. 209-211 128；pp. 221-231 101；pp. 232-234 58；pp. 232-236 125；p. 235 122；pp. 235-236 第四章注释 26；p. 239 第一章注释 20；pp. 239-241 59；pp. 249-262 第一章注释 33；p. 254 32；pp. 256-258 20；p. 260 58；p. 263 12, 126, 第四章注释 15；p. 264 第一章注释 27；p. 269 126, 第四章注释 15；p. 270 第一章注释 27；p. 271 第一章注释 16；pp. 272-283 第一章注释 62；p. 276 第一章

注释 58；p. 278 第一章注释 79；pp. 278-279 126，第四章注释 15；p. 279 第一章注释 72；p. 286 122；pp. 299-311 第一章注释 49；p. 313 126，第四章注释 15；pp. 315-366 21；p. 342 第一章注释 126；p. 345 第一章注释 117；pp. 345-346 第一章注释 123；p. 346 126，第四章注释 11, 15；pp. 349-352 第一章注释 141；p. 352 126，第四章注释 15；p. 357 20；p. 366 第一章注释 39；pp. 366-372 第一章注释 141；p. 384 130；p. 388 第一章注释 58，第四章注释 23；pp. 389-391 第一章注释 44；p. 391 第四章注释 23；p. 392 122；p. 400 51；p. 401 63；pp. 404-411 119；p. 406 126，第四章注释 15；pp. 420-425 134；pp. 433-434 122；pp. 444-446 129；pp. 459-476 113, 125；p. 460 57, 58；p. 464 第四章注释 11；pp. 464-467 126，第四章注释 15；p. 467 第四章注释 26；p. 468 第一章注释 83；pp. 468-472 129；pp. 472-474 128

Düring 1957 中收集的证言：关于杜林的证据收集 120 ff.；按证言顺序排序：1e 第一章注释 33；1f 133，第一章注释 33；3 133，第一章注释 56，第二章注释 30；9b **第一章注释 7**；9c 132；9f **第一章注释 10**；11b 15；12b 132；12c 第一章注释 6，第四章注释 12；13a-c 12；13b 124；15c 132；15d 第一章注释 71；15h 132；16 第一章注释 80；21-24 36-37；22 133；24 40；25a 42；25a-h 43；26a-c 第一章注释 91；27a-k 第一章注释 3；27b 第一章注释 127；28a-h 第一章注释 105；28c 53；29a-d 55；30f 134；31 50-51, 132，第一章注释 47；32a 28；32a-e 26；32b-c 28；32d 第一章注释 48；32e 第一章注释 48；33 26，第一章注释 48；40c-e 134-135；42b 97；42c 97；42d 101；43 60, 124；44a 第一章注释 125；44c 第一章注释 125, 126；44d 第一章注释 125；44e 第一章注释 126；45a-d 133；45c 第一章注释 119, 126；46a-48d 第一章注释 116；47 第一章注释 127；50c 第一章注释 127；56b **第一章注释 38**；58 134-135；58b 9, 132；58c 10, 132；58d 20-21，第四章注释 20；58e 43, 132；58f 131，第一章注释 71；58g 6, 92；58h 131；58i 14, 89, 132，第一章注释 117；58k 132；58l 38；58m 第

一章注释 25, 26；59a 9；59b 9, 131；59c 10；59h 131；60a 9-10；60a-b 132；60d 132；61a 21, 第四章注释 20；61b 第四章注释 20；62a-b 131；63a-e 131；63c 134-135；63d 25；63e 第四章注释 22；64a-c 第四章注释 23；64c 第一章注释 117；65b 132；67b 第一章注释 127；67c 63；68-71 119；69a 117；76b 第一章注释 24

Gigon 1987 中收集的证据 = O. Gigon, ed., *Librorum deperditorum fragmenta* = vol. 3 of *Aristoteles Opera*, Berlin, 1987（Gigon 1987 中的页码与栏数）：

亚里士多德的遗嘱：21a-21b（第欧根尼·拉尔修）和 37b-38b（乌塞比亚）

亚里士多德的诗歌：《赫米亚斯赞美诗》20a；《献给赫米亚斯的铭文》20b；其他诗歌 24b

亚里士多德的历史学作品：《城邦法令》（残篇 405-407）542a-543b；《皮提亚赛会获胜者目录》（残篇 410-414）544b-547a

古代亚里士多德传记：第欧根尼·拉尔修：《亚里士多德传》(*testimonium* 1) 19a-25；赫西奇乌斯：《亚里士多德传》(*testimonium* 2) 26a-28b；《玛西亚那传记》(*testimonium* 3) 28b-31a；《拉丁传记》(*testimonium* 4) 31b-34a；《弗尔伽它传记》(*testimonium* 5) 34a-36a；《阿拉伯传记》(乌塞比亚的作品，*testimonium* 6) 36a-45a

其他证据：梅西纳的阿里斯托克利斯 (*testimonium* 7) 45a-46b；阿伊里安：《杂学研究》III.19 (*testimonium* 8) 46b-47a；斯特拉波，13.1.56-58 (*testimonium* 9) 47a-b；普鲁塔克：《亚历山大传》7.1-8.5 (*testimonium* 10) 47b-48b；哈利卡纳索斯的狄奥尼修斯：《致阿玛乌斯的第一封信》(*testimonium* 11) 48b-54a；[伪亚里士多德：]《苹果书》(*testimonium* 12) 54a-60a；斯特拉波：《地理学》13.1.54 (*testimonium* 13) 60a-b；加达拉的菲洛德穆斯：《论修辞》的证据（残篇 132）394a-398a

参考文献索引

缩写：

R.-E. = *Real-Encyclopädie der classischen Altertumswissenschaft*, eds. A. F. Pauly and G. Wissowa

n. s. = new series（新系列）

Adkins, A. W. H., *Merit and Responsibility: A Study in Greek Values*, Oxford, 1960 第二章注释 8

Adkins, A. W. H., "*Theoria* versus *Praxis* in the Nicomachean Ethics and the Politics," *Classical Philology* 73 (1978), 297-313 第二章注释 8, 13, 19

Alfonsi, L., "Su una vita di Aristotele scritta da Lascaris," *Giornale di Metafisica* 4 (1949), 381-383 129

Allan, D. J., *The Philosophy of Aristotle*, London 1952, 2nd (revised) ed., 1970 144

Andrewes, P., "Aristotle, *Politics* IV.11, 1296a 38-40," *Classical Review*, n. s. 2 (1952), 141-144 第一章注释 69

Aouad, M. 参见 Goulet, R., B. Puech and M. Aouad

Arnim, H. von, *Leben und Werke des Dion von Prusa*, Berlin 1898 18, 26, 65, 第一章注释 31, 第一章注释 131, 第四章注释 32

Arnim, H. von, "Neleus von Skepsis," *Hermes* 62 (1928), 101-107 第二章注释 51

Austin, M., and P. Vidal-Naquet, *Économies et societies en Grèce ancienne*, Paris, 1972；英文版：*Economic and Social History of Ancient Greece: An Introduction*,

Berkeley, 1977; 意大利文版：*Economia e società nella Grecia antica*, Turin, 1982 第一章注释 36

Badian, E., "The Eunuch Bagoas: A Study on Method," *Classical Quarterly* n. s. 8 (1958), 144-157 第一章注释 106

Barker, E., "The Life of Aristotle and the Composition and the Structure of the *Politics*," *Classical Review* 45 (1931), 162-172; reprinted in *Schriften zu den "Politika" des Aristoteles*, ed. P. Steinmetz, Berlin, 1973 140

Barnes, J., *The Presocratic Philosophers*, 2 vols., London 1979; 2nd ed., London 1982 1

Barnes, J., "Roman Aristotle," in *Philosophia Togata* II, ed. J. Barnes and M. Griffin, Oxford, 1997, 1-69 148-149

Baumstark, A., *Syrisch-arabisch Biographien des Aristoteles*, Leipzig, 1898, 3rd ed. Aalen, 1975 59, 129, 130, 136

Bearzot, C., "Platone; e i 'moderati' ateniesi," *Memorie dell'Istituto Lombardo: Classe di Lettere; Scienze morali e storiche* 37:1 (1981) 第一章注释 97

Bélis, A., *Aristoxène de Tarente et Aristote: "Le Traité d'Harmonique,"* Paris, 1986 131

Bénatouïl, T., "Théophraste: Les limites éthiques, psychologiques, et cosmologiques e la contemplation," in *Theoria, Praxis, and the Contemplative Life after Plato and Aristotle*, eds. T. Bénatouïl and M. Bonazzi, Leiden, 2012 xix

Bengtson, H., *Die Staatsverträge des Altertums*, Munich, 1962 第一章注释 67

Bergk, T., *Griechische Literaturgeshcichte*, vol. 4, Berlin, 1887 50

Bernays, J., *Phokion und seine neueren Beurteilers*, Berlin, 1881 57-58, 136, 137, 139, 142, 143, 第二章注释 23

Berti, E., *La filosofia del primo Aristotele*, Padua 1962, 2nd ed. Milan, 1997 144, 第

一章注释 29, 30, 33, 34, 第四章注释 15, 19, 36

Berti, E., "*Il principio di non-contraddizione come criterio supremo di significanza nella metafisica aristotelica,*" Accademia dei lincei: Rendiconti della classe di Scienze Morali, Storiche e Filologiche, series 8, vol. 21 (1966), 224-252; reprinted in E. Berti, *Studi aristotelici*, L'Aquila, 1975, 61-88 第三章注释 7

Berti, E., "La dialettica in Aristotele," *L'attualità della problematicaaristotelica: Atti del convegno franco-italiano su Aristotele*, Padua 1972, 33-80; reprinted in E. Berti, *Studi aristotelici*, L'Aquila, 1975, 109-133 第三章注释 7

Berti, E., *Aristotele: Dalla dialettica alla filosofia prima*, Padua, 1977 22, 31, 42, 45, 56, 123, 144, 第一章注释 58

Berti, E., "Note sulla tradizione dei primi due libri della *Metafisica di Aristotele,*" *Elenchos* 3 (1982), 5-37 102

Berti, E., *Le ragioni di Aristotele*, Rome, 1989 3

Berti, E., "La polemica antiaristotelica di Filodemo a proposito della retorica," in *Antiaristotelismo*, eds. C. Natali and S. Maso, Amsterdam, 1999 149

Berve, H., *Das Alexanderreich auf prosopographischen Gründlage*, Munich, 1926 12, 第一章注释 15, 87, 104

Bidez, J., "À propos d'un fragment retrouvé de l'Aristote perdu," *Bulletin de la Classe des lettres et des sciences morales et politiques et de la Classe des beaux-arts: L'Académie Royale de Belgique*, series 5, 28 (1942), 201-230 140

Bidez, J., *Un singulier naufrage littéraire dans l'antiquité*, Brussels, 1943 140, 第一章注释 72

Bidez, J., "Hermias d'Atarnée," *Bulletin de la Classe des lettres et des sciences morales etpolitiques et de la Classe des beaux-arts: L'Académie Royale de Belgique*, series 5, 29 (1943), 133-146 40, 140, 第四章注释 40

Bidez, J., "À propos d'une manière nouvelle de lire Aristote," *Bulletin de la Classe des lettres et des sciences morales et politiques et de la Classe des beaux-arts: L'Académie Royale de Belgique*, series 5, 30 (1944), 43-55 140

Bielawski, J., and M. Plezia eds., *Lettre d'Aristote à Alexandre sur la politique envers les cités*, Wroclaw, 1970 46, 123

Bignone, E., *L'Aristotele perduto e la formazione filosofica di Epicuro*, Florence, 1936, 2nd ed. 1973 40, 42, 132, 140, 第一章注释 8, 49, 82, 第四章注释 39

Biscardi, A., "Sul regime della comproprietà nel diritto attico," in *Studi in onore di U. E. Paoli*, Florence, 1955, 105-143 88, 第二章注释 49, 54

Blank, D., "Aristotle's 'Academic Course on Rhetoric' and the end of Philodemus, *On Rhetoric* VIII," *Cronache Ercolanesi* 37 (2007), 5-48 xv, 27, 149-150, 第一章注释 47, 94

Blass, F, *Die attische Beredsamkeit*, Leipzig, 1868-1874 第一章注释 44

Boeckh, A., "Hermias von Atarneus und Bündniss desselben mit den Erythräern," *Abhandlung der Akademie der Wissenschaften: Historisch-philosophische Classe*, Berlin, 1858, 133-157; reprinted in Gesammelte *Kleine Schriften*, Leipzig, 1872, 6:183 ff. 第一章注释 72

Boer, W. W. ed., *Epistula Alexandri ad Aristotelem*, Meisenheim, 1973 124

Bosworth, A. B., "Aristotle and Callisthenes," *Historia* 19 (1970), 407-413 53, 第一章注释 106

Bourgey, L., *Observation et expérience chez Aristote*, Paris, 1955 107

Bowra, C.M., "Aristotle's Hymn to Virtue," *Classical Quarterly* 32 (1938), 182-189; reprinted in *Problems in Greek Poetry*, Oxford, 1953, 139-150 37

Boyancé, P., *Le culte des Muses chez les philosophes grecs*, Paris, 1937 62, 79, 90, 第二章注释 22, 24, 56

Brehier, É., *Histoire de la philosophie*, vol. I, Paris, 1928 140

Brémond, E. *See* Mathieu, G., and E. Brémond Brink, K. O., *s.v.* "Peripatos," *R.-E.* Suppl. VII (1940), coll. 899-949 58, 119, 122, 134

Brinkmann, A., "Ein Brief Platons," *Rheinisches Museum* 66 (1911), 226-230 第一章注释 59, 72

Bruck, E. F., *Totenteil und Seelgeräte im griechischen Recht*, Munich, 1926 第二章注释 33, 39, 45, 50, 52

Brun, J., *Aristote et le Lycée*, Paris, 1961 144

Bruns, G. B., "Die Testamente der griechischen Philosophen," *Zeitschrift der Savigny Stiftung für Rechtsgeschichte*, Römanistische Abteilung 1 (1880), 1-52 第二章注释 33, 55

Brunschön, C. W. 参见 Sider, D., and C. W. Brunschön

Brunschwig, J., and G. E. R. Lloyd eds., *Le savoir grec: Dictionnaire critique*, Paris, 1996；英文版：*Greek Thought: A Guide to Classical Knowledge*, Cambridge (Mass.), 2000；再版为 *The Greek Pursuit of Knowledge*, Cambridge (Mass.), 2003 151, 第二章注释 62

Buhle, J. T. ed., *Aristotelis opera omnia*, Biponti, 1791 127

Burnet, J., *Aristotle*, London 1924 140-141

Busse, A., "Die neuplatonische Lebensbeschreibungen des Aristoteles," *Hermes* 28 (1893), 252-276 119, 128-129, 136, 第一章注释 125

Byl, S., "Recherches sur les grands traités biologiques d'Aristote, sources écrites et préjugés," *Académie Royale de Belgique: Mémoires de la Classe de Lettres*, 2nd series 64/3 (1980) 42, 141

Bywater, I., *Aristotelis Vita Scriptore Laertio*, Oxford, 1879 127

Cambiano, G., "Il problema dell'esistenza di una scuola megarica," in *Scuole socratiche minori*, ed. G. Giannantoni, Bologna 1977 第二章注释 46

Cambiano, G., *La filosofia in Grecia e a Roma*, Rome,1983 第一章注释 141

Capasso, M., "Note laerziane," *Elenchos* 1 (1980), 161-163 第二章注释 46

Cardona, G., "Ricerche sulla biografia aristotelica," *Nuova Rivista Storica* 50 (1966), 86-115 第四章注释 25

Case, T., *s.v.* "Aristotle," *Encyclopaedia Britannica*, 11th ed., 1910 第四章注释 34

Case, T., "The Development of Aristotle," *Mind* 34 (1925), 192-198 第四章注释 34

Chatzis, A., *Der Philosopher und Grammatiker Ptolemaios Chennos*, I, Paderborn, 1914 128

Cherniss, H., *Aristotle's Criticism of Plato and the Academy*, vol. 1（第二卷未出版）Baltimore, 1935; reprinted New York, 1944 and 1962 22, 第一章注释 45

Cherniss, H., *The Riddle of the Early Academy*, Berkeley, 1945 79, 99, 第二章注释 22

Christ, W. von, W. Schmid, and O. Stählin, *Geschichte der Griechischen Literatur*, Munich, 1912-1924 128

Chroust, A.-H., "A Brief Account of the (Lost) *Vita Aristotelis* of Hermippus and of the (Lost) *Vita Aristotelis* of Ptolemy el-Garib," *Revue d'Études Grecques* 77 (1964), 50-69; reprinted in Chroust 1973 128, 第四章注释 15

Chroust, A.-H., "Aristotle's Earliest 'Course of Lectures on Rhetoric'," *Antiquité Classique* 32 (1964), 58–72; reprinted in Chroust 1973 126

Chroust, A.-H., "The *Vita Aristotelis* of Dionysius of Halicarnassus," *Acta Antiqua Academiae Scientarum Hungaricae* 13 (1965), 369-377; reprinted in Chroust 1973 133

Chroust, A.-H., "An Analysis of the *Vita Aristotelis* of Diogenes Laertius," *Antiquité Classique* 34 (1965), 97–129; reprinted in Chroust 1973 127

Chroust, A.-H., "Was Aristotle Actually the Chief Praeceptor of Alexander the Great?," *Classical Folia* 18 (1966), 26–33; reprinted in Chroust; 1973 43, 50, 第一章注释 83

Chroust, A.-H., "Aristotle Leaves the Academy," *Greece and Rome* 14 (1967), 39-43; reprinted in Chroust 1973, 第一章注释 58

Chroust, A.-H., "Aristotle Enters the Academy," *Classical Folia* 19 (1967), 21-29; reprinted in Chroust 1973, 11, 19–20, 第一章注释 11

Chroust, A.-H., "Aristotle's Last Will and Testament," *Wiener Studien* 80 (1967), 90-114; reprinted in Chroust 1973, 121, 第二章注释 33

Chroust, A.-H., "Aristotle's Return to Athens in the Year 335/4 B.C.," *Laval Théologique et Philosophique* 23 (1967), 244–254; reprinted in Chroust 1973 59

Chroust, A.-H., "Speusippus Succeeds Plato in the Scholarcate of the Academy," *Revue d'Études Grecques* 84 (1971), 338-341 第二章注释 33, 第四章注释 44

Chroust, A.-H., "Aristotle's Sojourn in Assos," *Historia* 21 (1972), 170-176 第一章注释 74, 第四章注释 44

Chroust, A.-H., "Did Aristotle Own a School at Athens?," *Rheinisches Museum* 115 (1972), 310-318 58, 113, 第四章注释 44

Chroust, A.-H., *Aristotle: New Light on His Life and on Some of His Lost Works*, London, 1973, 2 vols. 53, 58, 59, 121, 123, 127, 130, 134, 136, 143, 144, 第一章注释 29, 32, 33, 39, 58, 59, 82, 116, 117, 第四章注释 4

Chroust, A.-H., "Athens Bestows the Decree of Proxenia on Aristotle," *Hermes* 101 (1973), 187-194 59, 第一章注释 110

Cobet, C. G. ed., *Diogenis Laertii de clarorum philosophorum vitis, dogmatibus*, Paris, 1850 127

Dareste, R., "Les testaments des philosophes Grecs," *Annuaire pour l'incouragement des études grecques* 16 (1882), 1-21 第二章注释 23

Dareste, R., *Nouvelles Études d'Histoire du Droit*, Paris,1906 第二章注释 23

Davies, J. K., *Athenian Propertied Families 600–300 BC*, Oxford, 1971 第一章注释 122, 第二章注释 43

De Cesare, R., "Di nuovo sulla leggenda di Aristotele cavalcato," *Miscellanea del Centro di Studi Medievali* 1 (1956), 181-215 第四章注释 30

Derenne, E., *Les procès d'impiété intentés aux philosophes à Athènes aux Vième et IVième siècles avant J.C.*, Liège, 1930 61, 第一章注释 122, 第二章注释 56

Diels, H., "Chronologische Untersuchungen über Apollodors *Chronika*," *Rheinisches Museum* 31 (1876), 45-47 133

Diels, H. ed., *Doxographi graeci*, Berlin, 1879, 3rd ed. 1958 97, 第一章注释 10

Diels, H., "Über die ältesten Philosophenschulen der Griechen," in *Philosophische Aufsätze: Eduard Zeller zu seinem fünfzigjährigen Doctor-Jubiläum gewidmet*, Leipzig, 1887, 241-260 第二章注释 23

Diels, H., "Die Olympionikenliste aus Oxyrhynchos," *Hermes* 36 (1901), 72-80 第一章注释 101

Diels, H., and W. Schubart eds., *Didymi de Demosthene commenta*, Berlin, 1904 第一章注释 62, 第四章注释 6, 33

Dihle, A., "Studien zur griechischen Biographie," *Abhandlungen der Akademie der Wissenschaften zu Göttingen: Philologisch-historische Klasse* 3rd series, 37 (1956), 2nd ed., 1970 125

Dihle, A., "Der platoniker Ptolemaios," *Hermes* 85 (1957), 314-325; reprinted in A. Dihle, *Antike und Orient*, Heidelberg, 1984, 9-20 128

Dirlmeier, F., *Aristoteles: Nikomachische Ethik*, Berlin, 1956 第二章注释 16, 17, 18

Dirlmeier, F., *Aristoteles: Eudemische Ethik*, Berlin, 1962 第二章注释 2, 3

Dirlmeier, F., *Merkwürdige Zitate in der Eudemischen Ethik des Aristoteles*, Heidelberg, 1962 113, 116

Dittenberger, G. ed., *Sylloge inscriptionum graecorum*, 3rd ed., Leipzig, 1915 39, 60, 63, 124, 第一章注释 52

Dorandi, T., *s.v.* "Antigonus of Carystus," *Dictionnaires des Philosophes Antiques*, ed. R. Goulet, vol. 1 (1989), 209-211 147

Dorandi, T., *Filodemo, Storia dei Filosofi: Platone e l'Academia (PHerc. 1021 e 164)*, Napoli, 1991 第四章注释 33

Dorandi, T., *s.v.* "Hermias of Atarneus," *Dictionnaires des Philosophes Antiques*, ed. R. Goulet, vol. 3 (2000), 650-651 147

Döring, K. ed., *Die Megariker*, Amsterdam, 1972 131, 第四章注释 2

Dover, K. J., *Greek Popular Morality in the Time of Plato and Aristotle*, Oxford, 1974 第二章注释 8

Dover, K. J., "The Freedom of the Intellectual in Greek Society," *Talanta* 7 (1976), 24-54 61

Drerup, E., "Ein athenisches Proxeniendekret für Aristoteles," *Mitteilungen des Deutschen Archäologischen Instituts: Athenische Abteilung* 23 (1898), 369-381 59, 125, 第一章注释 110

Düring, I., "Notes on the History of Transmission of Aristotle's Writings," *Göteborgs Högskolas Årsskrift* 56 (1950), 37-70 第三章注释 5

Düring, I., "Aristotle the Scholar," *Arctos* n. s. 1 (1954), 61-77 第一章注释 141

Düring, I., "Ariston or Hermippus?," *Classica et Mediaevalia* 17 (1956), 11-21 第四章注释 11

Düring, I., *Aristotle in the Ancient Biographical Tradition*, Göteborg, 1957 参见资料索引

Düring, I., Review of Gigon 1962, *Gnomon* 25 (1963), 342-346 134

Düring, I., *Aristoteles*, Heidelberg, 1966 20, 57, 60, 134, 第一章注釈 30, 58, 59, 72, 77, 83, 第二章注釈 1

Düring, I., *s.v.* "Aristoteles," *R.-E.* Suppl. XI (1968), coll. 159-336 122, 129, 134, 第一章注釈 58, 72, 83, 第四章注釈 11, 26

Düring, I., "Ptolemy's *Vita Aristotelis* Rediscovered," in *Philomathes: Studies and Essays in the Humanities in Memory of Philip Merlan*, Hague, 1971, 264-269 128

Edelstein, L., *Plato's Seventh Letter*, Leiden, 1966 第一章注釈 72

Ehrenberg, V., *Alexander and the Greeks*, Oxford, 1938 47

Eriksen, T. B., "*Bios Theoretikos*": Notes on Aristotle's *E.N. X 6-8*, Oslo, 1976 第二章注釈 1, 5, 14, 19

Eucken, C., *Isokrates: Seine Position in der Auseinandersetzung mit dem zeitgenössischen Philosophen*, Berlin,1983 44, 第一章注釈 88, 第四章注釈 1

Festa, N., "Un epinicio per Alcibiade e l'ode di Aristotele; in onore di Ermia," *Rendiconti: Atti dell'Academia nazionale dei Lincei, Classe scienze morali, storiche e filologiche*, series 5 (1923), 198-211 37

Flach, J. von, *Hesychii Milesii onomatologi quae supersunt omnia*, Leipzig, 1882 127, 129

Flügel, G., and Rödiger, J. eds., *Ibn-al-Nadim: Kitab-al-Fihrist*, Leipzig, 1871-1872 29

Ford, A. *Aristotle as Poet: The Song for Hermias and Its Contexts*, Oxford, 2011 xviii

Fortenbaugh, W. W., P. Huby and A. A. Long eds., *Theophrastus of Eresus: On His Life and Work*, New Brunswick, 1985, 1-62 第一章注釈 5, 第三章注釈 13

Fortenbaugh, W. W., P. Huby, R. Sharples, and D. Gutas eds., *Theophrastus of Eresus: Sources for His Life, Writings, Thought, and Influence*, 8 vols., Leiden, 1991+ xiv

Fortenbaugh, W. W., and W. Schütrumpf eds., *Demetrius of Phalerum: Text, Translation, and Discussion*, New Brunwsick, 2000 xiv, 149

Fortenbaugh, W. W., and W. Schütrumpf, *Dicaearchus of Messana: Text, Translation, and Discussion*, New Brunswick, 2001 xiv

Foucart, P., *Des associations réligieuses chez les Grecs*, Paris, 1863 第二章注释 23

Foucart, P., "Étude sur Didymos d'après un papyrus de Berlin," *Mémoires de l'Académie des Inscriptions et Belles-Lettres* 38 (1909), 27-128 130, 141, 第一章注释 62, 第四章注释 13, 33

Fragstein, A. von, *Studien zur Ethik des Aristoteles*, Amsterdam, 1974 第二章注释 2, 3

Friedländer, P., "Akademische Randglossen," in *Die Gegenwart der Griechen im neueren Denken: Festschrift für Hans-Georg Gadamer zum 60. Geburtstag*, Tübingen 1960, 327 ff. 第一章注释 38

Fritz, K. von, "Die Ideenlehre des Eudoxos von Knidos und ihr Verhältnis zur Platonischen Ideenlehre," *Philologus* 82 (1927), 1-28 第一章注释 35

Fritz, K. von, Review of J. Bielawski and M. Plezia 1970, *Gnomon* 44 (1972), 442-450 124

Fuentes, Gonzalez, P. P. *See* Lopez Cruces, J. L., and P. P. Fuentes Gonzalez

Fuller, B. A. G., *History of Greek Philosophy III: Aristotle*, New York, 1931 140

Gaiser, K., *Theophrast in Assos*, Heidelberg, 1985 39, 42, 第一章注释 63, 69, 70, 79, 81

Gaiser, K. ed., *Supplementum Platonicum: Die Texte der indirekten*

Platonüberlieferung, Stuttgart, 1988 第一章注释 55, 78

Gauthier, R.-A. and J.-Y. Jolif, eds., *Aristote: L'Étique à Nicomaque*, Louvain,1959, 2nd ed. 1970 40, 58, 125, 128, 130, 141, 144, 第一章注释 27, 57, 59, 72, 82, 87, 第二章注释 1, 15, 20, 第四章注释 11

Gercke, A., *s.v.* "Aristoteles," *R.-E.* 2 (1896), coll. 1012-1054 137, 140

Gercke, A., *s.v.* "Andronikos 25," *R.-E.* 2 (1896), coll. 2164-2167 第四章注释 11

Gerth, A., *s.v.* "Kephisodoros," *R.-E.* 11 (1921), coll. 227-229 131, 第一章注释 44

Giannantoni, G. ed., *I Cirenaici: Raccolta delle fonti antiche*, Florence, 1958 第一章注释 131

Giannantoni, G. ed., *Socraticorum reliquiae*, 4 vols., Naples, 1983-1985, 2nd ed., revised as *Socratis et Socraticorum reliquiae*, Naples, 1990 69, 131, 第一章注释 84, 128, 131, 第二章注释 59

Giannantoni, G., "Cinici e Stoici su Alessandro; Magno," in *I filosofi e il potere nella società e nella cultura antiche*, ed. G. Casertano, Naples, 1988, 75-87 第一章注释 84

Gigante, M. ed., *Diogene Laerzio: Vite dei filosofi*, Rome, 1962, 2nd ed. 1976 127, 第二章注释 46, 第三章注释 13

Gigon, O., "Antike Erzälungen über die Berufung zur Philosophie," *Museum Helveticum* 3 (1946), 1-21 68, 134, 第一章注释 30

Gigon, O., "Interpretationen zu den antiken Aristoteles-Viten," *Museum Helveticum* 15 (1958), 146-193 21, 53, 59, 61, 62, 113, 123, 127, 133, 134, 第一章注释 71, 96, 116, 第四章注释 11

Gigon, O., "Das Leben des Aristoteles," in *Aristoteles: Einführungschriften*, ed. O. Gigon, Zurich, 1961 6, 123

Gigon, O. ed., *Vita Aristotelis Marciana*, Berlin, 1962 xvii, 11, 21, 56, 59, 62, 97, 118,

123, 129, 134, 第一章注释 11, 34, 59, 83, 108, 116, 127

Gigon, O., *s.v.* "Biographie," in *Lexicon der alten Welt*, eds. K. Bartels and L. Huber, Zurich, 1965 125, 128

Gigon, O. ed., *Aristotelis opera, vol. III: Librorum deperditorum fragmenta*, Berlin, 1987 xiii, 121-122, 123, 125, 127, 129, 130, 第一章注释 4, 114

Goedeckemeyer A., *Aristoteles' praktische Philosophie (Ethik und Politik)*, Leipzig 1922 138

Gomperz, T., "Die Akademie und ihr vermeintlicher Philomakedonismus," *Wiener Studien* 4 (1882), 102-120 137

Gomperz, T., "Platonische Aufsätze II," *Sitzungs-Berichte der Akadamie der Wissenschaften in Wien: Philologisch-historische Klasse* 141 (1901), 1-11 78-80, 137

Gomperz, T., *Griechische Denker*, Leipzig 1906, 3rd ed. 1911 136, 137, 第二章注释 19, 第四章注释 38

Gottschalk, H. B., "Notes on the Wills of Peripatetic Scholarchs," *Hermes* 100 (1972), 314-342 15, 104, 第一章注释 11, 16, 20, 27, 第二章注释 26, 40, 51, 61

Gottschalk, H. B., Review of Lynch 1972, *Classical Review* 90 (1976), 70-72 79, 第二章注释 42, 63

Gottschalk, H. B., "Demetrius of Phalerum: A Politician among Philosophers and a Philosopher among Politicians," in *Demetrius of Phalerum: Text, Translation, and Discussion*, eds. W. W. Fortenbaugh and W. Schütrumpf, New Brunswick, 2000, 367-380 149

Goulet, R. ed., *Dictionnaire des philosophes antiques*, vols. 1-5, Paris, 1989, 1994, 2000, 2005, 2012, with supplement, Paris 2003 xix, 146-148

Goulet, R., *s.v.* "Andronicus of Rhodes," *Dictionnaires des Philosophes Antiques*, ed. R. Goulet, vol. 1 (1989), 200-202 147

Goulet, R., *s.v.* "Apellicon," *Dictionnaires des Philosophes Antiques*, ed. R. Goulet, vol. 1 (1989), 266-267 147

Goulet, R., *s.v.* "Artemon,"*Dictionnaires des Philosophes Antiques*, ed. R. Goulet, vol. 1 (1989), 615-616 147

Goulet, R., with B. Puech and M. Aouad, *s.v.* "Aristotle," *Dictionnaires des Philosophes Antiques*, ed. R. Goulet, vol. 1 (1989), 413-443 146-147

Goulet, R., *s.v.* "Athenion," *Dictionnaires des Philosophes Antiques*, ed. R. Goulet, vol. 1 (1989), 649-650 147

Goulet, R., *s.v.* "Coriscus of Scepsis," *Dictionnaires des Philosophes Antiques*, ed. R. Goulet, vol. 2 (1994), 456-490 147

Goulet, R., *s.v.* "Epicurus," *Dictionnaires des Philosophes Antiques*, ed. R. Goulet, vol. 3 (2000), 154-181 147

Grant, A., *Aristotle*, Edinburgh, 1902 第一章注释 122

Grayeff, F., *Aristotle and His School*, London, 1974 20, 136, 143, 第一章注释 58, 74, 83

Grote, G., *Aristotle*, eds. A. Bain and G. C. Robertson, London, 1872 第一章注释 122

Gutas, D. *See* Fortenbaugh, W. W., P. Huby, R. Sharples, and D. Gutas

Hampl, F., *Die griechische Staatsverträge des 4. Jahrhunderts v. Chr.*, Leipzig, 1938 第一章注释 94

Hardie, W. F. R., *Aristotle's Ethical Theory*, Oxford, 1968, 2nd ed. 1980 第二章注释 1

Harding, P., *Didymos on Demosthenes*, Oxford, 2006 xii, xiii, xv, 34, 第一章注释 62, 63, 73, 79, 第四章注释 6

Haskins, C. H., *The Rise of Universities*, Ithaca,1957 第二章注释 25

Heberdey, R., "*Nicanor Aristotelous Stageiritês*," in *Festschrift Gomperz*, Vienna, 1902, 412-416 12, 124

Hehn, V., *Kulturpflanzen und Haustiere in ihrem Übergange aus Asien nach Griechenland*, 3rd ed., Berlin, 1902 第一章注释 43

Heiland, H., *Aristoclis Messenii Reliquae*, diss. Giessen, 1925 第四章注释 17

Hein, C., *Definition und Einteilung der Philosophie: Von der spätantiken Einleitungsliteratur zur arabischen Enzyklopädie*, Frankfurt, 1985 128, 146, 147

Heitz, E., *Die verlorenen Schriften des Aristoteles*, Leipzig, 1865 50

Homolle, T., "Un ouvrage d'Aristote dans le temple de Delphes," *Bulletin de correspondence hellénique* 22 (1898), 251-270 127

Huby, P. *See* Fortenbaugh, W. W., P. Huby, and A. A. Long

Huby, P. *See* Fortenbaugh, W. W., P. Huby, R. Sharples, and D. Gutas

Hug, A., "Zu den Testamenten der griechischen Philosophen," in *Festschrift zur Begrüssung der XXXIX Versammlung deutscher Philologen und Schuhlmänner*, Zurich, 1887, 1-21 第二章注释 33

Humphreys, S., *Anthropology and the Greeks*, London, 1978 61, 第二章注释 8

Hutchinson, D. S., and M. R. Johnson, "Protreptic Aspects of Aristotle's *Nicomachean Ethics*," in *The Cambridge Companion to Aristotle's Nicomachean Ethics*, ed. R. Polansky, Cambridge, 2014 第二章注释 19

Huxley, G., "Aristotle's Interest in Biography," *Greek, Roman and Byzantine Studies* (1964) 15, 203-213 125

Isnardi Parente, M., "Carattere e struttura dell'Accademia Antica," in *La filosofia dei greci nel suo sviluppo storico*, eds. E. Zeller; and R. Mondolfo, Florence 1932+, vol. III/2 (1974), 871-877 24, 第二章注释 123, 第四章注释 43

Isnardi Parente, M., *Studi sull'Accademia platonica antica*, Florence, 1979 第一章

注释 72, 74, 76, 79

Isnardi Parente, M., *Speusippo: Frammenti*, Naples, 1980 105, 第一章注释 55, 60, 第二章注释 22

Isnardi Parente, M., "Per la biografia di Senocrate," *Rivista di Filologia e Istruzione Classica* 109 (1981), 129-162 80, 第一章注释 19, 第二章注释 94

Isnardi Parente, M., *Senocrate; e Ermodoro: Frammenti*, Naples, 1982 第一章注释 73, 95

Isnardi Parente, M., "L'Accademia antica: interpretazioni recenti e problemi di metodo," *Rivista di Filologia e Istruzione Classica* 114 (1986), 350-378 24, 80, 第一章注释 56, 第二章注释 22

Isnardi Parente, M., "L'Accademia antica e la politica del primo ellenismo," in *I filosofi e il potere nella società e nella cultura antiche*, ed. G. Casertano, Naples, 1988, 89-117 67, 第二章注释 30

Ivanka, E. von, *Die aristotelische Politik und die Städtegrundungen Alexanders des Großens*, Budapest, 1938 167, 189

Jacoby, F., *s.v.* "Callisthenes 2," *R.-E.* 10 (1901), coll. 1674 ff. 第一章注释 102

Jacoby, F., *Apollodors Chronik*, Berlin, 1902 133, 第一章注释 34, 98

Jacoby, F., *Das Marmor Parium*, Berlin, 1904 133

Jacoby, F., *Die Fragmente der griechischen Historiker*, Berlin, 1923-1958 53, 54, 132

Jaeger, W., *Studien zur Entstehungsgeschichte der Metaphysik des Aristoteles*, Berlin, 1912 109, 136, 第一章注释 67

Jaeger, W., *Aristoteles: Grundlegung einer Geschichte seiner Entwicklung*, Berlin, 1923；英文版：*Aristotle: Fundamentals of the History of His Development*, tr. R. Robinson, Oxford, 1934; 2nd ed. Oxford, 1948, reprinted 1962 参见资料索引

Jaeger, W., *Diokles von Karystos*, Berlin, 1938, 2nd ed. 1963 第四章注释 37

Jaeger, W., "Greeks and Jews," *Journal of Religion* 18 (1938), 127-143; reprinted in *Scripta minora*, Rome, 1960, 2:172 ff. 126

Jaeger, W., *Demosthenes: The Origin and Growth of His Policy*, Berkeley, 1938 第四章注释 42

Johnson, M. R. *See* Hutchinson, D. S., and M. R. Johnson

Jolif, J.-Y. *See* Gauthier, R.-A., and J.-Y. Jolif

Kaerst, G., *Geschichte des Hellenismus*, Leipzig, 1927, 3rd ed. 第一章注释 87

Kaf ka, G., *Aristoteles*, Munich, 1922 58, 138, 第一章注释 35

Kapp, E., "Sokrates der Jüngere," in *Ausgewälte Schriften*, Berlin, 1924, 180-187 第一章注释 32

Kelsen, H., "Aristotle and Hellenic-Macedonian Policy," *Ethics*, 48 (1937-38), 1-64 52, 140, 142

Körte, A., "Zu Didimos' Demosthenes-Commentar," *Rheinisches Museum* 60 (1905), 388-416 第一章注释 67

Krämer, H.-J., "Arete bei Platon und Aristoteles," *Abhandlungen der Heidelberger Akademie der Wissenschaften: Philosophisch-historische Klasse*, 1959/6; 2nd ed. *Arete bei Platon und Aristoteles*, Amsterdam, 1967 140

Krämer, H.-J., "Grundbegriffe akademischer Dialektik in den biologischen Schriften des Aristoteles," *Rheinisches Museum* 111 (1968), 293-333 第三章注释 9

Krämer, J., "Das arabische original des pseudo-aristotelischen *Liber de pomo*," in *Studi orientalistici in onore di Giorgio Levi della Vida*, Rome, 1956, 1:484-506 135

Kranz, W., "Platonica," *Philologus* 102 (1958), 74-83 第一章注释 38

Kullmann, W., *Wissenschaft und Methode: Interpretationen zur aristotelischen*

Theorie der Naturwissenschaft, Berlin, 1974 第三章注释 14

Lalo, C., *Aristote*, Paris, 1922 138

Lanza, D., and M. Vegetti eds., *Aristotele: Opere biologiche*, Turin 1971 – 第三章注释 9

Lanza, D., and M. Vegetti eds., "W. Jaeger e il neoumanesimo," *Il Pensiero* 18.1-3 (1972) 第四章注释 36

Lasserre, F., *Die Fragmente des Eudoxos von Knidos*, Berlin, 1966 24, 第一章注释 34, 35

Lasserre, F., *De Léodamas de Thasos à Philippe d'Oponte*, Naples, 1987 38, 第一章注释 2, 73, 76, 79

Laum, B., *Stiftungen in der griechischen und römischen Antike*, Berlin, 1914, 2 vols. 第二章注释 29, 33, 34, 36, 37, 39, 45, 54

Laurenti, R. ed., *Aristotele: I frammenti dei dialoghi*, Naples, 1987, 2 vols. 45, 46, 68, 124, 第一章注释 136, 139

Lee, H. D. P., "Place-names and the Date of Aristotle's Biological Works," *Classical Quarterly* 42 (1948), 61-67 41, 42, 51, 141, 第一章注释 41, 82

Leo, F., *Die griechisch-römischen Biographie nach ihrer literarischen Form*, Leipzig, 1901 125

Levi, M. A., *Isocrate: Saggio critico*, Milan, 1959 第一章注释 94

Lewis, A., "An Aristotle Publication Date," *Classical Review* n. s. 8 (1958), 108 60

Lippert, J., *De epistula pseudaristotelica "peri basileias" commentatio*, Berlin, 1891 123, 136

Lippert, J., *Studien auf den Gebiete der griechische-arabische Überlieferungsliteratur*, Braunschweig, 1894 130

Littig, F., *Andronikos von Rhodos*, Munich, 1890-1895 128, 134

Lloyd, G. E. R., "Plato as a Natural Scientist," *Journal of Hellenic Studies* 88 (1968), 78-92 第三章注释 6

Lloyd, G. E. R., *Early Greek Science: Thales to Aristotle*, London, 1970 第三章注释 6

Lloyd, G. E. R. *See* Brunschwig, J., and G. E. R. Lloyd

Long, A. A. *See* Fortenbaugh, W. W., P. Huby, and A. A. Long

Long, H. S. ed., *Diogenis Laertii vitae philosophorum*, Oxford, 1964, 2 vols. 127

Lopez Cruces, J. L., and P. P. Fuentes Gonzalez, *s.v.* "Isocrates," *Dictionnaires des Philosophes Antiques*, ed. R. Goulet, vol. 3 (2000), 891-938 147, 148

Losev, A. and A. Takho-Godi, *Aristotel,* Moscow, 1982, 英文版：*Aristotle,* Moscow, 1990 2

Louis, P., *Vie d'Aristote: 384-322 avant Jésus-Christ*, Paris, 1990 145

Lumbroso, G., "Ricerche alessandrine," *Memorie della Reale Accademia delle Scienze di Torino* Series 2, 27 (1873), 179-273 第二章注释 23

Luzac, J., *Lectiones atticae*, Leiden, 1809 130

Lynch, J. P., *Aristotle's School: A Study of a Greek Educational Institution*, Berkeley, 1972 79– 81, 83, 85, 126, 第二章注释 23, 27, 31, 62, 63

Maas, P., Letter to Kranz, cited in Kranz 1958, at 83n1 第一章注释 38

Maas, E., *De biographis Graecis questiones selectae*, Berlin, 1880 136

Macher, E., *Die Hermiasepisode im Demostheneskommentar des Didymos*, Gymn. Programm, Lundenburg, 1914 第一章注释 62

Maddalena, A., *Le lettere di Platone*, Bari, 1948 第一章注释 72

Maddoli, G., "Senocrate; nel clima politico del suo tempo," *Dialoghi di Archeologia* 1 (1967), 304-327 136, 143, 第四章注释 43

Mansion, A., Review of Düring; 1957, *Revue Philosophique de Louvain* 56 (1958),

624-629 第四章注释 29

Marasco, G., "I processi d'empietà nella democrazia ateniese," *Atene e Roma* n. s. 21 (1976), 113-131 65, 193

Marcovich, M. ed., *Diogenis Laertii Vitae philosophorum*, 3 vols., Stuttgart, 1999-2002 xvi, 127

Maso, S. *See* Natali, C., and S. Maso

Mathieu, G., *Les idées politiques d'Isocrate*, Paris, 1925 86, 171, 193

Mathieu, G., and E. Brémond, *Isocrate: Discours*, 4 vols., Paris, 1929-1962 86, 171, 193

McGregor, M. F. *See* Meritt, B. D., H. T. Wade-Gery, and M. F. McGregor

Mejer, J., *s.v.* "Diogenes Laertius," *Dictionnaires des Philosophes Antiques*, ed. R. Goulet, vol. 2 (1994), 824-833 147

Merkelbach, R., *Die Quellen der griechischen Alexanderromans*, Munich, 1954 151, 193

Merlan, P., "The Successor of Speusippos," *Transactions of the American Philological Association* 77 (1946), 103-111 140

Merlan, P., "Isocrates, Aristotle and Alexander the Great," *Historia* 3 (1954), 60-81 140, 第一章注释 88

Merlan, P., "Zur Biographie des Speusippos'," *Philologus* 103 (1959), 60-81 140

Merlan, P., *Studies in Epicurus and Aristotle*, Wiesbaden, 1960 第一章注释 34

Merlan, P., *Kleine philologische Schriften*, ed. F. Merlan, Hildesheim, 1976 第四章注释 41

Meritt, B. D., Wade-Gery, H. T. and M. F. McGregor, *The Athenian Tribute Lists*, Cambridge (Mass.), 1939-1953 第一章注释 1

Mejer, J., s.v. "Diogenes Laertius", *Dictionnaires des Philosophes Antiques*, ed. R.

Goulet, vol. 2 (1994), 824-833 147

Mikkola, E., "*Scholê*," *Arctos*, 2 (1958), 68-87 第二章注释 11

Misch, G., *Geschichte der Autobiographie*, vol. 1, Leipzig, 1907, 2nd ed., Frankfurt, 1949 125

Momigliano, A., *The Development of Greek Biography*, Cambridge (Mass.), 1971 125, 134

Monan, J. D., *Moral Knowledge and Its Methodology in Aristotle*, Oxford, 1968 第二章注释 2

Moraux, P., "L'exposé de la philosophie d'Aristote chez Diogène Laerce," *Revue Philosophique de Louvain* 47 (1949), 5-43 127

Moraux, P., *Les listes anciennes des ouvrages d'Aristote*, Louvain, 1951 26, 50, 122, 127, 128, 141, 第一章注释 87, 114, 第四章注释 11, 27

Moraux, P., "Le reveille-matin d'Aristote," *Études Classiques* 19 (1951), 305-315 127

Moraux, P., "La composition de la vie d'Aristote chez Diogène Laerce," *Revue d'Études Grecques* 68 (1955), 124-163 55, 127, 第一章注释 33

Moraux, P., "Aristoteles der Lehrer Alexanders von Aphrodisias," *Archiv für Geschichte der Philosophie* 49 (1967), 169-182 第四章注释 17, 28

Moraux, P., *Der Aristotelismus bei den Griechen von Andronikos bis Alexander von Aphrodisias*, vol. 1, Berlin, 1973 101, 134

Moraux, P., *Der Aristotelismus bei den Griechen von Andronikos bis Alexander von Aphrodisias*, vol. 2, Berlin, 1984 第四章注释 17

Moraux, P., "Diogène Laerce et le *Peripatos*," *Elenchos* 7 (1986), 245-294 127

Moreau, J., *Aristote et son école*, Paris, 1962 170, 194

Mossé, C., "Methéques et étrangers à Athènes aux IV–III siècles avant notre ère," in *Symposion 1971: Vorträge über Hellenistisches Rechtgeschichte*, ed. H. Wolf,

Köln 1975, 205-213 79, 194

Mühl, P. von der, *s.v.* "Hermias 11," *R.-E.* Suppl. III (1918), coll. 1126-1130 83, 84, 194

Müller, F. A., *Die griechischen Philosophen in der arabischen Überlieferung*, Halle, 1873 129, 136

Müller, F. A., *Ibn abi Usaibia: 'Uyun al-anba fi tabaqat al-stibba*, Königsberg, 1884 130

Müller, K. O., *Geschichte der griechischen Literatur bis auf das Zeitalter Alexanders*, ed. E. Müller, Reslaus, 1941 132

Müller, R., *s.v.* "Alexinos," in *Dictionnaire des Philosophes Antiques*, ed. R. Goulet, vol. 1 (1989), 149-151 147

Mulvany, C. M., "Notes on the Legend of Aristotle," *Classical Quarterly* 20 (1926), 155-167 7, 16, 37, 38, 58, 138, 141, 第一章注釈 9, 11, 16, 27, 66

Mure, G. R. G., *Aristotle*, London, 1932 140

Natali, C., "La teoria aristotelica delle catastrofi: Metodi di razionalizzazione di un mito," *Rivista di Filologia e Istruzione Classica* 105 (1977), 403-424 26

Natali, C., "Una data nella vita di Aristotele," *Quaderni di Storia* 8 (1978), 359-363 24

Natali, C. ed., *La scuola dei filosofi: Scienza ed organizzazione istituzionale della scuola di Aristotele*, L'Aquila, 1981 第一章注釈 2, 47, 第四章注釈 10, 16, 17, 24, 32,

Natali, C., "Aspetti organizzativi di alcune scuole filosofiche ateniesi," *Hermes* 111 (1983), 52-69 130

Natali, C., "L'immagine di Isocrate nelle opere di Cicerone," *Rhetorica* 3 (1985), 233-243 29, 第一章注釈 100

Natali, C., "*Adoleschia, Leptologia,* and the Philosophers in Athens," *Phronesis* 32 (1987), 232-241 <u>57</u>

Natali, C., "Les fins et les moyens, un puzzle aristotélicien," *Revue de philosophie ancienne* 6 (1988), 107-146 <u>第二章注释</u> 4

Natali, C. ed., *Senofonte: L'Amministrazione della Casa ("Economico")*, Venice, 1988 <u>第一章注释</u> 32

Natali, C., "Lieux et écoles du savoir," in *Le savoir grec: Dictionnaire critique*, eds. J. Brunschwig and G. E. R. Lloyd, Paris, 1996, 229-249；英文版："Schools and Sites of Learning," in *Greek Thought: A Guide to Classical Knowledge*, eds. J. Brunschwig and G. E. R. Lloyd, Cambridge (Mass.), 2000, 191-217; reprinted as *The Greek Pursuit of Knowledge,* Cambridge (Mass.), 2003, 40-66 <u>151</u>, <u>第二章注释</u> 62

Natali, C., *La Saggezza di Aristotele,* Naples, 1989；英文版：*The Wisdom of Aristotle*, tr. G. Parks, Albany, 2001 <u>第二章注释</u> 4, 20

Natali, C., "Philosophical Schools," in *Oxford Encyclopedia of Ancient Greece and Rome*, eds. M. Gagarin and E. Fantham, Oxford, 2010, 250-255 <u>151</u>

Natali, C., and S. Maso eds., *Antiaristotelismo,* Amsterdam, 1999 <u>149</u>

Nilsson, M. P., *Geschichte der griechischen Religion,* Munich 1960, 2 vols. <u>第二章注释</u> 33, 39, 53

Nissen, H., "Die Staatschriften des Aristoteles," *Rheinisches Museum* 42 (1892), 161-206 <u>50</u>, <u>123</u>, <u>136</u>, <u>139</u>, <u>140</u>

Nock, A. D., *Conversion: The Old and the New in Religion from Alexander the Great to Augustine of Hippo*, Oxford, 1933 <u>68</u>

Nussbaum, M. C., *The Fragility of Goodness: Luck and Ethics in Greek Tragedy and Philosophy*, Cambridge, 1986 <u>第三章注释</u> 7

Oncken, W., *Die Staatslehre des Aristoteles im historisch-politischen Umrissen*, 2 vols., Leipzig, 1870-1875 第三章注释 12

Owen, G. E. L., "Tithenai ta phainomena," in *Aristote et les problèmes de méthode*, ed. S. Mansion, Louvain, 1961, 83-103; reprinted in G. E. L. Owen, *Logic, Science and Dialectic: Collected Papers on Ancient Greek Philosophy*, ed. M. C. Nussbaum, London, 1986 第三章注释 7

Pasquali, G., *Le lettere di Platone*, Florence, 1938 第一章注释 72

Pavese, C., "Aristotele e i filosofi ad Asso," *Parola del Passato* 16 (1961), 113-119 39

Pauler, Á., *Aristoteles*, Paderborn, 1933 138

Pearson, L., "The Diary and the Letters of Alexander the Great," *Historia* 3 (1954), 443-450 123, 124

Pearson, L., and S. Stephens eds., *Didymi in Demosthenis commenta*, Stuttgart, 1983 xv, 第一章注释 62, 63, 73, 79, 第四章注释 6

Pellegrin, P., *La classification des animaux chez Aristote*, Paris, 1982 第三章注释 9

Pernot, L., s.v. "Cephisodorus," *Dictionnaires des Philosophes Antiques*, ed. R. Goulet, vol. 2 (1994), 266-269 xviii, 147, 148

Pfeiffer, R., *History of Classical Scholarship from the Beginnings to the End of the Hellenistic Age*, Oxford 1968; Italian translation *Storia della filologia classica dalle origini alla fine dell'età ellenistica*, tr. M. Gigante, Naples, 1973 第一章注释 114

Philips, E. D., Review of M. Brocker, *Aristoteles als Alexanders Lehrer in der Legende Classical Review* 20 (1970), 243 第四章注释 31

Plezia, M., *De Andronici Rhodii studiis Aristotelicis*, Cracow, 1946 134

Plezia, M., "Aristoteles trucicielem Alexandra Wielkiego," *Meander* 3 (1948), 492-501 55

Plezia, M., "De Aristotelis epistula observationes criticae," *Eos* 45 (1951), 77-85 122

Plezia, M., "De Hermippi vita Aristotelis," in *Charisteria: Thaddaeo Sinko oblata*, Warsaw and Cracow, 1951, 271-287 12, 126, 146, 第四章注释 11, 14, 15

Plezia, M. ed., *Aristotelis qui ferebantur: "Liber de pomo"*, Warsaw, 1960 135

Plezia, M., *Aristotelis Epistula cum Testamento*, Warsaw, 1961 51, 63, 121–122, 123, 第一章注释 9, 125, 126, 第四章注释 3, 26, 27

Plezia, M., "Supplementary Remarks on Aristotle in the Ancient Biographical Tradition," *Eos* 50 (1961), 241-249 130, 134, 第四章注释 11

Plezia, M., "The Human Face of Aristotle," *Classica et Mediaevalia* 22 (1961), 16-31 第一章注释 141

Plezia, M. and J. Bielawski eds., *Lettre d'Aristote à Alexandre sur la politique envers les cités*, Wroclaw, 1970 46, 123

Plezia, M., "De Ptolemaeo pinacografo," *Eos* 63 (1975), 37-42 128

Plezia, M., *Aristotelis privatorum scriptorum fragmenta*, Leipzig, 1977 121-122, 第一章注释 4, 6, 第四章注释 7

Plezia, M., "De Ptolemaei vita aristotelis," in *Aristoteles Werk und Wirkung, P. Moraux gewidmet*, ed. J. Wiesner, Berlin, 1985, 1-11 128

Pohlenz, M., "Philipps Schreiben an Athen," *Hermes* 64 (1929), 55 ff. 50

Poland, F., *Geschichte des griechischen Vereinswesens*, Leipzig, 1909 78, 第二章注释 28, 40, 第四章注释 9

Pouchet, G., "La biologie aristotélique," *Revue Philosophique* 18 (1884), 353-384, 531-557; *Revue Philosophique* 19 (1885), 47-63, 173-207, 288-310 第四章注释 9

Prächter, K., Review of *Commentaria in Aristotelem Graeca*, 1909, 英文版收于：*Aristotle Transformed: The Ancient Commentators and their Influence*, ed. R. Sorabji, London, 1990, 31-54 111

Prächter, K., in *Grundriß der Geschichte der Philosophie*, I, ed. F. Ueberweg, 12th ed., Berlin, 1926 45, 51, 58, 140

Prandi, L., "La lettera di Aristotele a Alessandro: Il problema di Callistene," in *Alessandro; Magno; tra storia e mito*, ed. M. Sordi, Milan, 1984, 31-45 54, 129

Prandi, L., *Callistene: Uno storico tra Aristotele e i re macedoni*, Milan, 1985 54, 100, 103, 第一章注释 98

Primavesi, O., "Ein Blick in den Stollen von Skepsis: Vier Kapitel zur frühen Überlieferung des Corpus aristotelicum," *Philologus* 151 (2007), 51-57 150

Puech, B. *See* Goulet, R., B. Puech and M. Aouad

Queryel, F. *See* Schneider, J.-P., and F. Queryel

Radermacher, L., "Artium scriptores," *Sitzungsberichte der Österreichischen Akademie der Wissenschaften: Philosophisch-historische Klasse 227/3*, Vienna, 1951 第四章注释 29

Radet, G., *Alexandre le Grand*, Paris, 1931 第一章注释 86

Randall, H. J., *Aristotle*, New York and London, 1960 45, 144

Reale, G., *Aristotele: "La Metafisica"*, 2 vols., Naples, 1968 107

Regenbogen, O., *s.v.* "Theophrastos," *R.-E* Suppl. VII (1940), coll. 1353-1562 42, 108, 第一章注释 82, 92, 第三章注释 8

Robbe, L., *Vita Aristotelis ex codice marciano nunc primum edita*, Leiden, 1861 129

Robert, L., "Recherches epigraphiques," *Revue des Études Anciennes* 62 (1960), 276-361 第二章注释 33, 35

Robert, L., "Sur des inscriptions d'Éphèse: Fêtes, athlètes, empereurs, épigrammes," *Revue de philologie, de littérature, et d'histoire anciennes* 93 (= 3. sér. 46) (1967), 7-84 第二章注释 33, 35

Robin, L., "Projet d'article pour le dictionnaire historique des sciences . . . Aristote I:

vie, oeuvre, doctrine," *Revue de Synthèse Historique* 4 (1932), 65-96 140

Robin, L., *Aristote*, Paris, 1944 45, 140

Rödiger, J. *See* Flügel, G., and J. Rödiger

Rolfes, E., *Die Philosophie des Aristoteles als Naturklärung und Weltschauung*, Leipzig, 1923 138

Romeyer-Dherbey, G., "Le statut social d'Aristote à Athènes," *Revue de Métaphysique et de Morale* 91 (1986), 365-378 第一章注释 37

Rose, V., *De Aristotelis librorum ordine et autoritate commentatio*, Berlin, 1854 45, 128

Rose, V. ed., *Aristotelis fragmenta*, Leipzig, 1886 121-122, 127, 129

Ross, W. D., *Aristotle*, London, 1923 58, 138, 第一章注释 39, 57

Ross, W. D. ed., *Aristotelis fragmenta selecta*, Oxford, 1955 46, 121

Rossitto, C., *Aristotele; e altri: Divisioni*, Padua, 1984 107

Rousseau, M. F., *The Apple, or Aristotle's Death*, Milwaukee, 1968 135

Sandbach, F. H., *Aristotle and the Stoics*, Cambridge, 1985 第三章注释 5

Santoni, A., *Demetrio; di Falero*, unpublished typescript, 1988 第一章注释 18

Savoie, D., "Problemes de datation d'une occultation observé par Aristote," *Revue d'histoire des sciences* 56 (2003), 493-504 xvii

Schachermeyer, F., *Alexander der Große*, Vienna, 1973 第一章注释 88

Schmid, W. *See* Christ, W. von, W. Schmid, and O. Stählin

Schneider, J.-P., *s.v.* "Eudoxus," *Dictionnaires des Philosophes Antiques*, ed. R. Goulet, vol. 3 (2000), 293-302 147

Schneider, J.-P., *s.v.* "Hermippus," *Dictionnaires des Philosophes Antiques*, ed. R. Goulet, vol. 3 (2000), 655-658 147

Schneider, J.-P., and F. Queryel, *s.v.* "Demetrius of Phalerum," *Dictionnaires des*

Philosophes Antiques, ed. R. Goulet, vol. 2 (1994), 628-635 147

Schubart, W. *See* Diels, H. , and W. Schubart

Schultz, H., *s.v.* "Hesychios 10," *R.-E.* 8 (1913), coll. 1322-1327 127

Schütrumpf, W. *See* Fortenbaugh, W. W., and W. Schütrumpf

Schwab, M., *Bibliographie d'Aristote*, Paris, 1896; reprinted New York, 1967 135

Schwartz, E., *s.v.* "Curtius Rufus 30," *R.-E.* 4 (1901), coll. 1870-1891 54

Schwartz, E., *s.v.* "Diogenes von Kyzikos," *R.-E.* 5 (1905), coll. 738-763 127

Scott, M., *From Democrats to Kings*, London, 2009 150-151

Sedley, D., "Epicurus and His Professional Rivals," in *Études sur l'Epicurisme antique*, eds. J. Bollack and A. Laks, Lille, 1976, 119-160 11, 130, 132, 第一章注释 8

Sharples, R. W., "Editor's Notes," *Phronesis* 38 (1993), 111 ff. xvi

Sharples, R. W., *Peripatetic Philosophy 200 BC to AD 200: An Introduction and Collection of Sources in Translation*, Cambridge, 2010 xviii

Sharples, R. W. *See* Fortenbaugh, W. W., P. Huby, R. Sharples, and D. Gutas

Sider, D., and C. W. Brunschön eds., *Theophrastus of Eresus: On Weather Signs*, Leiden, 2007 xiv, 第三章注释 8

Sollenberger, M. G., "Diogenes Laertius 5.36-57: The *Vita Theophrasti*," in *Theophrastus of Eresus: On His Life and Work*, eds. W. W. Fortenbaugh, P. Huby, and A. A. Long, New Brunswick, 1985, 1-62 第一章注释 5, 第三章注释 13

Solmsen, F., "Leisure and Play in Aristotle's Ideal State," *Rheinisches Museum* 107 (1964), 193-210 第二章注释 8

Solmsen, F., "The Fishes of Lesbos and Their Alleged Significance for the Development of Aristotle," *Hermes* 106 (1978), 467-484 42, 141

Sorabji, R., "The Ancient Commentators on Aristotle," in *Aristotle Transformed:*

The Ancient Commentators and Their Influence, ed. R. Sorabji, London, 1990, 1-30 90

Sordi, M., "La cronologia delle vittorie persiane e la caduta di Ermia di Atarneo," *Kokalos* 5 (1959), 107-118 161

Sordi, M., "La lettera di Aristotele a Alessandro e i rapporti tra Greci e barbari," *Aevum* 58 (1984), 3-12 124

Spoerri, W., *s.v.* "Callisthenes of Olynthus," *Dictionnaires des Philosophes Antiques*, ed. R. Goulet, vol. 2 (1994), 183-221 147, 148

Stählin, O. *See* Christ, W. von, W. Schmid, and O. Stählin

Stahr, A., *Aristotelia: Leben, Schriften und Schüler des Aristoteles*, 2 vols., Halle, 1830-1832 130

Stark, R., *Aristotelesstudien*, Munich, 1954 第一章注释 72

Steiner, G., "Whereof One Cannot Speak," *London Review of Books* 10:12 (1988), 15-16 viii-ix, 1-3, 125

Steinmetz, P., *Die Physik des Theophrast*, Bad Homburg, 1964 108

Steinschneider, M., "Al-Farabi: Des arabischen Philosophen Leben und Schriften," *Mémoires de l'Académie Imperiale des sciences de Saint-Petersbourg* 7th series, 13/4 (1869), 187-207 59, 136

Steinweter, A., *Zeitschrift der Savigny-Stiftung für Rechtsgeschichte*, Romanistische Abteilung 51 (1931), 405-407 第二章注释 61

Stephens, S. *See* Pearson, L., and S. Stephens

Stern, S. M., *Aristotle and the World-State*, London, 1968 123

Stroux, J., "Die stoische Beurteilung Alexanders des Grossens," *Philologus* 88 (1933), 222-240 43

Sudhaus, S., "Aristoteles in der Beurteilung des Epikur und Philodem," *Rheinisches*

Museum 48 (1893), 552-564 132, 第一章注释 94

Susemihl, F., *Geschichte der Litteratur in der Alexandrinischer Zeit*, Leipzig, 1891-1892 122

Takho-Godi, A. *See* Losev, A., and A. Takho-Godi

Taormina, D. P., *Plutarco di Atene: L'Uno, l'Anima, le Forme*, Catania, 1989 90

Tarán, L., *Speusippus of Athens*, Leiden, 1981 105, 第一章注释 55, 60

Tarn, W. W., *Alexander the Great*, 2 vols., Cambridge, 1948 第一章注释 87, 106

Taylor, A. E. Review of Ross 1923, *Mind* 33 (1924), 316-321 第一章注释 34

Taylor, A. E. Review of Mure 1932, *Mind* 41 (1932), 501-505 第一章注释 27

Thillet, P., "Aristote conseilleur politique d'Alexandre vainqueur des Perses?," *Revue d'Études Grecques* 85 (1972), 527-542 124

Thompson, D. W., *Aristotle: History of Animals*, Oxford ,1910 41, 141, 第一章注释 41

Tovar, A., "Para la formación de la *Vita Marciana* de Aristoteles," *Emerita* 11 (1943), 180-200 50, 129

Tracy, T., *Physiological Theory and the Doctrine of the Mean in Aristotle*, Hague, 1969 73, 第二章注释 6

Usener, H., "Organisation der wissenschaftlichen Arbeit; Bilder aus der Geschichte der Wissenschaft," *Preussische Jahrbücher* 53 (1884), 1-25; reprinted in *Vorträge und Aufsätze*, Leipzig,1907, 67-102 139, 第一章注释 8, 第二章注释 23

Van Groningen, B. A., *Aristote: Le Second Livre de l'Économique*, Leiden, 1933 40, 108

Vegetti, M., *Il coltello e lo stilo*, Milan, 1979 96, 第一章注释 141

Vegetti, M. *See* Lanza, D. and M. Vegetti

Veyne, P., *Le Pain and le Cirque: Sociologie historique d'un pluralisme politique*, Paris, 1976, 英文版：*Bread and Circuses*, tr. B. Pearce, London, 1990 第二章注释 33, 39, 48, 54

Vidal-Naquet, P. *See* Austin, M. and P. Vidal-Naquet

Vollenhoven, D. H. T., *Geschiedenis der Wijsbegeerte*, Wever, 1950 第一章注释 32

Waddington, C., "Quelques points à éclaircir dans la vie d'Aristote," *Annales de Philosophie Chrétienne* n. s. 28 (1893); reprinted in *La philosophie ancienne et la critique historique*, Paris, 1904 137, 第一章注释 86

Wade-Gery, H. T. *See* Meritt, B. D., H. T. Wade-Gery, and M. F. McGregor

Waschkies, H.-J., *Von Eudoxos zu Aristoteles: Das Fortwirken der Eudoxischen Proportionentheorie in der Aristotelischen Lehre vom Kontinuum*, Amsterdam, 1977 xvii, 第一章注释 34

Wehrli, F., *Die Schule des Aristoteles*, Texte u. Komm., Basel, 1944-1978, 10 volumes + 2 supplements 79, 80, 100, 117, 125, 126, 第一章注释 78, 87, 93, 123, 第二章注释 31, 44, 第四章注释 10, 11, 20

Wehrli, F., Review of Lynch 1972, *Gnomon* 48 (1976), 129-130 80

Weil, R., *Aristote et l'histoire*, Paris, 1960 38, 47, 第一章注释 72, 87, 96, 101, 102, 114

Weil, R., "Aristote le professeur," *L'Information Littéraire* 1 (1965), 17-29 第一章注释 141

Wes, M. A., "Quelques remarques à propos d'une lettre d'Aristote à Alexandre," *Mnemosyne* 25 (1972), 261-295 124

Westermann, A., *Biographoi: Vitarum Scriptores graeci minores*, Brunsvigae (Braunschweig), 1845 127

Whitehead, P., "Aristotle the Metic," *Proceedings of the Cambridge Philological*

Society 21 (1975), 94-99 20, 第一章注释 36

Wilamowitz-Moellendorff, U. von, *Antigonos von Karystos*, Berlin, 1965, 2nd ed. 1881 57, 78–81, 90, 92, 94-95, 119. 122, 123, 125, 136, 第一章注释 2, 22, 23, 30, 第二章注释 52, 63, 64, 第四章注释 32

Wilamowitz-Moellendorff, U. von, *Aristoteles und Athen*, Berlin, 1966, 2nd ed. 1893 12, 40, 46, 47, 50, 56, 136-137, 139, 140, 142, 143, 150, 第一章注释 32, 34, 59, 72, 87, 第四章注释 39

Wilamowitz-Moellendorff, U. von, "Lesefrüchte 22," *Hermes* 33 (1898), 531-532 第一章注释 115

Will, W., *Athen und Alexander: Untersuchungen zur Geschichte der Stadt von 338 bis 322 v. Chr.*, Munich, 1983 46

Wörle, A., *Die politische Tätigkeit der Schuler Platons*, Lauterburg, 1981 第一章注释 69, 76

Wörle, G., *Theophrasts Methode in seinen Botanischen Schriften*, Amsterdam, 1985 109, 第三章注释 10

Wormell, D. E. W., "The Literary Tradition Concerning Hermias of Atarneus," *Yale Classical Studies* 5 (1935), 57-92 53, 130, 138, 141, 第一章注释 62, 78, 第四章注释 13

Wycherley, R. E., *The Stones of Athens*, Princeton, 1978 第二章注释 40

Zadro A., *Aristotele, "I Topici"*, Naples, 1974 97

Zeller, E., *Die Philosophie der Griechen in ihrer geschichtlichen Entwicklung*, Leipzig, 1879, 4th ed. 1921; reprinted Hildesheim, 1963 4, 12, 26, 31, 42, 51, 122, 135-136, 141, 144, 第一章注释 4, 72, 91, 109

Zemb, J. M., *Aristoteles im Selbstzeugnissen und Bilddokumenten*, Hamburg, 1961 144

Ziebarth, E., *s.v.* "*diathēke*," *R.-E.* 9 (1902), coll. 39-42 第二章注释 33

Ziebarth, E., *Aus dem griechischen Schuhlwesen*, Berlin, 1909 第二章注释 33, 37, 38

Ziebarth, E., *s.v.* "Stiftungen," *R.-E.* Suppl. VII (1940), coll. 1236-1240 第二章注释 33

Zucher, F., "Isokrates' *Panathenaikos*," in *Isokrates*, ed. F. Seck, Darmstadt, 1976, 226-252 第一章注释 94

Zürcher, J., *Aristoteles' Werk und Geist*, Paderborn, 1952 143

古代人名、地名索引

人物：这里索引的是所有具有历史价值的古代人物，而没有索引那些仅具有历史编纂学价值的人物（例如阿波罗多洛斯、第欧根尼·拉尔修），他们被编入"资料索引"中。那些既具有历史价值，同时也是证据来源的作者（如柏拉图、伊索克拉底、特奥弗拉斯托斯），同时出现在两个索引中。

地点：编入索引的是事件发生的地点（如雅典、泽瑞亚）。每一个地理条目都有对该地区所有人的相互参照，如雅典、马其顿或斯塔吉拉。除了那些只作为人名一部分而出现的地名，如阿布德拉（阿那克萨库斯的故乡）和泽利亚（尼加戈拉斯的故乡）。

Achilles 阿基里斯，出自亚里士多德的《德性颂诗》35

Aeschines of Sphettus 斯菲图斯的埃斯基涅斯，靠写作谋生 65

Agnonides 阿格诺尼德，指控特奥弗拉斯托斯不虔敬 第二章注释 56

Ajax 埃阿斯，出自亚里士多德的《德性颂诗》35

Alcidamas 阿基达马斯，修辞学教师 18

Alcimedon of Aegina 埃吉纳的阿基梅顿，摔跤手家族成员 68

Alexander "the Great" of Macedonia 马其顿的亚历山大 "大帝" 12-13, 47, 56, 60-61, 143, 146, 第一章注释 106, 115, 第四章注释 40；与阿那克萨库斯 43, 54；亚里士多德卷入了他的死亡（？）54, 55, 第一章注释 115；亚里士多德致亚历山大的信（？）46, 123-124, 134；与卡利斯提尼 16, 49, 52-54, 60, 第一章

注释 103；远征亚细亚 16, 43, 47, 51, 128, 第一章注释 15, 92；赠予色诺克拉底和阿那克西美尼礼物 第一章注释 107；与尼加诺 12-13, 第一章注释 15；与亚里士多德的关系 3, 7, 43-44, 49-51, 52-55, 58, 61, 122, 128, 131, 133, 134, 135, 137, 138, 139, 140, 143, 第一章注释 16, 107, 130；得到亚里士多德的教导 32-33, 42-46, 134, 135, 141, 143, 145, 第一章注释 83, 84, 87

Alexandria (Egypt) 亚历山大里亚（埃及）：卡拉卡拉将哲学家驱逐出此地 55；图书馆 xiii, 101-103, 150, 第三章注释 4；新柏拉图主义学园 90, 147

Alexinus of Elis 埃里斯的阿莱克西努斯，欧布里德斯的学生，攻击亚里士多德 43, 131, 第一章注释 31, 第四章注释 17

Ambracis 安布拉西丝，亚里士多德的遗嘱中释放的奴隶 第一章注释 134

Ammonius 阿莫尼乌斯，亚历山大里亚的赫米亚斯的儿子 90

Amphiclides of Sounion 苏尼翁的安菲克利德斯，索福克勒斯的父亲 91-92

Amynomachus 阿米诺马库斯，伊壁鸠鲁的遗嘱中提到了他 第二章注释 47

Amyntas III of Macedonia 马其顿的阿明塔斯三世，雇佣亚里士多德的父亲尼各马可为宫廷御医 9

Anaxagoras of Clazomenae 克拉左美纳的阿那克萨戈拉，哲学家，住在雅典的外邦人 64, 70, 73, 第一章注释 38

Anaxarchus of Abdera 阿布德拉的阿那克萨库斯，哲学家，与亚历山大一起前往亚细亚 43, 54, 第一章注释 104

Anaximenes of Lampsacus 兰普萨库斯的阿那克西美尼，从亚历山大那里收到了礼物 第一章注释 107

Andronicus of Rhodes 罗德岛的安德罗尼库斯，出版了亚里士多德的作品 50, 89, 101, 103, 134, 147, 149, 第三章注释 5

Andros (Aegean island) 安德罗斯（爱琴海上的岛屿），将斯塔吉拉变成殖民地(？) 6, 11

anonymous Corinthian farmer 科林斯的一位不知名的农民，因为读了柏拉图的《高尔吉亚》而被哲学吸引 第一章注释 30

Anticles 安提克利斯，伊索克拉底的学生 第一章注释 130

Antigonus I of Macedonia 马其顿的安提戈努斯一世，公元前 318 年和尼加诺一起打败了波利伯孔 13

Antimoerus of Mende 门德的安提莫埃鲁斯，普罗塔哥拉的学生 82, 第一章注释 28

"Antinoous" "安提努斯"，安提帕特的误写 第一章注释 111

Antipater of Macedonia 马其顿的安提帕特，将军 12-13, 143, 第一章注释 115；亚里士多德给他的信 38, 83, 122；亚里士多德的遗嘱执行人 12, 60, 第一章注释 14；杀害了希梅莱欧斯 / 希梅莱乌斯 59, 125, 第一章注释 17, 111, 112；毒杀亚历山大（？）55

Antisthenes of Athens 雅典的安提斯梯尼；苏格拉底学派哲学家 44, 第一章注释 84, 131

Apellicon of Teos 泰俄斯的阿佩利孔，漫步学派哲学家，出版了"错误百出"的亚里士多德作品和一本关于亚里士多德与赫米亚斯的书 37, 103, 133, 147, 150

Arcesilaus of Pitane 皮塔内的阿凯西劳斯，阿卡德米学派哲学家，担任雅典大使 58

Archias of Thurii 图里的阿基亚斯，"流亡者猎手"，抓住了希梅莱乌斯 第一章注释 112

Arimneste 阿里姆涅斯特，或许是阿姆涅斯图斯的姐妹 第一章注释 11

Arimnestus 阿姆涅斯图斯，（小）亚里士多德的兄弟 11

Aristides of Athens 雅典的阿里斯提德，他的后代收到了抚恤金 14

Aristippus of Cyrene 昔兰尼的阿里斯提普，通过授课挣钱 65, 第一章注释 131

Ariston of Ceos 开俄斯的阿里斯通，吕科之后漫步学派学园领袖 93, 126

Aristonicus of Marathon 马拉松的阿里斯托尼库斯，希梅莱乌斯和海帕里德斯的反马其顿同伴，被安提帕特杀害 第一章注释 112

Aristotle（小）亚里士多德，皮媞亚的儿子，亚里士多德的外孙 89

Aristotle of Stagira 斯塔吉拉的亚里士多德：传记 第一章；学园的制度 第二章；学园的内部组织 第三章；历史编纂学研究 第四章

Aristoxenus of Tarentum 塔伦图姆的阿里斯托克塞努斯，亚里士多德的学生，指控亚里士多德与柏拉图竞争（？）20-21, 131, 第四章注释 17, 20

Artemon 阿特蒙，出版了亚里士多德书信集 133, 147, 第四章注释 26

Asia 亚细亚，参见亚历山大远征亚细亚

Assos (Troad) 阿索斯（特罗德），赫米亚斯掌控的城邦 34, 36-37, 第一章注释 61；亚里士多德在此居住 7, 39-42, 53, 89, 118, 126, 139, 141, 第一章注释 41；卡利斯提尼在此居住（？）53；克里斯库斯和埃拉斯托斯在此居住 34, 38-39, 40-41, 89, 118, 147, 第一章注释 75, 79；特奥弗拉斯托斯在此居住 42, 第一章注释 81；色诺克拉底在此居住 33, 第一章注释 57, 75

Astyanax 阿斯提那克斯，吕科房产的受托人 93

Atarneus (Troad) 阿塔尼乌斯（特罗德），亚里士多德的养父普罗克塞努斯的家乡 11, 33, 36, 第一章注释 12, 29；赫米亚斯政府所在地 xviii, 17, 31, 34-36, 41, 第一章注释 61, 66。另参见欧布鲁斯；赫米亚斯；普罗克塞努斯

Athens (Attica), 雅典（阿提卡）6-7, 13-14, 46, 48, 77-78, 81-82, 101-102, 133, 第一章注释 31, 61, 第四章注释 1；亚里士多德第一次离开雅典 31-32, 33, 51, 139, 143, 第一章注释 74；亚里士多德第一次在雅典居住 xvii, 17-31, 96, 101, 134, 136, 第一章注释 50；亚里士多德第二次离开雅典 xiv, 11, 60-64, 132, 143, 145, 第一章注释 117, 133；亚里士多德第二次在雅典居住 xvii, 50, 55-60, 71, 81, 104, 124-125, 136, 139, 141, 142-144, 150-151, 第一章注释 41, 96。

另参见安提斯梯尼；阿里斯提德；刻尔克普斯；科农；克里提亚斯；德摩卡里斯；德摩菲鲁斯；德摩斯提尼；海帕里德斯；伊索克拉底；莱科古斯；尼西亚斯；福基翁；庇西斯特拉图斯；柏拉图；波勒蒙；波托妮；皮索多鲁斯；苏格拉底；梭伦；斯彪西波；提谟特乌斯；色诺芬

Attica (Greek peninsula) 阿提卡（希腊半岛）：受到卡山德与波利伯孔战争的影响 13；驱逐哲学家 91；亚里士多德第一次在雅典居住 18, 19

Axiothea 阿科西奥迪娅，柏拉图的女学生 第一章注释 30

Bagoas 巴格阿斯，与阿塔尼乌斯的赫米亚斯 35

Bryon of Chios 希俄斯的布吕翁，反对亚里士多德的诗 xii, 36

Callinus 卡里努斯，吕科的作品执行人 第三章注释 3

Callinus 卡里努斯，漫步学派成员，出现在特奥弗拉斯托斯的遗嘱中 7, 86, 87, 第一章注释 22

Callippus 卡里浦斯，伊索克拉底的学生 第一章注释 130

Callisthenes 卡利斯提尼，漫步学派成员，出现在特奥弗拉斯托斯的遗嘱中 87, 第一章注释 22

Callisthenes of Olynthus 奥林托斯的卡利斯提尼，亚里士多德的侄子 16, 45, 49, 52-55, 90, 147-148, 第一章注释 16, 98-106；陪伴亚历山大前往亚细亚 51-53；与亚里士多德合作完成皮提亚赛会编史 53, 60, 124, 第一章注释 101；对赫米亚斯英雄式的描述 34, 36, 37, 132-133

Caracalla 卡拉卡拉，将"亚里士多德学派"哲学家逐出亚历山大里亚 55

Cassander of Macedonia 马其顿的卡山德，安提帕特的儿子 13, 48

Cephalus 刻法洛斯，在雅典受到尊敬的外邦人 20

Cephisodorus 克菲索多罗斯，公元前 323/322 年雅典执政官 61

Cephisodorus 克菲索多罗斯，伊索克拉底的学生，写了一部攻击亚里士多德的作品 xvii, xviii, 9, 25, 26, 131, 147-148, 第一章注释 44, 第四章注释 17, 19

Cercops 刻尔克普斯，雅典建城者 153

Chalcedon (Bithynia) 卡尔西顿（比提尼亚），一个靠近阿索斯的城邦，色诺克拉底的家乡 33。另参见色诺克拉底

Chalcidian Peninsula (Thrace) 卡尔西顿半岛（色雷斯）6, 7, 17。另参见梅托内；奥林托斯；斯塔吉拉

Chalcis (Euboea) 卡尔基斯（欧伯亚），亚里士多德的最后居住地 xiv-xv, 15, 60-64, 132, 第一章注释 117, 134；亚里士多德的学园所在地（？）63, 81, 85, 第一章注释 123；卡尔基斯殖民者在斯塔吉拉定居 8, 11

Chares 卡里斯，吕科的奴隶兼受赠人 第三章注释 3

Charmantides 卡曼提德斯，伊索克拉底的学生 第一章注释 130

Charmides 卡尔米德，柏拉图的舅舅 69

Chios (Aegean island) 希俄斯（爱琴海上的岛屿），对亚里士多德的敌意 132。另参见布吕翁；帕尼奥涅斯；特奥克里图斯

Chrysippus of Cnidus 尼多斯的克吕西普，美特罗多罗斯（亚里士多德的女儿皮媞亚的丈夫）的老师 15

Cilicia (Southern Asia Minor) 西里西亚（小亚细亚南部），波斯战争的地点 10

Citium (Cyprus) 基提翁（塞浦路斯），欧多克苏斯进行天文观测的地点 24。另参见芝诺

Clearchus of Soli 索利的克里尔库斯：对柏拉图的评注 100；复述亚里士多德和一个犹太人的对话 126

Cnidus (Caria) 尼多斯（卡利亚），欧多克苏斯进行天文观测的地点 24。另参见克吕西普；欧多克苏斯

Conon of Athens 雅典的科农，提谟特乌斯的父亲 第一章注释 130

Conon of Athens 雅典的科农，借给吕科一个华美的房间 94

Coriscus of Scepsis 斯凯普西斯的克里斯库斯，柏拉图学派哲学家，亚里士多

德在阿索斯的同事，内雷乌斯的父亲 38-39, 41, 89, 102, 118, 147, 第一章注释 75, 79

Crates 克拉特斯，犬儒学派哲学家 13, 65；妻子和妻弟都是哲学家 69

Critias of Athens 雅典的克里提亚斯，柏拉图的舅舅 69, 第一章注释 68

Damotimus of Olynthus 奥林托斯的达摩提慕斯，卡利斯提尼的父亲 53, 60

Delphi (central Greece) 德尔斐（希腊中部）：亚里士多德为赫米亚斯竖立的纪念碑所在地 36；为亚里士多德编纂皮提亚赛会获胜者的名单的纪念碑所在地 59-60, 63, 124, 146；亚里士多德将跟随柏拉图学习的预言 11, 128, 第一章注释 30

Demaratus 德玛拉托斯，漫步学派成员，出现在特奥弗拉斯托斯的遗嘱中 87

Demetrius of Phalerum 法勒鲁姆的德米特里乌斯，漫步学派哲学家 xiv, 13, 51-52, 91, 147, 149, 第一章注释 112；对帝国命运的评论 48-49；优待哲学家 13, 91, 第一章注释 19；尼加诺的朋友 13, 17, 第一章注释 17；与亚历山大里亚图书馆 101, 103, 第三章注释 4；与特奥弗拉斯托斯 17, 58, 85, 90

Demetrius I "Poliorcetes" of Macedonia 马其顿的德米特里乌斯一世"波里奥科特"，将哲学家逐出雅典 91

Demochares of Athens 雅典的德摩卡里斯，政治家，德摩斯提尼的侄子，攻击亚里士多德 6-7, 32, 50, 91-92, 第一章注释 76, 117, 第二章注释 21, 第四章注释 22

Democritus of Abdera 阿布德拉的德谟克利特，哲学家，阿那克萨库斯的老师 43, 第一章注释 104

Demophilus of Athens 雅典的德摩菲鲁斯，控告亚里士多德不虔敬 62, 第一章注释 122

Demosthenes of Athens 雅典的德摩斯提尼，政治家 8, 31, 61；论赫米亚斯 33, 52；德摩卡里斯的叔叔 6, 91

Demotimus 德摩提慕斯，漫步学派成员，出现在特奥弗拉斯托斯的遗嘱中 87，第一章注释 22

Dicaearchus of Messana 梅萨那的狄凯阿科斯，亚里士多德的学生 xiv, xix, 23, 117, 131，第一章注释 78, 106，第四章注释 22

Dinomachus 迪诺马库斯，德尔斐的石匠 60

Diogenes of Sinope 西诺普的第欧根尼，犬儒学派哲学家 65, 69，第一章注释 84

Dion of Syracuse 叙拉古的迪翁，柏拉图的学生 141

Diotrephes 迪奥特里腓斯，公元前 384/383 年雅典执政官 8

Egypt (Africa) 埃及（非洲）：埃及天文观测 第一章注释 40；埃及国王与漫步学派哲学家 101, 102；亚里士多德提到的埃及祭司从事研究的自由 75

Elis (Peloponnese) 埃里斯（伯罗奔尼撒），梅尼德摩斯的一个研究地点 第一章注释 31。另参见阿莱克西努斯；希庇亚斯

Empedocles of Agrigentum 阿格里根托的恩培多克勒 64, 99，第一章注释 34；亚里士多德将他的观点视为有声望的意见 97，第一章注释 38

Epicrates 埃庇克拉底，喜剧作家，取笑柏拉图 25，第一章注释 42

Epicurus of Samos 萨摩斯的伊壁鸠鲁，哲学家 63, 85, 102, 123, 147, 150，第一章注释 82，第二章注释 47，第四章注释 9；攻击亚里士多德 9-11, 132，第一章注释 8，第四章注释 17

Epiketas of Thera 锡拉岛的埃庇科塔斯，建立了一个组织 90，第二章注释 28

Erasistratus 埃拉西斯特拉图斯，教授美特罗多罗斯（亚里士多德女儿皮媞亚的丈夫）医药哲学的教师 15

Erastus of Scepsis 斯凯普西斯埃拉斯托斯，柏拉图学派哲学家，亚里士多德在阿索斯的同事 34, 38-39, 41, 102, 118, 147，第一章注释 75, 79

Eretria (city on Euboea) 埃雷特里亚（欧伯亚岛上的城邦）：梅尼德摩斯的学园所在地 第一章注释 31；与赫米亚斯的协议 39。另参见兰普洛斯；梅尼德

摩斯

Euboea (island north of Attica) 欧伯亚（阿提卡北部的小岛），包含卡尔基斯和埃雷特里亚 60

Euboulus 欧布鲁斯，公元前 345/344 年雅典执政官，xvii, 32-33, 第一章注释 34

Eubulides of Miletus 米利都的欧布里德斯，阿莱克西努斯的老师 43, 第一章注释 31；攻击亚里士多德 9, 131, 第一章注释 70, 第四章注释 17, 21, 22

Eubulus of Atarneus 阿塔尼乌斯的欧布鲁斯，赫米亚斯的老师，亚里士多德提到过他 36, 37

Euclides of Megara 麦加拉的欧几里得，学派 第一章注释 31

Eudemus of Rhodes 罗德岛的欧德谟，漫步学派哲学家 63, 102

"Eudoxus" "欧多克苏斯"，欧布鲁斯的误写，公元前 345/344 年雅典执政官 xiii, xvi-xvii, 17, 19, 第一章注释 34

Eudoxus of Cnidus 尼多斯的欧多克苏斯，哲学家、科学家 19, 22, 24, 130, 第一章注释 35, 135

Eumelus 欧梅洛斯，把亚里士多德比作苏格拉底 133, 第一章注释 117, 127

Eunomus 欧诺摩斯，伊索克拉底的学生 第一章注释 130

Euphorion of Sicyon 西库昂的欧弗里翁，撤回的法令 第一章注释 124

Euripides 欧里庇德斯，著名的书籍收藏家 101, 103

Eurymedon 欧利米顿，祭司，（和德摩菲鲁斯一起）指控亚里士多德 62

Evaenetus 埃瓦尼图斯，公元前 335/334 年雅典执政官 55

Favorinus 法沃里努斯：把亚里士多德比作苏格拉底 133；记载亚里士多德购买了斯彪西波的藏书 97

Glaucon 格劳孔，柏拉图的哥哥 第一章注释 138

Gryllion 格吕里昂，亚里士多德的遗嘱中提到的雕刻家 12

Gryllus 格吕卢斯，色诺芬的儿子，因为公元前 362 年战死而受到赞美 51, 第

一章注释 53

Hermarchus of Mytilene (Lesbos) 米蒂利尼（莱斯博斯）的赫马库斯，伊壁鸠鲁学派哲学家，伊壁鸠鲁的继任者 第一章注释 47

Hermias of Alexandria 亚历山大里亚的赫米亚斯，与叙利亚努斯有关系，阿莫尼乌斯的父亲 90, 111

Hermias of Atarneus 阿塔尼乌斯的赫米亚斯 31-42；腓力的代理人和同谋 33, 42, 143, 第一章注释 74；雅典人痛恨他 第一章注释 58；与亚里士多德的关系 3, 11, 33, 37, 52, 61, 128, 131, 132, 133, 138, 140, 143, 第一章注释 58, 64, 69；亚里士多德、克里斯库斯和埃拉斯托斯在阿索斯的赞助人 31-32, 34, 38-39, 41, 89, 139, 147, 第一章注释 61, 75, 79；亚里士多德的妻子皮媞亚的亲戚 14, 16, 38, 第一章注释 70, 71, 第四章注释 22；到过雅典（？）38-39, 第一章注释 61, 72；卡利斯提尼著作的对象 37, 53, 132-133；欧布里德斯著作的对象 131；特奥克里图斯所作诗歌的对象 36；亚里士多德的"颂诗"和铭文的主题 xviii, 35-36, 37-38, 61-62, 90, 121, 第一章注释 64, 第四章注释 22

Hermotimus of Pedasa 佩达萨的赫摩提慕斯，被阉割，后来在阿塔尼乌斯复仇 第一章注释 66

Hero 赫萝，亚里士多德的表姐妹 第一章注释 99

Herpyllis of Stagira 斯塔吉拉的赫庇丽斯，亚里士多德的伴侣，出现在他的遗嘱中 7, 15-16, 第一章注释 6, 134

Hesiod 赫西俄德，吕克昂学园里讨论他的诗歌 110

Himeraios 希梅莱欧斯（可能就是下面的希梅莱乌斯），反对赐予亚里士多德荣誉的法令，被安提帕特杀害 59, 125

Himeraius of Phalerum 法勒鲁姆的希梅莱乌斯，德米特里乌斯的兄弟，海帕里德斯和阿里斯托尼库斯的反马其顿同盟者，被安提帕特杀害 第一章注释 17, 112

Himerius 希梅莱乌斯，扬布里科的学生 90

Hipparchia 希帕奇娅，犬儒学派哲学家，她的丈夫和弟弟也是哲学家 69

Hipparchus 希帕库斯，漫步学派成员，特奥弗拉斯托斯遗嘱的受托人 86-87, 89, 第一章注释 22

Hippias of Elis 埃里斯的希庇阿斯，柏拉图回忆了他的"吹嘘" 第一章注释 130

Homer 荷马：亚历山大版本的《伊利亚特》第一章注释 87；吕克昂学园讨论他的诗歌 110；作为亚里士多德传记的资料来源 42, 第三章注释 9

Hyperides of Athens 雅典的海帕里德斯，希梅莱乌斯和阿里斯托尼库斯的反马其顿同伴，被安提帕特杀害 第一章注释 112

Iamblichus of Chalcis 卡尔基斯的扬布里科，其孙扬布里科二世的老师 90；或许引用了一位新柏拉图主义者托勒密的著作 128

Iamblichus II 扬布里科二世，其祖父扬布里科的学生 90

Isocrates of Athens 雅典的伊索克拉底，哲学家、教师 22, 57, 148, 第一章注释 32, 53, 122, 第二章注释 21, 第四章注释 1, 19；亚里士多德提到他 76-77, 第二章注释 17；挣钱的教师 18, 26, 64, 119, 第一章注释 129, 130, 131；支持马其顿的立场 46-47, 52, 150, 第一章注释 90；关于公开阅读书籍 109-111；与亚里士多德的竞争关系 27-28, 137, 第一章注释 50, 94, 第四章注释 27；与阿卡德米学园竞争亚历山大 44, 145, 第四章注释 27；克菲索多罗斯的老师 xviii, 25, 131, 第四章注释 19

Lacritus of Phaseli 法瑟利的拉克里图斯，阿基亚斯的修辞学老师 第一章注释 112

Lamprus of Eretria 埃雷特里亚的兰普洛斯，阿里斯托克塞努斯的老师 第四章注释 20

Larensis, P. Livius 李维乌斯·拉伦西斯，著名的书籍收藏家 101

Leonidas of Macedonia 马其顿的莱奥尼达斯，亚历山大大帝的首席教师 第一章注释 84

Lesbos (Aegean island) 莱斯博斯（爱琴海上的岛屿）：法尼阿斯和普拉克西法尼的家乡 47；亚里士多德在此居住 41-42。另参见赫马库斯；米蒂利尼；法尼阿斯；普拉克西法尼；特奥弗拉斯托斯

Lyco 吕科，特罗阿斯的吕科的养子和执行人 93

Lyco 吕科，上面的吕科的儿子，特罗阿斯的吕科的孙子 93

Lyco of Tarentum 塔伦图姆的吕科，毕达哥拉斯学派哲学家，攻击亚里士多德 14, 132, 第一章注释 117, 第四章注释 17

Lyco of Troas 特罗阿斯的吕科，漫步学派哲学家：他的藏书 第三章注释 3；作为吕克昂学园的领袖 58, 81, 92-94, 118, 126, 第二章注释 24, 32, 36, 63

Lycos 吕科斯，吕克昂运动场因他命名的英雄 117

Lycurgus of Athens 雅典的莱科古斯，吕克昂运动场的建立者 117；协助色诺克拉底 第一章注释 19

Lysimachus of Acharnania 阿卡纳尼亚的吕锡马库斯，亚历山大大帝的副首席教师 第一章注释 84；把哲学家逐出他的王国 91

Lysitheides 吕西塞德斯，伊索克拉底的学生 第一章注释 130

Macedonia 马其顿：亚里士多德不是马其顿人 6, 第一章注释 10；亚里士多德进行生物学观察的地点 41, 51, 141；亚里士多德对它的看法 47；亚里士多德在此居住 42-52, 第一章注释 29, 74, 95。另参见亚历山大；阿明塔斯三世；安提戈努斯；安提帕特；卡山德；德米特里乌斯一世；莱奥尼达斯；米扎；尼加诺；佩拉；腓力二世；波利伯孔

Machaon 玛卡翁，亚里士多德的祖先 8, 第一章注释 7

Megara 麦加拉，欧几里得的学园所在地 第一章注释 31。另参见欧几里得；斯底尔波

古代人名、地名索引　279

Melanthes 梅兰特斯，漫步学派团体的成员，特奥弗拉斯托斯的亲戚，出现在他的遗嘱中 87, 89, 第一章注释 22

"Memnon" "门农"，罗德岛的门托耳的误写 第一章注释 61

Menaechmus 梅那克慕斯，被亚里士多德"打败" 第一章注释 114

Menedemus of Eretria 埃雷特里亚的梅尼德摩斯，犬儒学派哲学家 64-65；担任雅典大使 58；在雅典、麦加拉和埃里斯学习 第一章注释 31；在埃雷特里亚教学 第一章注释 31；教学时不停走动 119

Menippus of Gadara 加达拉的梅尼普斯，犬儒学派哲学家 64

Mentor of Rhodes 罗德岛的门托耳，逮捕了赫米亚斯 35, 37, 40, 第一章注释 61

Methone (Chalcidian peninsula) 梅托内（卡尔西顿半岛），接近斯塔吉拉 6

Metrocles of Maronea 马罗尼亚的梅特罗克利斯，犬儒学派哲学家：传播贫穷的福音 65；他的姐姐和姐夫也是哲学家 69

Metrodorus 美特罗多罗斯，亚里士多德的女儿皮媞亚的丈夫 15

Mieza (Macedonia) 米扎（马其顿），据说亚里士多德教授亚历山大的地方 42-43

Mnaseas of Citium 基提翁的姆那西斯，芝诺的父亲 81-82

Myrmex 米尔梅克斯，男孩，亚里士多德的学生 81

Mytilene (Lesbos) 米蒂利尼（莱斯博斯）：亚里士多德学园的所在地（？）42, 第一章注释 82, 第四章注释 39；亚里士多德在此居住 32-33, 42, 53。另参见赫马库斯

Nausigenes 瑙西格尼斯，公元前 368/367 年雅典执政官 17, 19

Neleus of Scepsis 斯凯普西斯的内雷乌斯，克里斯库斯的儿子 38, 89；继承了特奥弗拉斯托斯的藏书 86-87, 89, 101-102；他的藏书 101-103, 150；吕克昂学园的成员 87, 89, 第一章注释 22, 第二章注释 51

Nicagoras of Zelea 泽利亚的尼加戈拉斯，被称为"赫尔墨斯"的巫师 43, 第一章注释 85

Nicanor of Stagira 斯塔吉拉的尼加诺，普罗克塞努斯的儿子 12，第一章注释 11；福基翁的同盟 13；亚里士多德的遗嘱执行人 12, 15, 81，第一章注释 15；德米特里乌斯的朋友 13, 17，第一章注释 17；被卡山德杀害 13；马其顿将军 12-13；娶了亚里士多德的女儿 14-15；既是亚里士多德的继弟，也是亚里士多德的养子 12, 124

Nicias of Athens 雅典的尼西阿斯，在德洛斯建立了一个根据地 84

Nicippus 尼西普斯，漫步学派成员，出现在特奥弗拉斯托斯的遗嘱中 87，第一章注释 22

Nicocles of Cyprus 塞浦路斯的尼科克利斯，赠予伊索克拉底许多东西 第四章注释 1

Nicomachus, son of Aristotle 尼各马可，亚里士多德的儿子：出现在亚里士多德的遗嘱中 12, 15-16, 86，第一章注释 20；特奥弗拉斯托斯的监护对象 15，第一章注释 25

Nicomachus of Stagira 斯塔吉拉的尼各马可，亚里士多德的父亲 6, 8-9, 59-60，第一章注释 7, 10；医生 8-9，第一章注释 7

Numenius of Apamea 阿帕米亚的努梅尼乌斯，诽谤亚里士多德的资料来源 134-135

Olympia (Peloponnese) 奥林匹亚（伯罗奔尼撒）：尼加诺曾在这里宣告了亚历山大的神圣 12-13，第一章注释 15；接近斯基鲁斯 84；亚里士多德研究过奥林匹亚竞赛的获胜者（？）第一章注释 101

Olynthus (Chalcidian peninsula) 奥林托斯（卡尔西顿半岛）接近斯塔吉拉，向腓力投降 6-7, 31-32, 50, 53。另参见卡利斯提尼；达摩提慕斯

Onesicritus of Astipaleia 阿斯提帕里亚的奥尼西库里图斯，犬儒学派哲学家 第一章注释 84

Onetor 奥内托，伊索克拉底的学生 第一章注释 130

Pancreon 潘克利翁，漫步学派成员，特奥弗拉斯托斯的亲戚，出现在他的遗嘱中 87, 89, 第一章注释 22

Pandion 潘迪翁，英雄吕科斯的父亲 117

Panionius of Chios 希俄斯的帕尼奥涅斯，阉割男孩的人 第一章注释 66

Parmenides 巴门尼德，出自柏拉图的《巴门尼德》109

Pella (Macedonia) 佩拉（马其顿），马其顿宫廷所在地 143, 145

Pergamum (Aeolis) 珀加蒙（埃俄利斯），阿塔利德国王的图书馆所在地 103

Persia 波斯：被亚历山大大帝征服 47-49, 52-54, 第一章注释 74, 第一章注释 94；与腓力二世 46, 51；赫米亚斯被处死之地 33-37, 第一章注释 61, 66

Phaestis 法丝缇斯，亚里士多德的母亲 6, 8

Phanias of Eresus (Lesbos) 艾雷苏斯的法尼阿斯（莱斯博斯），亚里士多德的学生 42；特奥弗拉斯托斯给他写过信 110

Philip of Opus 欧普斯的腓力普，柏拉图的学生，天文学家，气象学家 23, 24

Philip II 腓力二世，马其顿的统治者 42, 46, 53, 第四章注释 21；赫米亚斯的同盟 33, 36, 52, 143；与亚里士多德合作 6-7, 50-51, 59, 136, 143, 第一章注释 94；亚里士多德担任亚历山大的老师期间与他有来往 32-33, 42–43, 51, 143, 第四章注释 27；入侵卡尔西顿半岛 6-7, 31, 50, 53, 第一章注释 3；与亚里士多德的关系 128, 131, 134, 138, 145, 第四章注释 22

Philomelus 菲洛美罗斯，伊索克拉底的学生 第一章注释 130

Philonides 菲洛尼德斯，伊索克拉底的学生 第一章注释 130

Philoxenus of Cythera 塞西拉的菲洛克塞努斯，亚里士多德提到他的《会饮》96, 第一章注释 136

Phocion of Athens 雅典的福基翁，与尼加诺联盟的政治家 13

Pisistratus of Athens 雅典的庇西斯特拉图斯，著名的书籍收藏家 101

Plato of Athens 雅典的柏拉图

— 作为亚里士多德老师的柏拉图：亚里士多德在阿卡德米学园里的活动，xviii, 23-25（天文学），25-26, 104（收集谚语），25, 108-109（概念分析），30-31, 104（辩证法），20, 96, 第一章注释 38（阅读），26-29, 149-150（修辞学）；亚里士多德到阿卡德米学园 xiii, xvii, 9, 11, 17-19, 69, 81, 128, 133, 149, 第一章注释 34；柏拉图死后亚里士多德离开 31-32, 139；《巴门尼德》中的亚里士多德形象（？）21

— 亚里士多德眼中的柏拉图：亚里士多德对柏拉图的感情 xvi, 20-23, 121, 130, 142, 145, 第一章注释 57, 第四章注释 20, 22；亚里士多德对柏拉图思想的看法 22-23, 98-100, 139, 140, 第一章注释 39

— 柏拉图与其他人：阿科西奥迪娅 第一章注释 30；科林斯的农民 第一章注释 30；克里斯库斯和埃拉斯托斯 38-41；赫米亚斯 38-41, 第一章注释 61, 72；希庇阿斯 第一章注释 130；伊索克拉底 44, 148；他的家族 69, 70, 第一章注释 55, 68, 138；马其顿的"野蛮人" 47；普罗塔哥拉和安提莫埃鲁斯 82, 119, 第一章注释 28；普罗克塞努斯 11, 69；苏格拉底 第二章注释 58；斯彪西波 70, 第一章注释 55

— 柏拉图，其他主题：关于雅典政制 68；概念区分 108-109, 第三章注释 9；晚餐聚会 94-95；地产 第一章注释 134；关于吕克昂 118；"柏拉图" 34；与政治学 38, 67-68, 83, 92, 135, 136, 141；劝勉性的对话 19；被喜剧诗人取笑 57, 96, 142, 第四章注释 19；作为科学家 104-105, 第三章注释 6；苏格拉底对话 113；前往叙拉古 19, 第四章注释 20；边走动边教学 119, 第一章注释 51；无薪教学 65-67

Polemon of Athens 雅典的波勒蒙，站着辩论 119

Polycrates of Samos 萨摩斯的波利克拉底，著名的书籍收藏家 101

Polyperchon of Macedonia 马其顿的波利伯孔，被尼加诺和安提戈努斯打败 13

Polyzelus 波吕泽卢斯，公元前 367/366 年雅典政官 17, 18

Pompylus 彭庇罗斯，特奥弗拉斯托斯遗嘱中提到的监管人 第二章注释 42

Potone of Athens 雅典的波托妮，柏拉图的姐妹，斯彪西波的母亲 第一章注释 55

Praxiphanes of Lesbos 莱斯博斯的普拉克西法尼，亚里士多德的学生 42

Praxiteles 普拉克西特勒斯，特奥弗拉斯托斯的遗嘱中提到的雕刻家 86-87，第二章注释 43

Procleus 普罗克利乌斯，亚里士多德的女儿皮媞亚的第二任丈夫 15

Procleus 普罗克利乌斯，亚里士多德的女儿皮媞亚的儿子 15

Proclus 普罗克洛斯：与叙利亚努斯的亲戚订婚 90；引用了新柏拉图主义者托勒密 128；与他的老师叙利亚努斯的讨论 111

Protagoras of Abdera 阿布德拉的普罗塔哥拉：受到不虔敬的指控 6；作为教师 58，82-83，114，119，第一章注释 28，131

Protogenes 普罗托格尼斯，为亚里士多德的母亲绘制画像 第一章注释 9

Proxenus of Atarneus 阿塔尼乌斯的普罗克塞努斯：亚里士多德的养父 11-12，33，36，第一章注释 12，29；尼加诺的父亲 12；赫米亚斯的朋友 14；柏拉图的朋友 17，69；阿里姆涅斯特的丈夫（？）第一章注释 11

Ptolemy 托勒密，一部《亚里士多德传》的作者 59，125，127-129，147

Ptolemy "Philadelphus" 托勒密·"菲拉德尔浦斯"：购买了尼勒乌斯的藏书 101；受到斯特拉托的教育 101

Pythia 皮媞亚，亚里士多德的女儿 14-15，第一章注释 21；（小）亚里士多德的母亲 89，第一章注释 23

Pythia 皮媞亚，亚里士多德的妻子 14-16，38，第一章注释 70，71，第四章注释 21

Pythodorus of Athens 雅典的皮托多鲁斯，接待芝诺和巴门尼德的主人 109

Pythodotus 皮托多图斯，公元前 343/342 年的雅典执政官 32，33

Rhodes 罗德岛：托勒密·菲拉德尔浦斯购买的书籍所在地 101；亚里士多德

作品抄本所在地 102。另参见安德罗尼库斯；欧德谟；门托耳

Scepsis (Troad) 斯凯普西斯（特罗德），内雷乌斯藏书所在地 102-103。另参见克里斯库斯；埃拉斯托斯；内雷乌斯

Scillus 斯基鲁斯（伯罗奔尼撒，接近奥林匹亚），色诺芬设立的宗教组织所在地 84

Simon 西蒙，出现在亚里士多德的遗嘱中 第一章注释 134

Socrates of Athens 雅典的苏格拉底：被德摩卡里斯攻击 92, 第二章注释 21, 58, 59；与柏拉图的家族关系密切 69；对亚里士多德的影响 67；在吕克昂运动场 118；并非亚里士多德的老师 134, 第一章注释 32；在柏拉图的作品中 109, 119, 第一章注释 39；被作家取笑 57, 96, 142；谈话时走动 58, 117；无薪教学 65-66；审判 61, 63-64, 133, 第一章注释 117

Solon of Athens 雅典的梭伦：亚里士多德诉诸他的节制学说 74；他的家族与柏拉图家族的关系 69

Sopater I 索帕特一世，扬布里科的学生 90

Sopater II 索帕特二世，扬布里科的学生，索帕特一世的儿子 90

Sophocles of Sounion 苏尼翁的索福克勒斯，安菲克利德斯的儿子，提出反对哲学学园的法令 80, 90-92

Speusippus of Athens 雅典的斯彪西波，阿卡德米学园的领袖 31, 56, 80, 141, 第一章注释 55, 57, 第二章注释 30；亚里士多德购买了他的藏书 97；批评柏拉图 23；被亚里士多德批评 22；晚餐聚会 94-95；对格吕卢斯的赞美 第一章注释 53；未曾批评过亚里士多德 131；与柏拉图的关系 70；作为科学家 105, 111

Stagira (Chalcidian peninsula) 斯塔吉拉（卡尔西顿半岛），接近奥林托斯和梅托内：亚里士多德的出生地 6-8, 12, 50, 51, 59, 60, 第一章注释 3, 7, 10, 134；被卡尔基斯人或安德罗斯人殖民 8, 11；阿塔尼乌斯的普罗克塞努斯的家

（？）第一章注释 12, 29；亚里士多德和特奥弗拉斯托斯的财产所在地 7-8, 15, 86-87。另参见亚里士多德；赫庇丽斯；尼加诺；尼各马可

Stephanos 斯特法诺斯，修复了赞美亚里士多德的铭文 59, 125

Stilpo of Megara 麦加拉的斯第尔波，与学生长期熟悉 18

Strato of Lampsacus 兰普萨库斯的斯特拉波：了解亚里士多德的作品 100, 103；藏书 第三章注释 3；漫步学派成员 87, 90, 第一章注释 22；关于柏拉图 100；托勒密·菲拉德尔浦斯的老师 101；遗嘱 92-93, 第二章注释 51, 第三章注释 3

Strepsiades 斯特雷普西亚德斯，出自阿里斯托芬的《云》，他妻子的家族爱马成痴 68

Syrianus of Alexandria 亚历山大的叙利亚努斯：和学生普罗克洛斯的讨论 111；与哲学家的家族联系 69

Sulla 苏拉，占有了阿佩利孔的藏书 103, 149-150

Themison of Cyprus 塞浦路斯的特米松，亚里士多德创作《劝勉》献给他 120, 第四章注释 1

Theocritus of chios 希俄斯的特奥克里图斯，对亚里士多德的敌意 xii, 36, 132, 第四章注释 17

Theodorus "the atheist" "无神论者"特奥多罗斯：受到法勒鲁姆的德米特里的帮助 13；受到不虔敬的审判 61

Theophilus 特奥菲鲁斯，公元前 348/347 年雅典执政官 31-33

Theophrastus of Eresus (Lesbos) 艾雷苏斯（莱斯博斯）的特奥弗拉斯托斯
— 特奥弗拉斯托斯与亚里士多德：与亚里士多德一起在阿索斯（？）42, 第一章注释 81；亚里士多德作品的作者（？）143；与亚里士多德一同研究法律和法令 29；批评亚里士多德的观点 23；亚里士多德的遗嘱执行人 17；亚里士多德的儿子尼各马可的监护人 15, 第一章注释 25；继承亚里士多德

在斯塔吉拉的房子 7-8；继承亚里士多德的藏书 38, 101-103；继任亚里士多德成为吕克昂学园的领袖 63, 85, 第四章注释 20

— 特奥弗拉斯托斯与其他人：受到不虔敬的指控 第二章注释 56；与亚里士多德的外孙德玛拉托斯和普罗克利乌斯 15, 17；与德米特里乌斯 13, 58, 85；与狄凯阿科斯 xix, 23；被流放又被召回 90-92；关于亚历山大的远征 47, 52, 第一章注释 92；哀悼卡利斯提尼 54, 第一章注释 100, 106；关于柏拉图 104-105

— 特奥弗拉斯托斯的教学与研究：书籍收藏家 101；关于书籍修订 xvi, 110-111, 第三章注释 13；作为学述作者 97；作为科学家 107-109, 第三章注释 9；作为教师 13, 90

— 特奥弗拉斯托斯的遗嘱：69, 80, 86-89, 93, 95, 116, 118, 第一章注释 22, 23, 第二章注释 24, 42, 44, 51, 64, 第三章注释 3

"Thestis" "塞丝缇斯"，法丝缇斯的误写，亚里士多德的母亲 11

Thrace (northern Greece, including Chalcidian peninsula) 色雷斯（希腊北部，包括卡尔西顿半岛） 47；包括斯塔吉拉 6, 第一章注释 10

Timaeus of Taorminium 陶罗米涅姆的蒂迈欧，攻击亚里士多德 9-10, 16, 46-47, 130, 132, 第四章注释 17, 22

Timocrates 提谟克拉底，出现在伊壁鸠鲁的遗嘱中 第二章注释 47

Timotheus of Athens 雅典的提谟特乌斯，科农的儿子，政治家，伊索克拉底的学生 第一章注释 130

Troad (western Asia Minor) 特罗德（小亚细亚西部）：遗嘱风俗 第二章注释 36；亚里士多德进行生物观测的地点 41。另参见阿索斯；阿塔尼乌斯；吕科；斯凯普西斯

Tyrannion of Amisus 阿米苏斯的提兰尼翁，修订了亚里士多德作品的顺序 89, 103

Xenocrates of Chalcedon 卡尔西顿的色诺克拉底，哲学家，阿卡德米学园的成员 56, 63, 80, 91, 140, 第一章注释 57, 60, 75, 79, 108, 第二章注释 30；赫米亚斯的同伴（？）39, 第一章注释 61, 73；收到亚历山大的礼物 43, 第一章注释 107；受到德米特里乌斯的帮助 13, 91, 第一章注释 19；与亚里士多德一同离开雅典 31；亚里士多德提到了他 22, 33, 第一章注释 51, 61；没有提到亚里士多德 131；担任雅典大使 58, 第一章注释 95；观点 23

Xenophilus 色诺菲鲁斯，阿里斯托克塞努斯的老师 第四章注释 20

Xenophon of Athens 雅典的色诺芬：关于阿里斯提普 65, 第一章注释 131；苏格拉底对话的作者 113；格吕卢斯的父亲 29；对柏拉图保持沉默 第一章注释 138；在斯基鲁斯生活 84；作为亚里士多德传记的资料来源 42

Xenophon of Corinth 科林斯的色诺芬，运动家族的成员 68

Xerxes 薛西斯，行军至斯塔吉拉附近 6

Zeno of Citium 基提翁的芝诺，阿莱克西努斯的同代人和竞争者 43, 131；获得雅典荣誉公民的法令 81-82

Zeno of Elea 爱利亚的芝诺：在雅典授过课 109；辩证法的发明人 第一章注释 54

Zereia 泽瑞亚（卡尔西顿半岛），公元前 348 年被腓力攻占 6

中译本后记

据说海德格尔在给学生讲亚里士多德的时候，只用一句话就概括了他的生平："他出生，他思考，他死去。"随后就直接转入了关于亚里士多德思想的讨论。

不可否认，确实有一些哲学家像海德格尔一样只关心纯粹的思想，亚里士多德给我们留下的思想宝库也足够哲学家们皓首穷经了，但是作为对哲学"史"有兴趣的读者，总还是好奇，曾经被当作"哲学家"代名词的亚里士多德到底是个什么样的人？有哪些社会关系？有怎样的经历？他如何工作？

纳塔利教授的这本《亚里士多德：生平和学园》就满足了我们这方面的好奇。不仅如此，这本书还为我们打开了一道侧门，让我们可以走进亚里士多德的生活，更好地了解他的思想。

但是，这本《亚里士多德：生平和学园》又不是一般意义上的"人物传记"——作者会详细告诉我们传主的生平细节、趣闻轶事；也不是常见的"思想传记"——作者会梳理传主不同时期的作品和思想发展。这并非因为纳塔利教授对亚里士多德的生平细节和思想脉络不感兴趣，相反，作为当今国际上最著名的亚里士多德研究专家之一，纳塔利教授对有关亚里士多德的一切都充满兴趣，并且了如指掌。因为有关亚里士多德可靠的传记资料太过有限，不足以支撑一般意义上的"人物传记"；而亚里士多德的思想又太过精深宏大，难以用一本"思想传记"详细概括。

这本《亚里士多德：生平和学园》或许可以被说成是一本"学术性人物传记资料汇编"，纳塔利教授收集了古代关于亚里士多德的所有传记资料，吸收了亚里士多德著作中与他的生活、教学和研究有关的只言片语，同时参考了自19世纪以来有关亚里士多德生平研究各种语言的重要资料（拉丁语、德语、法语、意大利语、英语），以严谨的历史和哲学态度，给我们讲述了现有资料允许我们讲述的有关亚里士多德和他的吕克昂学园的**可信故事**，同时澄清了很多围绕亚里士多德的不实流言（比如他的奢侈作风，他和马其顿密切的政治联系）。纳塔利教授特别强调，亚里士多德建立的吕克昂学园，并不是一个致力于教育青年的、类似现代大学的教育或研究机构，而是一个力图以共同进行哲学探究/沉思的方式过好闲暇生活的小团体，吕克昂学园最重要的历史意义在于，它开创了这样一种有组织的"沉思生活"（*bios theoretikos*）的方式。

因为是严肃的"学术性人物传记资料汇编"，这本书读起来一点都不轻松，随处可见的原始资料引文和参考文献，提醒我们这本书的写作有多么不易。更不易的是，作者需要判断这些资料来源是否可靠断，原始文献对亚里士多德持何种态度，还要猜测和试图补全那些缺损的文字，然后再基于所有这些对亚里士多德生平中的细节做出审慎的判断。

在阅读时，读者或许会在很多地方感到意犹未尽，我们总希望知道得更多一点，比如亚里士多德的性格到底什么样，他对学生是温和还是苛刻？他如何工作、如何进行时间管理，才能写下那么多高质量的作品？他的那些传世作品到底是按照什么顺序创作的？他在给亚历山大当老师的时候，到底给这位未来世界帝国的建立者教授了哪些知识？但是这些"意犹未尽"正是一个好的哲学史家不同于小说家的地方，他不会发挥自己的想象（哪怕是"合理的想象"），为我们补全一幅地图里的空白的信息。如果我们想要获得有关亚里士多德的更多准确信息，恐怕只能寄望于更多的古代资料被挖掘或者破解出来。

这本书无疑是一个半世纪以来亚里士多德传记研究中的一座里程碑，本书英文版的编辑哈钦森教授在他所写的前言里说，这本书"将会成为全新的、现代的、标准的亚里士多德传记，也会成为关于亚里士多德本人以及他开辟的理智生活方式的所有未来研究的出发点。"八年过去了，这本书的学术地位不但没有被撼动或挑战，反而得到了加强，我们见证了这本卓越的传记被学者和学生广泛使用和引用。如今我只需要把哈钦森那句评价里的将来时换成完成时，把"将会"改成"已经"就足够了。（当然，本书获得如此高的国际认可，也要感谢哈钦森教授所做的大量编辑、翻译和索引工作。）

接下来，我想借这篇后记回忆我和纳塔利教授的一些交往片段。2007年夏天我在山东大学参加中国社科院主办的中英美暑期哲学学院，结识了纳塔利教授和他的夫人克里斯蒂娜·维亚诺（Cristina Viano）教授、已故的余纪元教授和现在在普林斯顿大学任教的梅丽莎·雷恩（Melissa Lane）教授。当时我刚完成在香港中文大学博士第一年的学习，博士论文的计划也刚从近代政治哲学转向亚里士多德的实践哲学，而当时香港在希腊哲学方面的学习和研究资源都比较匮乏，因此这次暑期学院对我来讲就是一场及时雨。那三个星期也成了我整个求学生涯里最难忘的一段时光。我始终处于一种高度亢奋的状态，每天只睡四五个小时，从课程、讨论、阅读和课下的交流中，贪婪地学习一切我能学到的关于古希腊哲学的知识，写下我能想到的所有想法，向老师们询问所有我感兴趣的问题。

当时我参加的是纳塔利教授的讨论组，在他的带领下细读亚里士多德的《尼各马可伦理学》第七卷，在讨论亚里士多德的"辩证法"时，我有了想要修正乔纳森·巴恩斯的经典论文《亚里士多德与伦理学方法》[1]的想法。在纳塔利教授的鼓励下，我做了平生第一次英文报告，讨论了自己对亚里士多德"辩证法"的理解，还记当时仓促准备的报告被四位教授批的体无完肤。正在我满头是、汗尴尬不已之时，纳塔利教授说了一句让我终生难忘的话："导师的任务就是在学生写完论文之后，毁掉他们的论文！"这句话当然有夸张的成分，但是也让我第一次见识了一个严格的导师应该做些什么——就是去发现学生论文中大大小小的弱点和问题，用这种方式迫使他们不断修改论文，强化自己的观点，同时学会如何正确地进行和应对学术批评。[2]等我当上老师之后，总是会对学生重复纳塔利教授当年对我说过的这句话，提醒他们要对学术生涯中的批评做好充分的思想准备。

在暑期学院临近结束的时候，我在完成最终的作业之外，还花两天时间写了一篇英文论文《亚里士多德的灵魂－城邦类比》(Aristotle's City-Soul Analogy)。我把论文送到纳塔利教授手上，他非常耐心地读完，之后告诉我哪些地方有说服力，哪些地方还需要修改，并且给我提出了很多具体的修改意见。最后带着他特有的意大利口音，跟我说了另一句让我记忆深刻的话："玮，你很聪明，但是你需要慢下来，真的慢下来！"确实，不管是在阅读还是在写作中，纳

---

[1] Jonathan Barnes, "Aristotle and the Methods of Ethics," *Revue Internationale de Philosophie*, vol. 34 (1980), pp. 490-511.

[2] 那次不算成功的报告，后来经过反复修改成了我的论文《亚里士多德伦理学的两个起点：Endoxa 与良好的教养》(《世界哲学》2011 年第 2 期)。

塔利教授一直都在强调慢速、细致，正是用这样的慢速阅读和细致思考，他才得以完成那么多高质量的学术工作。从那以后，我在写论文的时候也慢了下来，一个问题，一些想法，放在脑子里、草稿上三四年，甚至七八年都是常有的事，直到我觉得把问题想清楚了，可以彻底说服自己了，才会最终成文。[3]

这次暑期学院的交往，虽然短暂，但是纳塔利教授严谨的治学态度，豁达幽默的人生态度，对学生的热情鼓励、真诚关心和严厉批评，都为我的学术追求树立了完美的榜样。那之后我一直和纳塔利教授保持着通信往来，他给我的博士论文的整体计划和部分章节都提出了重要的修改意见，我们也会不时讨论对亚里士多德哲学中一些问题的理解。但是直到整整十年后的 2017 年，我才在雅典举行的第 21 届国际亚里士多德研讨会（Symposium Aristotelicum）上再次见到了纳塔利和维亚诺夫妇，久别重逢的喜悦自然溢于言表。我告诉纳塔利教授，这本《亚里士多德：生平和学园》已经纳入了北京大学出版社"西方古典学研究"的出版计划。他热情地期待本书的出版，我也计划在本书出版之际邀请他们夫妇作为"人大古希腊哲学名师讲座"的嘉宾再次访问中国。不料，突如其来的疫情打乱了这个看来完美的计划。

在我看来，纳塔利教授的作品是历史学、语文学和哲学完美结合的典范，我很希望将他的更多作品介绍给中国读者。[4] 我本想自己

---

[3] 我当时草就的论文《亚里士多德的灵魂-城邦类比》后来经过修改，由纳塔利教授推荐，成为了我第一篇用英文发表的论文 "Aristotle's City-Soul Analogy: Some Preliminary Observations," *Antiquorum Philosophia: An International Journal*, vol.3 (2009), pp. 167-180。

[4] 在本书之前，我翻译了他研究亚里士多德《尼各马可伦理学》的经典论文《亚里士多德〈尼各马可伦理学〉的修辞和科学方面》(《思想史研究》第七辑《五四运动与现代中国》，上海：上海人民出版社，2009）。

完成本书的翻译，但是后来因为译事繁多，便将本书的翻译工作交给我的学生王芷若完成。我要感谢她高效率、高质量地完成了这本很难翻译的作品。在她完成初稿之后，我对照原文对译稿做了逐句的校对，并修正了英译本中的个别错漏。为了方便读者参考相关资料，我将原书中的尾注改成了脚注。译本中的所有错误和疏漏均由我负责。

我还是要一如既往地感谢责任编辑王晨玉出色的编辑工作和北大出版社对中国古典学研究的大力支持。

最后，我要将这个中译本献给纳塔利教授，纪念我们 14 年来的友谊！

刘　玮
2021 年 1 月 27 日
于北京